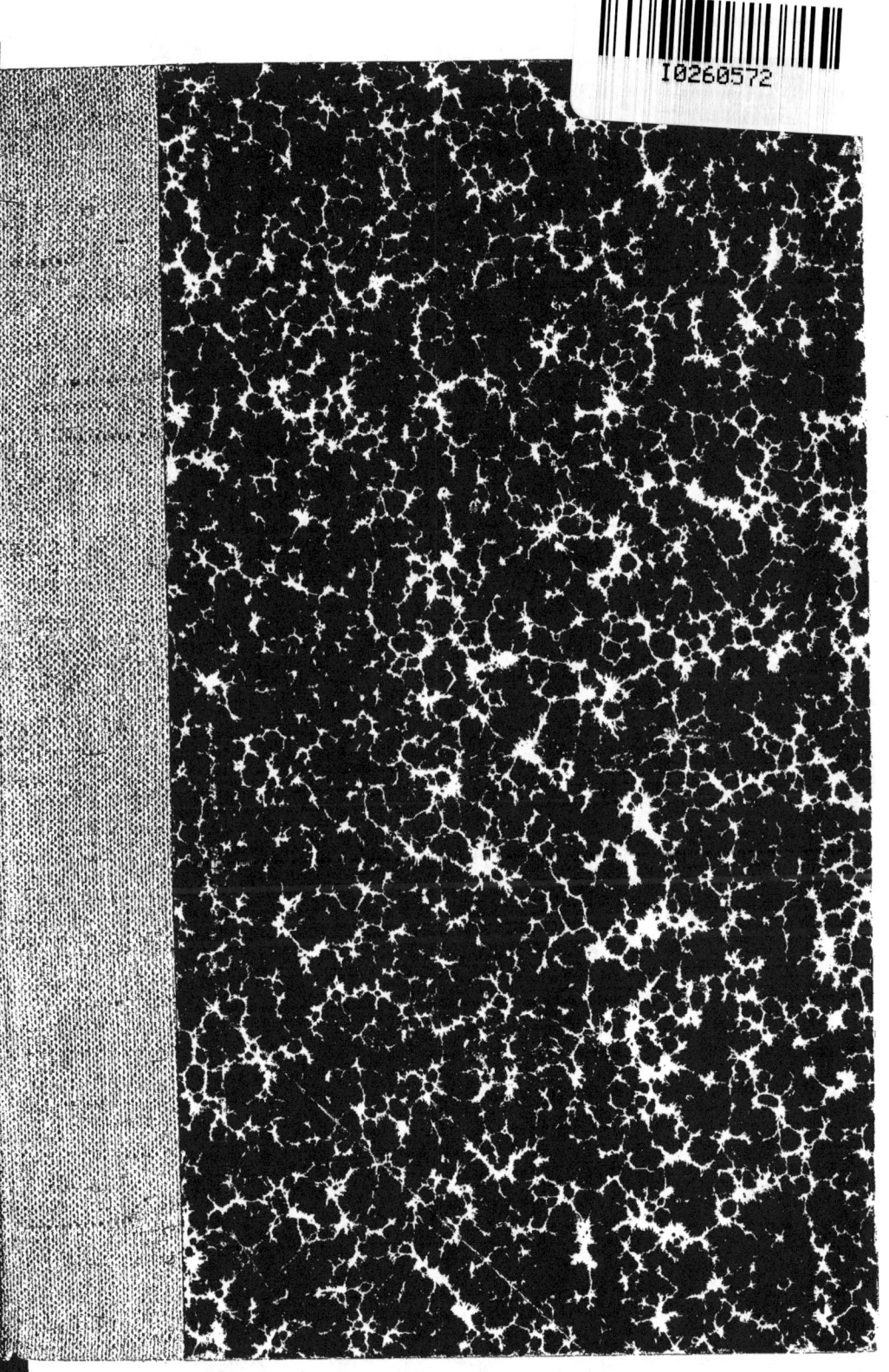

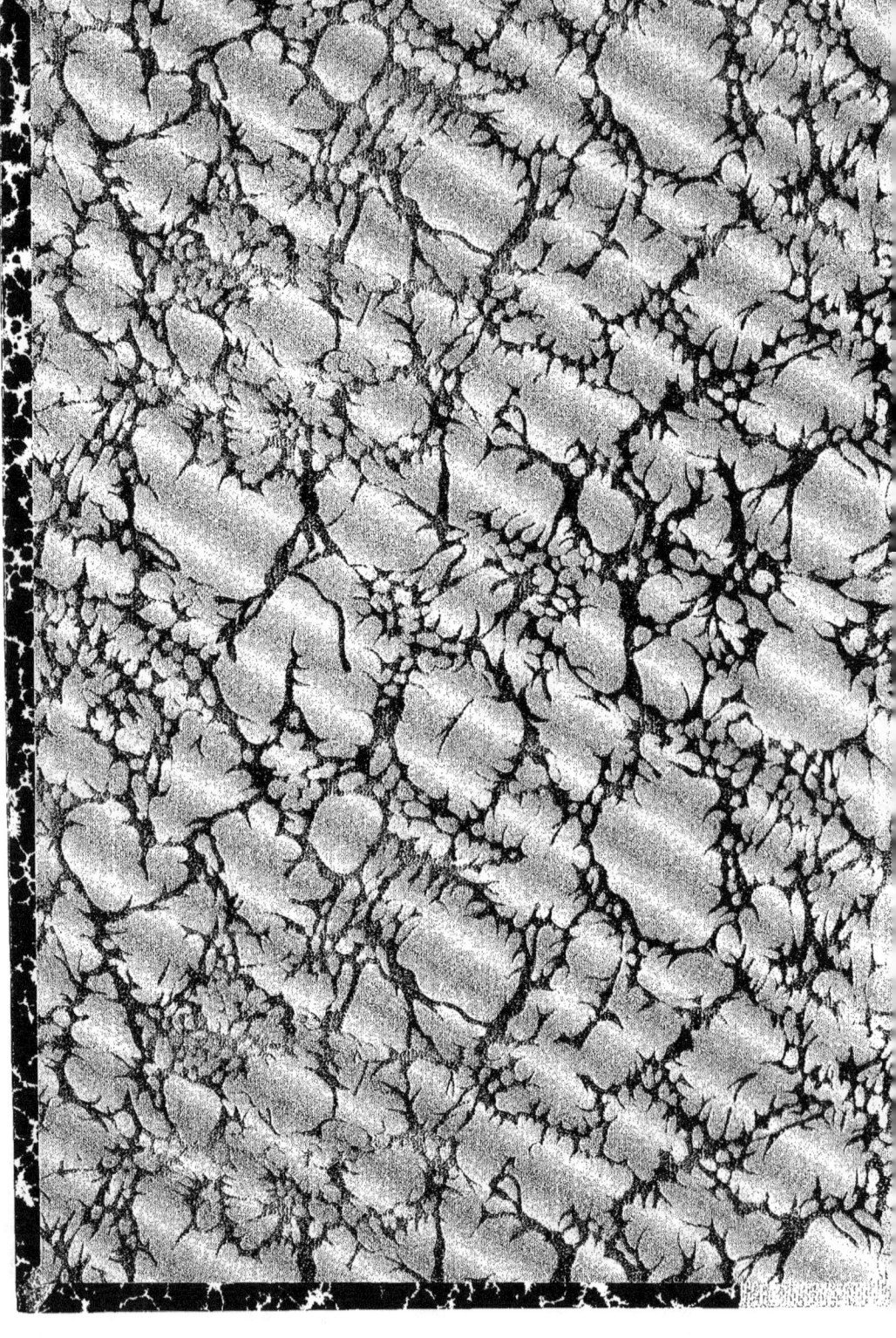

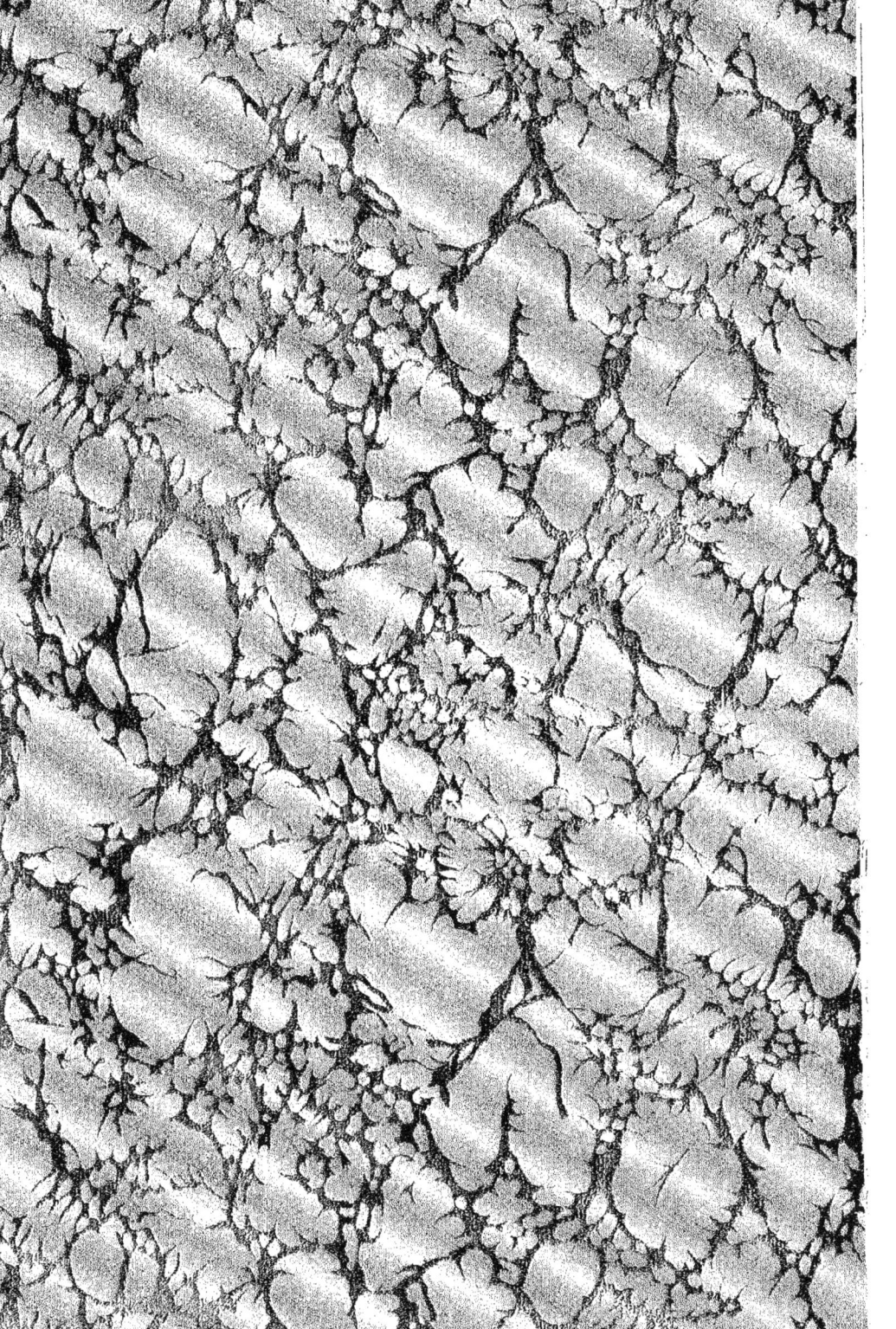

PAYSAGES
GRIS ET BLEUS

PAR

CHARLES DE VITIS

A Mame & fils
Éditeurs à Tours

PAYSAGES
GRIS ET BLEUS

1ʳᵉ SÉRIE GRAND IN-8° CARRÉ

PROPRIÉTÉ DES ÉDITEURS

Dans le glacier de Grindelwald.

PAYSAGES
GRIS ET BLEUS

PAR

CHARLES DE VITIS

LAURÉAT DE L'INSTITUT

TOURS

MAISON ALFRED MAME ET FILS

PAYSAGES
GRIS ET BLEUS

PAYSAGES GRIS

I

STRASBOURG — COLOGNE — MUNICH

Je commence par déclarer que je suis Français et Lorrain, et que je serais plus content si les Allemands nous avaient rendu l'Alsace et la Lorraine. Ceci dit, et pour qu'on ne m'accuse pas de patriotisme outré et de radotage, je dois avouer que pour voyager il n'y a que l'Allemagne et l'Italie.

L'Espagne ? — Trop chaud.
La Russie ? — Trop froid.
L'Angleterre ? — Trop brumeux.
La Suisse ? — Trop cher.
La Belgique ? — Trop plat.
La Hollande ? — Trop d'eau.
La Suède et la Norvège ? — Trop loin.

Vous me direz, ami lecteur : On voit bien que vous n'avez pas été dans ces pays-là.

Pardon, c'est ce qui vous trompe ! j'y ai été.

Et j'en ai rapporté la conviction que vous savez.

Je dirai plus.

Au risque de me faire écharper, j'aime assez les indigènes de ces régions d'outre-monts ou d'outre-Rhin. Ils sont bons diables.

Quoi de plus inoffensif qu'un gros Bavarois établi dans une brasserie ?

Quoi de plus poétique qu'un *lazzarone*, couché au soleil, sur la balustrade d'un jardin ou le perron d'un palais ?

Quant à la vie matérielle, c'est l'idéal. En Allemagne : de la bière toute la journée et la nuit encore. En Italie : des glaces exquises tout le temps.

A la bière on joint du jambon de Westphalie et de la saucisse de Francfort ; accompagnement obligé.

Aux glaces, du macaroni.

Les gens sont aimables, si vous avez le gousset bien garni. Un Français qui voyage a toujours de l'argent ; il en a peu, mais il en a. Aussi le Français est universellement estimé.

*
* *

A la frontière.

Par où voulez-vous aborder en Allemagne ? Par Mulhouse ou par Deutsch Avricourt ?

Cela m'est égal pour ce que j'ai à vous dire.

Je veux vous dire ce qu'on m'a dit à moi-même.

Ne vous laissez pas impressionner trop vivement par ces grands et gros hommes à barbe blonde en éventail, dont les uns ont une casquette rouge et les autres une sacoche en cuir rouge également.

La casquette, c'est le chef de gare.

La sacoche, c'est le chef du train.

En Allemagne, on ne prend que des secondes classes, *zweiter Cl.;* les premières sont réservées aux princes et aux Altesses royales ou sérénissimes, — six fauteuils en velours rouge, six seulement.

Eh bien, on m'a dit ceci :

On m'a dit qu'en appelant l'homme à la sacoche, le beau géant blond, et en lui mettant une pièce d'un *mark,* — un franc vingt-cinq centimes, — dans le creux de la main, on était sûr de son affaire.

La sacoche engloutit le *Trinkgeld,* — pourboire, — et vous introduit immédiatement dans un compartiment de premières, qu'il ferme à clef, pour que vous ne soyez pas dérangé pendant le reste du voyage.

Signe particulier : les chefs de train, en Allemagne, ferment à clef certains compartiments et empilent les voyageurs dans certains autres jusqu'à ce qu'ils soient complets.

Pourquoi ? Nous nous sommes livrés, à ce sujet, à des recherches qui ont fait blanchir nos cheveux. Le résultat a été nul.

* * *

Strasbourg.

Salut à la vieille cité alsacienne, dominée par la plus belle flèche de cathédrale qui soit au monde ; salut à la bonne ville aux toits pointus, aux larges places, aux rues en arcades.

C'est dimanche, et il est onze heures. Vite à la cathédrale pour voir et entendre la fameuse horloge.

La sainteté du lieu n'empêche pas de faire ses petites réflexions, n'est-ce pas ? Eh bien ! elles ont été comiques.

Pourquoi ? Oh ! pourquoi le suisse de la cathédrale, au lieu de se coiffer, comme tous ses congénères, du tricorne en bataille ou de la « tête de hareng » traditionnelle, pourquoi a-t-il eu l'idée de mettre sur son occiput une petite calotte ronde ecclésiastique ? Et avec cela en grand uniforme, la lourde canne à pomme d'or au poing.

Et il pontifie.

C'est lui qui ouvre le bas côté droit où se trouve la fameuse horloge; c'est lui qui reçoit le public.

Le public est composé de vingt-cinq touristes, de vingt-cinq Alsaciennes des villages d'alentour et de trois cent cinquante soldats, cirés, brillants, corrects.

Et le suisse, avec sa petite moustache noire et sa petite calotte hémisphérique, se promène, candide, devant la foule.

Une heure d'attente avant de voir les douze apôtres frapper les douze coups de midi. J'en profite pour regarder les militaires. Ils n'ont pas l'air bien méchants ; mais une particularité me frappe : tous ou presque tous sont décorés.

Qu'on ne vienne plus nous parler de la vanité des races latines et dire qu'en France et en Espagne, tout le monde porte un ruban à la boutonnière. Allons donc !

« Mon ami, demandai-je à un gros garçon joufflu, qu'est-ce que cela : cette médaille et le ruban jaune ?

— La médaille du *kaiser*.

— Du kaiser ?

— Oui, du kaiser Wilhelm Ier.

— Et alors, vous avez été à la bataille, pour... ? »

Le gros joufflu éclata de rire :

« Moi, à la bataille ! Aucunement. On donne cela à tous les soldats, excepté à ceux qui ont été punis. C'est en mémoire de l'anniversaire de l'empereur.

— Parfaitement ! »

Cocorico ! cocorico !

Le coq battait des ailes et chantait. Les apôtres défilèrent.

Autrefois, à Strasbourg, on ne visitait guère que la cathédrale ; à présent les cochers vous proposent unanimement d'aller voir le palais impérial.

Va pour le palais impérial !

C'est assez laid à l'extérieur et lourd à l'intérieur.

Nous nous présentons trois, deux dames et moi. Il paraît qu'on veut nous adjoindre à une *fournée,* car un garçon qui vend les billets, — 25 *Pfennigs,* 6 sous ¼, — donne un coup de sifflet et on vient nous chercher.

On monte par un grand escalier.

En haut de l'escalier une bousculade se produit.

Qu'y a-t-il ? mon Dieu !

C'est une montagne grise, une montagne de pantoufles.

Nous, bons derniers, nous n'avions pas vu, ni entendu.

Les valets enjoignaient aux visiteurs de chausser ces pantoufles.

Paysannes par-dessus leurs escarpins, soldats de l'empire allemand par-dessus leurs godillots monstres, enfoncent les pantoufles grisâtres.

Pourquoi ?

Pour ne pas souiller les parquets impériaux.

C'est un éclat de bon rire.

La majesté du lieu nous retient enfin.

Alors le guide donne des explications :

« Ceci est la statue de l'impératrice Augusta. Cela est le salon de l'impératrice Augusta. Cela encore le cabinet de travail de Guillaume II... Ces lustres ont coûté tant de marks. »

Mais les parquets sont luisants comme des glaces. Tout à coup une idée folle surgit dans le cerveau des Français.

Les voilà qui se lancent sur les parquets comme sur un simple *skating*, en des glissades giratoires et insensées.

Horreur !

Le valet les regarde sévèrement.

Cependant les Alsaciennes, réprimant leur gaieté, esquissent un pas; les chevau-légers et les fusiliers s'essaient, eux-mêmes, lourdement.

Tout le monde patine.

Et le guide, cédant à l'élan général, file devant nous en glissant.

A la bonne heure ! Il a de l'esprit.

Ils ont du reste tous de l'esprit les domestiques du palais impérial, puisqu'ils ont trouvé le moyen de transformer les visiteurs en autant de frotteurs qu'ils ne payent pas,... mais qui les payent.

*
* *

Nous nous engageons dans le cœur du pays.

Problème : Comment soutenir ses misérables forces ? — Avec de la bière et des saucisses ? — Non, attendez :

« Les conducteurs sont *instruits à recevoir des ordres* pour un déjeuner pendant le trajet de ...... à ...... Ces déjeuners *consistent d'une* tasse de bouillon, d'une assiette de viande froide, d'un plat de viande chaude et d'un pain.

« Les tablettes en métal argenté sont *d'une construction élégante;* elles contiennent une terrine, des plats, des assiettes, bouteilles, un verre, poivrière, salière et un couvert ; elles sont *tellement construites* pour être placées sur les genoux, sans incommoder les voyageurs ou *causer un bouleversement*.

« Le prix d'un déjeuner est marks 2 et est encaissé lors de la présentation par les employés du restaurant.

« Les plats vides sont retirés du coupé à ...... à l'*écoulement de plus de quarante-cinq minutes*. Les voyageurs sont priés de les déposer au-dessus de leurs places en attendant.

« Friedrich Trauttwein, Bahnhof, restaurateur. »

Hum ! Assez pratique, mais peu littéraire !

Nous, nous ne parlons pas leur langue parce que nous avons peur d'être ridicules en la parlant mal. Eux, ce qu'ils s'en moquent !

Oui, ils se moquent du ridicule. A preuve, les musiciens d'un régiment de dragons que nous trouvons dans un compartiment de troisième, où nous allons étudier les mœurs et coutumes... Ils font circuler une tabatière et ils prisent !...

Pauvres musiciens ! Pas fiers ! En temps de paix, ils vont çà et là donner les aubades. A Badenweiler et à Fribourg-en-Brisgau, au *Kopf,* j'ai vu des dragons, postés avec une assiette à la porte d'un jardin public, quêter des marks. Ça coûtait un mark pour les entendre.

A Badenweiler, ils étaient dix, avec des trompettes autour desquelles s'enroulait l'étendard impérial ; et campés debout, dans des poses théâtrales, le poing gauche sur la hanche, ils sonnaient à tout rompre, comme des perdus.

Le chef de musique prend le titre de *kapellemeister,* maître de chapelle. C'est ordinairement un gros homme brun, avec des épaulières où des franges d'or pendillent à l'extrémité, et toute une ferblanterie décorative sur la poitrine très bombée. On voit qu'il a été à Sadowa, à Sedan, à Paris. Il tourmente ses longs favoris, il gourmande ses hommes, il produit son petit effet et il le sait.

... Heidelberg !

Saluez ! C'est une des cases du cerveau de l'Allemagne.

Quand je dis *case,* c'est case, parce que les bâtiments de l'Université ne méritent pas d'autre nom.

Mais il y a le vieux *schloss* enseveli dans la verdure. Celui-là a du cachet.

Je ne me lassais pas de contempler les étudiants.

Oh ! de loin !

Parce qu'il ne faut pas trop les regarder de près. Ils n'aiment pas cela.

Vous connaissez le dicton :

Un étudiant allemand se fâche parce que vous le regardez en face, ou bien parce que vous le regardez de travers, ou bien parce que vous ne le regardez pas du tout.

De là sans doute l'autre dicton : « querelle d'allemand. » Rien n'est plus justifié.

Ils me rappelaient les étudiants chinois, les *tong-sen,* à qui on pardonne tout et qui prennent toutes les licences, même et surtout quand ils ne peuvent décrocher le diplôme de licencié *kiu-jen.* Ils ont des juges spéciaux, une législation spéciale, des habitudes et une vie à eux.

Mais ils sont léchés, musqués, précieux; c'est la coquetterie du Céleste Empire; tandis que les confrères germains...

Figurez-vous un solide garçon dont la face est boursouflée de cicatrices et dont les épaules très larges tiennent tout le trottoir. Sur le front une casquette minuscule ressemblant à la toque d'un sergent anglais en petite tenue, et sur la poitrine, en sautoir, un ruban large de trois doigts. Casquette et ruban varient de couleurs selon les corporations ou *verein,* auxquelles ces messieurs appartiennent.

Les cicatrices de la face proviennent des nombreux duels, en honneur dans les universités allemandes plus que jamais. Les étudiants pourraient prendre pour devise le mot de César à Pharsale, quand il désignait la cavalerie de Pompée : « Frappez au visage ! »

* * *

Cologne la Sainte.

On y arrive par le Rhin, le *Vater Rhein,* et l'impression est grandiose.

J'aime le Rhin, quoiqu'on me le gâte avec les ruines et les bateaux à vapeur. Trop de ruines romantiques et trop de touristes sur les bateaux.

M. Victor Tissot, dans ses livres sur l'Allemagne, parle de doctes Germains, secs et maigres comme des points d'exclamation, figures de casse-noisettes, cheveux coupés en brosse, nez de fourmilier, mentons à piler du sucre, yeux ronds parés de lunettes bleues, odeur de bouquins poudreux, dénonçant à quinze pas le *doctor illustrissimus.* Il parle aussi de *gretchen* dans leur quarantième printemps, en robe vert-pomme, avec une taille en dentelles blanches et un médaillon renfermant la photographie du « divin Klopstock », souriant d'un air mélancolique et tendre, sous la blonde filasse qui leur sert de chevelure et retombe sur leurs épaules, comme les branches éplorées d'un saule.

Aurais-je vu tout cela, moi aussi ?

Oui, je l'ai vu.

A Cologne, le croiriez-vous ? ce n'est pas tant la cathédrale qui me charme que la splendeur des églises romanes. A la cathédrale, vraiment ça coûte trop cher pour voir quoi que ce soit. Pourboire au chapitre, pourboire au suisse, pourboire au sacristain, pourboire au bedeau, pourboire au sonneur, au sous-sonneur et au baragouineur, comme dit Victor Hugo.

Tandis que, dans les églises romanes, j'erre librement et délicieusement, au milieu des mosaïques et des décors byzantins. Une draperie se soulève... Est-ce le *basileus* Justinianos ou la *basilissa* Théodora qui va paraître...?

Justement, une fois, dans un jardin entourant une de ces églises que j'aime, Saint-Géréon de la Légion thébaine, j'étais devant un mur donnant sur la rue.

Il y a toujours quelque chose qui se passe ou qui passe dans la rue. Le sacristain apporta une barrique vide, plaça une planche dessus et me fit monter.

Accoudé sur le chaperon du mur, voici ce que je vis : Je vis passer à trois mètres de moi :

Une musique d'infanterie ; — un nombreux état-major : hussards rouges, dragons bleus, uhlans noirs, chasseurs verts, artilleurs, gendarmes. — Lui ! — Le timbalier des cuirassiers blancs, frappant les deux tympanons placés à droite et à gauche du cheval. — La musique desdits cuirassiers.

Lui !

Qui donc ?

Le prince, le roi, le demi-dieu ! Le *kaiser !* L'empereur Guillaume II. Et, vous le dirai-je, il était beau, malgré sa figure longue et carrée, coiffé du casque d'argent surmonté de l'aigle d'or, malgré ses prétendues maladies et sa difformité du bras gauche.

Mais est-ce vrai, tout cela ?

Allez ! chantez, Germains !

> Heil Dir in Siegerkranz
> Hersscher des Vaterlands !
> Heil, Kaiser, Dir !

> Fühl in des Thrones Glanz :
> Die hohe Wonne ganz :
> Liebling des Volks zu sein,
> Heil, Kaiser, Dir !

« Salut à toi, dans la couronne du vainqueur ! Salut à toi, maître de la patrie ! Salut à toi, empereur plein de la gloire du trône ! Toi qui es nos délices, amour du peuple ! Salut à toi, empereur ! »

Mais pourquoi, sire, marchez-vous comme cela entre deux musiques militaires ? La majesté impériale s'accommoderait de plus de simplicité et de moins de tapage. C'est une faute de goût. Vous qui êtes intelligent, sans doute vous l'avez compris ?

Ce qui fait le malheur des princes, c'est l'entourage :

> Détestables flatteurs, présent le plus funeste.

Comme elle est malavisée, cette *Gazette de Cologne*, de nous décrire, pour la circonstance présente, les appartements de Sa Majesté, le luxe des pendules et leur provenance.

Cela fait penser à d'autres pendules...

Et puis, elle parle toujours, cette excellente *Kœlnische Zeitung*, du style rococo de l'ameublement. C'est vous, qui êtes rococo !

* *

J'ai revu Munich ; mais, avant d'y arriver, il y a la route, une route enchanteresse.

Naturellement, il ne faut pas, de la Forêt-Noire, remonter vers Baden-Baden et Karlsruhe pour aller par Stuttgart et Nuremberg ; ceci est pour les gens pressés. J'ai pris le chemin de l'école.

C'est-à-dire par Bâle, Constance, Lindau.

Rien de majestueux comme le vieux décor de Bâle, vu des ponts. Le Rhin roule en flots pressés, majestueux, lourds, tandis que sur la rive s'étagent les maisons pittoresques à pignons, à logettes, à galeries, les toits bigarrés, les tours et les clochetons des monuments et des églises. On sent là la vieille ville allemande avec un je ne sais quoi de liberté qui a donné l'essor aux grandes entreprises, aux affaires les plus variées. Cet endroit regorge d'or. Bâle est riche.

Et cependant, regardez ces petits hommes : s'ils sont Allemands de langue, ils ne le sont pas tout à fait de caractère. Pas de grossièreté, pas de morgue, toujours un peu mélancoliques, un tantinet naïfs. Comme en Belgique, on sent ici une race métisse, un composé d'éléments divers qui a fait des hommes solides pourtant.

Je vais à la gare badoise chercher un billet circulaire commandé à l'avance par lettre. Le bureau est fermé, car il est huit heures ; néanmoins, j'ai l'intuition que j'aurai mon billet quand même, et j'en ai besoin, puisque je pars le lendemain matin à six heures.

Parfaitement. Une marchande de journaux me guide et, au bureau des billets ordinaires, je trouve le mien tout prêt, quoiqu'il soit un peu compliqué.

J'admire cet ordre, cette régularité, et ce n'est pas la première fois.

A l'hôtel, l'ascenseur fonctionne sans cesse, comme dans un caravansérail américain ; les chambres sont belles, coquettes même, et on compte encore par francs. Profitons-en.

Je dis qu'il faut en profiter. Oui, car c'est fini. Désormais on comptera par marks, comme dans la Forêt-Noire, et le mark c'est 1 fr. 25. Plus loin, en Autriche, on comptera par *florins* ou *gulden*, et c'est 2 fr. 10. Plus loin encore, en Russie, on compterait par roubles, et c'est 4 francs.

. . . .

Et me voilà en route, avec souvent le Rhin à droite, et même un moment nous côtoyons la célèbre chute de Schaffouse et la cité si originale... Nous voici à Constance.

Je voudrais visiter ce joli coin ; on me dit que j'y trouverai la salle du Concile et le décor de la *Juive ;* mais la cloche du bateau sonne et m'appelle. On passe du train sur le paquebot, sans presque avoir le temps de souffler.

Matinée lumineuse, soleil éblouissant, tempéré par l'exquise fraîcheur de l'eau. Les barques volent sur la nappe bleue du lac. Cela doit être bien poétique d'être bercé ainsi, et les tendres misses qui villégiaturent dans ces parages doivent aimer ce sport par-dessus tout.

Là-haut, du pont du paquebot, on a l'illusion de la mer, tant le *Bodensee* est grand !

Deux heures de traversée et on peut déjeuner commodément à bord, au grand air, sur le pont.

Encore l'illusion de la mer quand on arrive à Lindau, en passant au pied de la jetée dont l'extrémité est surmontée du Lion de Bavière. Très fier, cet animal-là, presque britannique.

Çà et là le drapeau national bavarois, bleu et blanc, pend à un mât, en signe de deuil. On vient d'apprendre la mort de Bismarck. Cela, je pense, est purement officiel ; les Bavarois sont très peu Prussiens.

De Lindau à Munich prairies et montagnes. Un instant, nous apercevons la chaîne du Tyrol couverte de neiges étincelantes ; spectacle dont nous avions déjà joui sur le lac de Constance.

Munich. — Karlstor.

Munich. — Une rue.

J'ai donc revu Munich.

Munchen ! Munchen ! Avec son écusson agrémenté d'un moine qui souvent brandit une chope, voilà une ville à nulle autre pareille.

Sans doute, elle possède des musées de premier ordre, une Université célèbre, des savants éminents ; c'est une capitale.

Mais, je me permettrai de dire que l'on a abusé ici de la copie. Pourquoi tant de monuments grecs ? Les Propylées, les deux temples voisins,... et puis la *Tribuna* de Florence et tant d'autres ! Pas d'originalité. Et puis des églises ordinaires.

Le *Bavaria* ne me séduit pas davantage et est loin de valoir la *Germania* de Bingen sur le Rhin, qui est un véritable *denckmal* (monument), comme ils disent ici.

Munich. — Hôtel de ville.

Qu'y a-t-il donc d'intéressant à Munich ?

Ce qu'il y a d'intéressant, ce qui frappe le plus, ce qui fait le fond de la vie allemande, c'est triste à dire, c'est la bière.

La bière, oui, la bière ! La *beuverie* élevée à la hauteur d'une institution sociale.

Et cela est si vrai que si vous enlevez la bière, vous ôtez tout cachet à Munich ; si vous enlevez la bière à ces hommes-là, comment vivront-ils ? Vous l'êtes-vous demandé ? Ils errent comme des âmes en peine. Si le Dante était venu à Munchen, il aurait imaginé un cercle de damnés, sans bière. Ces damnés eussent été des Munichois.

Il faut les voir par un soir d'été à la *Lœwenbrau Keller,* « la cave de la brasserie du Lion, » une des principales.

Primitivement et maintenant encore quelquefois, on buvait la précieuse boisson, dans la cave, près des tonneaux où elle se conservait plus fraîche. Maintenant la *Cave* est un joli jardin au milieu duquel s'élève un monument à triple galerie circulaire, à colonnettes.

J'arrivai à la *Keller,* un soir à huit heures. Une musique militaire faisait ronfler les cuivres sonores, et le jardin, les trois

Munich. — Théâtre de la cour.

galeries, les salles intérieures, les toits, les escaliers, tout était plein, tout regorgeait de buveurs. Qui n'a pas vu cela n'a rien vu.

Le lendemain à midi j'étais à un autre établissement, la brasserie de la cour, *Hofbrau.*

Sous des voûtes basses des files interminables de tables massives s'alignent, flanquées de buveurs de toutes les classes, de toutes les catégories. On y voit, côte à côte, le prêtre et le *dienstman* (commissionnaire), le professeur et l'artisan, le général et le domestique.

Quelles délices de déguster la meilleure bière ou du moins

Munich. — Palais royal.

celle qui passe pour l'être ! Et on boit, on boit, on boit. On fume, on fume, on fume.

La tête est dans les nuages de tabac; les pieds, littéralement, sont dans la bière, qui s'étend en flaques, sous les tables.

C'est pour rien, du reste, et voici comment vous procédez en arrivant dans ces lieux bénis :

Vous vous dirigez vers des dressoirs où sont alignés des pots, de la contenance d'un litre, munis d'un couvercle en nickel avec les initiales H. B. (*Hofbrau*). Si c'est au Lowenbrau, ce nom est reproduit avec l'écusson de Bavière, aux losanges blancs et noirs, très décoratif. Vous prenez vous-même un de ces pots, vous allez le rincer dans une piscine, tout près; puis, tenant le pot de la main droite et dix-huit ou vingt *pfennigs* (22 ou 25 centimes) de la main gauche, vous prenez la file, vous vous mettez dans la queue des consommateurs qui passent devant les tonneaux de bière montés sans cesse des caves au moyen d'ascenseurs. Vous

Munich. — La *Ruhmeshalle* et la statue de la *Bavière.*

tendez votre litre de grès au distributeur, vous payez et vous cherchez un coin pour vous asseoir, si vous le pouvez.

Des cuisines populaires, à bon marché, voisines de là, fournissent des portions de viande et de légumes à vingt ou vingt-cinq pfennigs. Je parierais qu'à Munich, si on sait s'arranger, on peut vivre pour vingt sous par jour et devenir, sinon un gros personnage, au moins une grosse personne.

. . . .

Cependant, nous voici sur la route de Regensburg (Ratisbonne), installés dans de superbes wagons de deuxième à couloirs, en velours vert ou rouge, à six places. Il faut venir en Allemagne pour connaître ce confortable. N'ai-je pas vu déjà, sur la ligne de Lindau, des wagons-salons de seconde tenant la moitié d'une voiture et meublés de fauteuils et de canapés moelleux et confortables ? C'est le dernier mot du genre.

Quand on arrive à Regensburg, on s'aperçoit vite que l'on est dans la petite ville de province. Ni pose ni prétentions chez les habitants. Est-ce bien l'Allemagne ?

Au sortir de la gare un jeune homme nous accoste, mes deux compagnons et moi :

« Vous cherchez un hôtel, monsieur ?

— Oui.

— L'hôtel G... K... ?

— Mais parfaitement.

— C'est le premier, monsieur, et le duc de Cumberland y est descendu.

— Oh ! alors nous ne pouvons faire autrement que d'y descendre. »

Après le dîner nous nous dirigeons vers la brasserie du *Bishofshof;* et voilà que, tout à coup, toutes les cloches de la ville se mettent en branle pour sonner l'angélus du soir. Ah ! cloches bénies, comme je vous aime ! Combien le pauvre Parisien vous apprécie et se délecte à vos pieux cantiques ! Et si, comme moi, il a eu le bonheur de passer ses premières années en province, vous lui rappelez le bon temps et tant de choses ! Et tant d'êtres aimés !

Dans l'ombre, les tours de la grande cathédrale se dressent là, tout proche, des deux côtés de la façade du xve siècle, précédée d'un porche triangulaire original.

Voici la brasserie, où nous faisons une entrée sensationnelle, au milieu de la fumée des pipes. Prêtres et bourgeois se livrent au plaisir préféré des Bavarois : la causerie alimentée de bière. « Honny soit qui mal y pense ! » Personne ici n'en pense de mal.

Du reste, le prêtre est chez lui, ici. La brasserie porte le nom de l'évêque et appartient tout simplement au petit séminaire. A la bonne heure ! Comme tout cela est bien allemand !

« L'intendant de la caisse, » comme on dit en Allemagne et aussi en Chine, s'il vous plaît, nous prend en affection et nous conduit dans la cour voir la *Walhalla*, peinte à fresque sur un mur.

Qu'est-ce donc que la Walhalla?

Le temple de l'honneur, élevé sur une colline de cent mètres de haut, au bord du Danube, et d'où on a une vue superbe sur la forêt de Bavière.

J'avais vu la Walhalla il y a dix ans en compagnie d'un ami, étudiant de Wurtzbourg, et avais admiré, comme de droit, sa contrefaçon du Parthénon et son escalier gigantesque de deux cent cinquante marches. On la voit aussi du chemin de fer en arrivant.

Le grand artiste ici est Schwanthaler, qui a représenté l'Allemagne recouvrant la liberté à Leipzig et les Walkyries du Nord.

Sans que cela paraisse, Regensburg a tout de même trente-cinq mille habitants, un pont de pierre du xiie siècle sur le Danube, une belle résidence des princes de Tour et Taxis, les seigneurs de l'endroit, un Rathhaus ou hôtel de ville du xive siècle où se tenaient les diètes de l'empire.

Nous ne pouvons mieux terminer que par là.

**

A Ratisbonne, quand vous aurez vu le *Dom* et le *Beau Danube bleu,* ne croyez pas que vous ayez tout vu.

Non, rendez-vous du côté d'une grande maison aux innombrables petites fenêtres, aux toits en saillie se terminant en arêtes ; tout à côté d'une petite maisonnette. C'est près du fleuve.

Entrez. Une centaine d'hommes sont là : paysans, bourgeois

soldats, chanoines, mangeant, pilant, avalant, dévorant des mètres de saucisses. On leur donne à chacun dix minutes, un quart d'heure; après, pan ! ils doivent vite céder la place à d'autres qui les regardent avec des yeux furieux.

C'est la célèbre *Wurstküche* ou « cuisine aux saucisses ». Vous riez... Ne riez pas. Lisez plutôt cette inscription qui enjolive les chopes : *Ein frischer Trunk gibt Stärke zum neuen Tagewerke.* « Une bonne boisson fraîche donne des forces pour un nouveau travail journalier. »

*
* *

A Burghausen, en Haute-Bavière.

Délicieuse petite ville, gracieuse et pittoresque au possible, baignée par l'impétueux Salzach, couronnée par les ruines du château des Électeurs, frontière d'Autriche, à deux pas d'immenses forêts de sapins. Bière exquise du couvent des capucins d'Altœtting.

Un régiment d'infanterie y tient garnison. Tous les dimanches, messe militaire et après, sur la place centrale, *Parade-marsch* :

La musique sort de l'église en jouant. Le tambour-major fait des grâces et brandit sa canne. Les soldats marchent, raides, compassés, le cou droit, les jambes lancées en avant, comme des soldats de bois. Les lieutenants courent sur les flancs de la colonne, sanglés dans l'écharpe de service. La musique se range sur un côté de la place. Le colonel va de l'autre côté et tient la main à la hauteur du casque à pointe. Arrivé à deux mètres du *colo*, chaque soldat prend un air farouche, roule des yeux furibonds et tourne la tête vers son chef, d'un mouvement sec. Puis il passe.

Voilà le *Parade-marsch*.

*
* *

Je résume mes impressions. On voit des soldats qui font bien l'exercice. On entend des musiciens habiles. On rencontre des étudiants querelleurs. On fréquente des brasseries où la bière est bonne. On coudoie enfin beaucoup de gens qui seraient enchantés de boire leur bock tranquillement.

Et pas moyen.

Il y a l'Alsace-Lorraine qu'il faut bien garder,... puisqu'on l'a prise.

II

VOYAGE AU PAYS DE LUTHER

EISENACH — WITTENBERG — LA HESSE

Nous avons quitté Paris avec l'idée nette de parcourir tous les lieux illustrés par la présence du célèbre réformateur qui fut Martin Luther, et de raconter nos impressions, un jour, à nos jeunes lecteurs.

La route est par Francfort-sur-le-Mein; magnifique cité au moyen âge, ville libre où l'on sacrait les empereurs au *Rœmer*, non moins superbe à l'heure présente avec son *colossal Bahnof* (gare), sa *Kaiser-strasse* (rue de l'Empereur), ses places, ses statues, ses jardins.

Un ami qui nous pilotait, le baron A. von S., nous fit visiter la demeure natale de Gœthe et nous conduisit tout près de là, devant une maison où on lit sur une inscription :

« C'est ici que Martin Luther logea au retour de son voyage à Worms (1521). »

Du reste ce n'est là que l'emplacement du logis où l'hérésiarque trouva un abri; celui-ci a été démoli, et sur les ruines s'élève le palais d'une des familles les plus connues à Francfort : les Bethman.

On sait que Luther était né à Eisleben, en Saxe, non loin de la ville de Halle, le 10 novembre 1483; son père était mineur.

A quatorze ans, Martin commence ses études à Magdebourg. Comme les étudiants pauvres, il mendiait son pain, en s'accom-

Eisenach. — Place du marché. (Phot. Carl Jagemann, Eisenach.)

pagnant de la guitare devant les fenêtres des maisons. C'est ainsi qu'il se fit remarquer à Eisenach, en Thuringe, par une veuve Frau Cotta, qui l'aida de ses aumônes.

En 1501, il était à l'Université d'Erfurt; en 1505, il recevait le diplôme de maître ès arts.

Les ermites de Saint-Augustin d'Erfurt l'admirent comme novice en 1506; il fut ordonné prêtre l'année suivante, le quatrième dimanche après Pâques, et nous le retrouvons en 1508 à l'université de Wittenberg fondée par l'électeur de Saxe, Frédéric le Sage. Le moine augustin y enseigne le dialectique et la physique d'Aristote et est employé à la prédication.

Bien avant la querelle des indulgences, Luther s'était élevé contre la théologie des scolastiques et le libre arbitre, soutenant, en autres choses, que les bonnes œuvres sont autant de péchés. C'était en 1516, et de cette époque date déjà le *couronnement* de ses erreurs.

La date éclatante est celle du jour de la Toussaint 1517, où il affiche aux portes de l'église du château de Wittenberg ses quatre-vingt-quinze thèses contre les indulgences.

Écoutez le réformateur à la Diète de Worms; il se révèle déjà tout entier.

« Puisque votre Sacrée Majesté et vos Dominations demandent une réponse simple, je la ferai; elle ne sera ni cornue, ni dentée, et la voici, et à moins qu'on ne me convainque d'erreur par le témoignage de l'Écriture ou de l'évidence, je ne puis ni ne veux me rétracter, car je ne crois pas à la seule autorité du pape et des conciles, qui, si souvent, ont erré ou se sont contredits, et je ne reconnais de maître que la Bible et la parole de Dieu. »

Cet homme, ce prêtre, ce moine qui argumente, propose, discute, emploie des expressions osées, triviales, grossières, est un Allemand du peuple. Les Allemands et le peuple l'ont compris. Ils sont venus à lui de suite et facilement. Il les a amusés et divertis.

« Sois pêcheur et pêche fortement, mais crois plus fort, » dit-il dans une lettre écrite à Mélanchton.

Une autre fois en vers :

> Wer nicht liebt Wein und Gesang
> Der bleibt ein narr sein Leben lang.

Ce qui veut dire :

« Celui qui n'aime ni le vin, ni les femmes, ni les chansons, est un fou toute sa vie. »

Quant aux grands, en leur qualité d'Allemands, la morale de Luther leur plaisait fort, à eux aussi ; mais il y avait autre chose qui leur plaisait dans cette nouveauté : le réformateur les engageait formellement à s'emparer des biens des églises et des couvents. Ils n'eurent garde d'y manquer.

Les deux propos que nous venons de citer ont été tenus au château de la Wartbourg. Nous avons hâte de nous y rendre, car là nous trouverons autre chose qu'un souvenir de Martin Luther comme à Francfort, nous serons dans son vrai pays.

Divin pays ! Il est impossible de redire l'impression de fraîcheur qui se dégage de ces campagnes.

C'est la forêt de Thuringe (*Thuringer Wald*), un pays montagneux planté de sapins et de chênes touffus, s'étendant sur une longueur de cent cinquante kilomètres avec trente-cinq kilomètres de large, entre la Saale et la Weira. La plus belle partie forme les environs d'Eisenach. Nous y voici.

Et moi qui croyais venir dans un pays austère, au milieu de farouches protestants, avec qui il ne faut pas songer à plaisanter !

Que non !

C'est un paradis que les environs d'Eisenach. Nous avons hâte de le parcourir.

En descendant à la gare, vite à l'hôtel. Quel hôtel ?

Le premier venu. Il se trouve qu'il est passable : le *Grossherzog von Sachsen*.

« Portier, disons-nous à l'homme galonné qui se tient sur le seuil, il est six heures et demie : pensez-vous qu'on puisse encore voir le château de la Wartbourg ?

— *Ia wohl !*

— Combien de temps pour monter là-haut ?

— Je vais faire atteler, monsieur, nous avons de bonnes voitures.

— Paix ! Les voitures particulières coûtent des prix fabuleux : chacun sait cela, et le vrai touriste aime aller à pied et s'arrête à tous les coins pour mieux jouir du paysage. Qu'est-ce que ça vous fait, à vous ? Vous aurez toujours votre *trinkgeld,* allez !

— En ce cas, *Herr Doctor* (*sic*), prenez le tramway que voici devant la porte : il vous conduira au bas de la montée, et vous en aurez pour trois quarts d'heure, arrivé là !

— *So !* »

Nous suivons le conseil et prenons le tramway, qui coûte 10 *pfennigs*. C'est pour rien. Futurs voyageurs, je vous livre le secret de voyager économiquement.

On traverse la petite ville très proprette et on passe devant la statue de Martin Luther. Oh ! nous sommes bien dans son pays,

Eisenach. — Porte Saint-Nicolas.

c'est sûr. Je la regarde avidement. Je vous l'ai dit, c'est un curé allemand. Nul homme ne fut plus Allemand, plus ecclésiastique. Et je ne sais pourquoi, je fais ici un rapprochement avec Renan. Encore un ecclésiastique, mais un Français, celui-ci, bien Français. Seulement, Renan, — qui était vaniteux, — a l'air très modeste ; Luther, lui, montra une figure agressive, insolente... Nous sommes au pied de la montagne, et là-haut, tout en haut, on aperçoit la tour du château surmontée d'une grande croix.

Ils ont mis là le signe de notre rédemption à cause de *Lui* sans doute ? C'est un souvenir religieux apparemment, et ils croient qu'*Il* est venu leur apporter le salut comme un autre Messie, car ils le vénèrent à l'égal d'un Messie. Et nous, nous disons pourtant :

« Hors de l'Église, point de salut ! »

Je fais ces réflexions en montant. Des gens passent à côté de moi, dans les sentiers ombreux, en chantant. Cette soirée est idéalement belle ; la route sous bois délicieuse... les prairies si fraîches !

Est-il possible que ce cadre si enchanteur, si calme, si paisible, ait vu tant de violences et tant de haines ? A un homme comme le novateur il fallait une nature tourmentée, un paysage convulsé et volcanique.

Éternelle loi des contrastes !

Voilà cependant son pays.

Son pays, à lui tout seul ?

« Heureusement non ! »

Souvenons-nous :

« Une chose merveilleuse, a dit l'historien Rohrbacher, serait de voir une fille des Huns, ces farouches compagnons d'Attila, le fléau de Dieu, de voir une princesse de Hongrie, au milieu des délices de la cour et des splendeurs du trône, pratiquer constamment l'humilité, la simplicité, la charité, l'austérité. Or, cette merveille du XIIIe siècle nous est attestée par des témoins oculaires, retracée par des auteurs contemporains, chantée, même en diverses langues, par des poètes. Car il se trouve aujourd'hui que ces siècles traités si longtemps d'ignorants et de barbares abondent en poèmes gracieux de toutes nations, et que leurs œuvres sont une mine des plus précieuses, demeurée inconnue jusqu'à présent à la présomptueuse ignorance des siècles modernes. » (*Histoire de l'Église.*)

Cette fille des Huns était sainte Élisabeth de Hongrie, mariée au landgrave Louis de Thuringe en 1220, et qui habita presque toute sa vie le château de la Wartburg. Nous nous demandions anxieusement si le souvenir de l'Autre n'avait pas tué ici la mémoire de celle-ci. Et en attendant, nous passions par le même chemin très rude, le même sentier escarpé, par lequel elle descendait elle-même une fois, portant dans les pans de son manteau du pain, de la viande, des œufs pour les distribuer aux pauvres d'Eisenach.

C'est alors qu'elle se trouva tout à coup en présence de son mari, qui revenait de la chasse.

« Qu'est-ce que cela ? Voyons ce que vous portez ? » fit le land-

« Le miracle des roses, » par Carl Muller.

grave, pendant que la sainte, tout effrayée, tenait le manteau contre sa poitrine.

Le landgrave avait regardé dans le giron de la bienfaisante duchesse. O prodige ! il n'y avait que des roses blanches et rouges, les plus belles qu'il eût jamais vues !... Et ce n'était pas la saison des roses...

*
* *

Nous arrivons devant la porte du vieux *burg*. Deux canons s'alignent là, très débonnaires, et quatre hommes et un caporal en casques à pointe indiquent que c'est une résidence princière. C'est tout ce que la Prusse a laissé à son Altesse le grand-duc de Saxe-Weimar, à qui appartient le château et qui y vient loger quelquefois. Mais pourquoi les sentinelles en ce pays portent-elles leur fusil sous le bras comme une serviette en maroquin ? Cette tenue militaire paraît un peu comique à des Français.

Mais oui, il est encore temps de visiter le château, et nous passons avec une dernière tournée.

Cette Wartburg liée à l'histoire de Thuringe du moyen âge, célébrée par les légendes, a été le centre de la liberté religieuse et politique, et, après sa restauration en 1847 par Ritgen, représente l'image la plus exacte d'un burg du XIIe siècle et le plus beau spécimen de l'architecture profane et du roman. Il est situé à trois cent quatre-vingt-quatorze mètres d'altitude.

Ce fut Louis l'Aigle qui le bâtit en 1070, et depuis 1130 il devint la résidence des landgraves.

En 1206, toute l'Allemagne avait les yeux fixés sur ce coin de terre.

Que s'y passait-il donc ?

Le duc Hermann de Thuringe avait réuni là à la cour les six grands poètes de l'Allemagne. Poète ou chanteur, c'était identique à cette époque où le poète avait toujours le luth en main pour réciter ses vers.

Or, voici quels étaient les noms de ces artistes qui passionnaient leurs contemporains, comme pourrait le faire aujourd'hui un Wagner ou un Saint-Saëns :

Henrich Schreiber ;

Walter von des Vogelweide ;

Wolfrang von Eschenbach;
Reinhart von Swetzen;
Bitterolf;
Henrich von Otterdingen.

Les quatre premiers chevaliers d'ancienne lignée, le cinquième écuyer du landgrave, le dernier simple bourgeois d'Eisenach. Ils se disputaient tous six la prééminence, et il fut convenu qu'ils livreraient un combat public devant le landgrave et toute la cour. Le bourreau devait se tenir à côté d'eux, la corde à la main, et pendre, à l'issue de la séance, celui qui serait vaincu. Mœurs barbares s'il en fut jamais, mais qui, pourtant, montraient qu'il y avait en ce temps d'autres lices que les champs clos et les tournois, d'autres armes que la lance et l'épée.

Ils chantèrent donc tour à tour l'éloge de leurs princes, les mystères de la religion, la Résurrection, la clémence de Dieu, le repentir du pécheur, la puissance de la Croix, la gloire de Marie, « la bien-aimée de Dieu, neuf fois plus belle que le soleil. » Ces chants, qui ont été recueillis, forment, sous le titre de « Guerre de la Wartburg », un des monuments les plus importants de la littérature germanique, et ce tournoi artistique a inspiré le *Tannhauser* de Richard Wagner.

Ils chantèrent, et si parfaitement, qu'il fut impossible de proclamer un vainqueur et un vaincu.

On décida alors qu'Henri d'Otterdingen irait chercher en Transylvanie Klingshor, le fameux maître « dans les Sept Arts libéraux et en astronomie », pour l'amener en Allemagne comme juge du différend.

Un an après, Klingshor était à Eisenach, et, devant les seigneurs, il prophétisait en ces termes :

« Je vous apprendrai quelque chose de nouveau et de joyeux. Je vois une belle étoile qui se lève en Hongrie et qui rayonne de là à Marbourg et dans le monde entier. Sachez que cette nuit même est née à monseigneur le roi de Hongrie une fille, qui sera nommée Élisabeth, qui épousera le fils du prince d'ici, deviendra sainte et réjouira et consolera toute la chrétienté. »

Klingshor salua les rivaux d'Henri d'Otterdingen et fit reconnaître le mérite de celui-ci.

Quatre ans après, le landgrave Hermann demandait et obtenait la main de la petite princesse Élisabeth pour son fils Louis.

Le gardien nous montre la superbe fresque de Schwind, de Munich, élève de Delaroche, dans la salle des *Minnesœnger* ou ménestrels, laquelle rappelle la célèbre lutte du moyen âge allemand, puis il nous fait passer dans la chambre des landgraves, qui est voisine.

C'était le cabinet d'État et la salle d'audience des anciens seigneurs de Thuringe. Elle possède des meubles, bahuts et sièges de l'époque, et tout autour, dans la partie supérieure de la muraille, des peintures de Schwind qui datent de 1856 et représentent des épisodes de l'histoire locale, par exemple la promesse de Louis l'Aigle de bâtir le château, l'aventure du landgrave Louis II, dit de Fer, dans une forge de Ruhla, une autre du mari d'Élisabeth, qui, à peine vêtu, sans armes, montre le poing à un lion dont on lui a fait cadeau et qui s'est échappé de sa cage. Le prince voit l'animal féroce venir se coucher à ses pieds en agitant la queue.

Nous sommes ici au second étage. Un escalier tournant conduit au troisième, à la salle des fêtes appelée aussi « Salle d'armes ».

C'est sous le toit; mais en arrivant on reste ébloui par la splendeur de cette immense pièce décorée avec une somptuosité vraiment royale.

Elle est du style du XIIe, et le plafond à poutres revêtu de boiseries représente les relations des constellations du ciel avec les fêtes chrétiennes. On a aussi montré là le développement du christianisme jusqu'au temps des croisades, c'est-à-dire jusqu'à la grande époque pour la Wartburg. Toutes les peintures sont des œuvres de Welter, à la manière des anciennes tapisseries. C'est le chef-d'œuvre de la restauration entreprise ici, c'est la glorification de la foi qui vibrait dans les âmes au moyen âge.

Luther, où es-tu? J'étais venu te chercher pourtant... Cette foi naïve, ce culte catholique te fait grand tort, je crois... Dieu l'a permis! Patience! Il va venir...

Nous quittons, tout émus, cette partie du burg qui ne parle guère du réformateur, et, traversant la grande cour, on nous introduit dans une aile du château, à droite de l'entrée.

Un petit escalier, au premier étage, un palier modeste, une porte : c'est là...

Au-dessus de la porte une inscription :

Der grosse deutsche Mann, etc.

Oui, c'est bien là que le grand homme allemand, Martin Luther, a vécu, a demeuré.

Il revenait à Worms. C'était en mai 1521. Tout à coup, entre Rubeinstein et Œuhla, sur le faîte de la forêt de Thuringe, des hommes masqués l'arrêtent, l'enlèvent, lui passent sur les épaules un vêtement de cavalier, le placent à cheval et l'amènent, pendant la nuit, vers onze heures, à la Wartburg.

Eisenach. — Maison de Luther. (Phot. Carl Jagemann, Eisenach.)

Désormais on l'appela le *Yunker* ou chevalier Georges, c'est-à-dire pendant tout le temps qu'il fut enfermé là par l'électeur de Saxe, Frédéric le Savant, pour le soustraire à la colère de l'empereur.

Il y traduisit la Bible en allemand.

Oui, nous voilà dans la chambre de Luther, et c'est avec une curiosité craintive que nous arrêtons nos regards sur ces murailles qu'il a contemplées, lui aussi, pendant de longues heures, sur ces meubles qui lui ont servi, sur ces pages qu'il a écrites et signées.

La table qui est là provient, dit-on, de la maison des parents du moine apostat; les murs sont couverts de portraits de lui par Lucas Cranach. Toujours cette grosse figure réjouie, insolente, à l'œil fin et malicieux.

On voit la tache d'encre si connue qui provient de l'encrier que le traducteur de la Bible jeta à la tête du diable lorsque celui-ci s'avisa de le déranger dans son travail.

Nous ne nous lassions pas de regarder le spectacle enchanteur qu'on découvre par les petites fenêtres de cette pièce. La nature est si belle aux environs d'Eisenach! Comment à cette vue le cœur de cet homme ne se fondait-il pas? Comment son orgueil n'a-t-il pas plié devant les œuvres du Créateur?

Le malheureux! Au lieu de se taire et d'admirer, il argumentait et discutait, même avec le démon.

C'est lui-même qui nous l'apprend.

« Il m'arriva une fois de m'éveiller tout d'un coup, sur le minuit, et Satan commença ainsi à disputer avec moi :

« — Écoute, me dit-il, docteur éclairé! Tu sais que, durant quinze ans, tu as célébré presque tous les jours des messes privées. Que serait-ce si de telles messes privées étaient une horrible idolâtrie?

« — J'ai reçu la consécration de l'évêque et j'ai célébré par obéissance.

« — Et les Turcs aussi font toutes choses, dans leur temple, par obéissance. »

Luther ne put répondre. Il en convint.

« Je vois d'ici les saints Pères qui rient de moi et s'écrient : « Quoi! c'est là le docteur célèbre qui est demeuré court et n'a « pu répondre au diable. Ne vois-tu pas, docteur, que le diable « est un esprit de mensonge?... » Grâce, mes Pères! J'aurais ignoré jusqu'à présent que le diable est un menteur, si vous ne me l'aviez affirmé, mes doctes théologiens. Certes! s'il vous fallait souffrir les rudes assauts de Satan et disputer avec lui, vous ne parleriez pas comme vous le faites de l'exemple des traditions de l'Église; car le diable est un rude fauteur, et il vous presse si violemment qu'il n'est pas possible de lui résister sans un don particulier du Seigneur. Tout d'un coup, en un clin d'œil, il remplit l'esprit de ténèbres et d'épouvantements, et s'il a affaire à un homme qui n'ait pas pour lui répondre une parole de Dieu toute prête, il n'a besoin que du petit doigt pour l'abattre. »

Triste, profondément triste ! N'est-ce pas, chers lecteurs, cet homme, ce prêtre, qui s'avoue vaincu par le démon et qui en parle sans cesse, car, lorsqu'il mourra, il en parlera encore. Certes, oui, ces souvenirs nous remplissent l'esprit de ténèbres et d'épouvantements. Ah ! combien nous aimons mieux leur opposer la douce, l'angélique figure de la duchesse Élisabeth !

Le Wartburg. — Vue d'ensemble.

L'illustre Montalembert, qui a décrit sa vie, a retracé magistralement ses vertus et ses douleurs. Il se dégage de ce récit un tel parfum qu'il vous suit longtemps, s'attachant à votre pensée comme une odeur suave qui pénètre votre vêtement. Tantôt ce sont des actes de dévotion qui ne cessaient même pas la nuit ; elle profitait du sommeil vrai ou feint de son mari, s'agenouillait dans la chambre et priait longuement en pensant à la sainte crèche de Jésus, remerciant Dieu de ce qu'il avait daigné naître à minuit dans le froid et la misère, pour la sauver elle et tout le genre humain. Souvent alors son mari s'éveillait et, craignant pour sa santé, l'exhortait à cesser. Il lui prenait la main et se rendormait ainsi, pendant que la sainte mouillait de ses larmes cette chère main qui semblait vouloir la retenir sur terre.

Une fois Ysentrude, dame d'honneur d'Élisabeth, qui avait mission de réveiller sa maîtresse en la tirant par le pied, se trompa et tira le pied du duc. Celui-ci se réveilla, comprit et se recoucha, sans donner le moindre signe d'impatience.

Est-il possible de trouver une scène plus touchante? Tantôt c'est la grande charité de la duchesse qui, rencontrant un lépreux que tout le monde abandonnait, le prit chez elle pendant une absence de son mari, le soigna, le baigna et le coucha dans son propre lit.

La duchesse mère amena alors son fils dans la chambre des époux.

« Viens, lui dit-elle, tu verras quelqu'un qu'elle aime mieux que toi. Elle veut sûrement te donner la lèpre. »

Or, quand le jeune seigneur souleva la couverture, il vit dessous la figure de Jésus crucifié.

« Ah! chère sœur, dit-il en pleurant à sa femme, je te prie de donner souvent mon lit à de pareils hôtes. »

Elle le ruinait par ses largesses et ses fondations de toutes sortes; quand on se plaignait autour de lui, il avait coutume de répondre :

« Je veux que vous laissiez ma bonne petite Élisabeth faire autant d'aumônes qu'il lui plait, pourvu qu'elle me laisse seulement Eisenach, la Wartburg et Nauemburg. Dieu nous rendra tout le reste quand il le trouvera bon. »

On se tromperait si l'on croyait que l'amour de Dieu et des pauvres empêchât Élisabeth d'aimer son mari comme elle le devait. Nulle épouse ne fut plus parfaite. On le vit bien quand elle apprit la mort du duc. Elle s'écria :

« Ah! Seigneur mon Dieu! voilà que le monde entier est mort pour moi, le monde et tout ce qu'il renferme de doux. »

Elle se mit ensuite à courir à travers les salles du château en criant :

« Il est mort! mort! mort! »

De cette époque datèrent surtout ses malheurs. Elle fut chassée par sa belle-mère et son beau-frère, et elle s'en allait comme une pauvrette, tenant ses deux enfants par la main, elle, la fille des rois!

Mais quelle revanche, quand, revenant de la croisade et rapportant le corps du bien-aimé duc Louis, les chevaliers de celui-ci réclament justice pour leur maîtresse et font de respectueuses remontrances au nouveau landgrave :

« Monseigneur, nous avons appris en Franconie et ici des choses tellement blâmables sur votre compte, que nous en avons été consternés et que nous avons dû rougir de ce que, dans notre pays et chez nos princes, il se soit trouvé tant d'impiété, tant d'infidélité

Marbourg, vue d'ensemble, d'après une gravure du xvɪᵉ siècle, conservée au département des estampes de la Bibliothèque nationale, à Paris.

et un tel oubli de l'honneur. Eh! jeune prince, qu'avez-vous donc fait et qui vous a donné de tels conseils? Quoi! vous avez chassé ignominieusement de vos châteaux l'épouse de votre frère, la pauvre veuve désolée, la fille d'un roi illustre que vous auriez dû au contraire honorer et consoler!

« Pendant que votre frère va donner sa vie pour l'amour de Dieu, ses petits orphelins que vous deviez défendre et nourrir avec l'affection et le dévouement d'un fidèle tuteur sont cruellement repoussés loin de vous! Vous savez cependant que, comme chevalier, vous êtes tenu de protéger les veuves et les orphelins. Je vous le dis tout bonnement : cela crie vengeance à Dieu. »

La duchesse Sophie, belle-mère d'Élisabeth, qui était présente, en entendant ces reproches, fondit en larmes.

Le chevalier reprit :

« Monseigneur, qu'aviez-vous à craindre d'une pauvre femme malade, abandonnée et désespérée, quand même elle serait restée maîtresse de tous vos châteaux ? Que va-t-on dire de nous maintenant dans les autres pays ? Fi ! quelle honte ! Je rougis d'y penser. »

A ces mots, le jeune prince se mit lui-même à pleurer et dit :

« Je me repens sincèrement de ce que j'ai fait, je n'écouterai plus jamais ceux qui m'ont conseillé d'agir ainsi. Rendez-moi votre confiance et votre amitié ; je ferai volontiers tout ce que ma sœur Élisabeth exigera de moi. »

Mais, avec naïveté, il ajouta à voix basse :

« Si ma sœur avait à elle toute la terre d'Allemagne, il ne lui resterait rien ; car elle la donnerait tout entière pour l'amour de Dieu ! »

Tout le moyen âge est dans cette conversation. Il était facile de se réconcilier avec notre sainte ; elle se jeta dans les bras de son beau-frère en pleurant.

Celui-ci lui céda en toute propriété la ville de Marbourg ; on sait qu'elle y vécut les dernières années de sa vie tout angélique et qu'elle y mourut. Lors de la Réforme, le landgrave Philippe fit enterrer secrètement ses ossements dans l'église qui porte son nom, et où on montre encore la châsse qui les contenait.

Nous voilà loin de Luther ; mais comment quitter Eisenach sans visiter la maison de Frau-Cotta, cette veuve qui recueillit et aida le réformateur alors qu'il était étudiant et mendiait son pain ?

Un policeman m'indiqua l'endroit.

Sur une petite place, dans un coin, j'aperçois une maison branlante ; un toit s'affaisse. Deux étages, et sous les fenêtres du second une large inscription :

Luther Haus.

C'est donc ici. Seulement que les Allemands me permettent de le leur dire, ils manquent un peu de tact en la circonstance. J'ai vu, de mes yeux vu, au-dessus des fenêtres du rez-de-chaussée, une autre inscription en lettres presque aussi grosses :

Luther Keller.

« La Cave de Luther ! » c'est-à-dire littéralement « la dégustation de Luther! » Non, cela sent trop les « Propos de table », car on a recueilli ses propos de table, et on ne peut pas toujours les citer sans choquer la délicatesse du lecteur. Eh quoi! ses admirateurs et coreligionnaires ont installé un marchand de vins dans une maison qu'il a sanctifiée par sa présence! Voilà du nouveau pour nous autres catholiques!

A tout hasard, j'entre là dedans, parce qu'une autre pancarte

La Wartburg. — Salle des fêtes.

dit que pour voir la « Chambre de Luther » il faut passer par la première porte dans la rue voisine.

En vérité, je suis bien dans ce que les Allemands appellent une « cave », un débit de boisson situé au rez-de-chaussée.

La patronne me fait remarquer un grand tableau représentant Luther étudiant avec d'autres condisciples. Ils chantent en s'accompagnant de la guitare, devant la veuve Cotta, un vieux cantique comme *Bénissons le petit enfant qui nous est né* ou *Bonne Marie, étoile du pèlerin*. On me montre aussi des vitraux reproduisant les portraits de frère Martin et de sa femme Catherine de Bora. Enfin, on me fait monter au premier et l'on m'introduit dans une petite chambre qui est celle du grand homme.

Rien à voir là, rien du tout que quelques portraits, quelques vieux bouquins et l'air piteux de la pauvre petite Gretchen qui vous y amène.

Nous voici à Wittenberg après avoir passé un jour à Halle, ville universitaire. C'est dimanche. Mon Dieu, que toutes ces petites villes allemandes sont donc séduisantes et fleurent bon! Dans toutes, il y a au moins un tramway qui rend de grands services au touriste. Nous sautons dans celui qui se trouve dans la cour de la gare.

Une faim canine tenaille nos entrailles; il est une heure, l'heure du *Mittagessen*. Il n'y a pas à hésiter; il faut aller dans le seul hôtel qu'indique le *Bædecker*. C'est le *Goldene Wintraube*. Nous nous y précipitons en passant par la place du Marché, où s'élèvent les deux statues de Luther et de Mélanchton. Nous entrons comme le vent dans une petite pièce solitaire. Deux dames apparaissent en toilette de ville, un livre de prières à la main. Elles vont au prêche de l'après-midi, c'est sûr.

« *Was wünchen Sie?* (Que désirez-vous?)

— Dame! manger. »

On nous indique la salle du restaurant, pas facile à trouver dans la vieille auberge. Trois ou quatre gros messieurs qui portent sur le nez des lunettes cerclées d'or mangent en pontifiant. Voilà qui est rassurant. Et je dois avouer qu'on mange bien à Wittenberg. Piété et confortable, telle semble la note ici, au pays de Luther.

Après, vite à l'*Augusteum* et au *Schlosskirche*. Le premier de ces monuments n'est autre que l'ancien couvent des augustins, que le moine novateur habita lorsqu'il était professeur de philosophie à l'Université, à partir de 1508.

Pour y arriver il faut repasser devant la statue des deux grands hommes et devant la maison qu'habita Mélanchton.

On a écrit sur le socle de la statue de celui-ci le verset 3 du chapitre IV de l'Épître de saint Paul aux Éphésiens :

« Soyez attentifs à conserver l'unité de l'esprit dans le lien de la paix. »

Dans les versets précédents, l'Apôtre exhorte les fidèles à marcher dans leur vocation en se supportant les uns les autres dans la charité, avec humilité, douceur, patience.

Dans les suivants, il proclame un seul Seigneur, une seule foi, un seul baptême.

O Mélanchton, tu as dû méditer longtemps ces dernières paroles!

Il faut convenir que celui qui a rédigé la *Confession d'Augsbourg* est parmi tous les personnages de la Réforme le moins antipathique, parce qu'il fut le moins violent. Nous disons cela, quoique Mélanchton ait justifié scientifiquement la peine de mort infligée à ses adversaires et autorisé l'assassinat des tyrans.

La Wartburg. — Salle des poètes.

Il était plutôt doux de caractère, et nous croyons que sans lui Luther n'eût pas réussi aussi facilement.

Le rusé moine le savait.

Et non seulement Mélanchton sut plus ou moins mettre en pratique les textes bibliques cités plus haut; mais, dans la doctrine, il faisait des concessions.

Il concédait les prérogatives des évêques.

C'est lui qui a dit que les paroles de la consécration étaient « fulgurantes ».

« De quel droit, écrit-il (*Ep. ad Camer*), prétendrons-nous enlever aux évêques leur puissance s'ils accordent la saine doctrine? Non seulement, et telle est ma sincère pensée, je voudrais fortifier leur pouvoir, mais encore rétablir le gouvernement entier de l'épiscopat, car je vois quelle Église nous aurons, après avoir renversé l'autorité épiscopale ! »

Et au légat Campeggio :

« Nous n'avons pas une doctrine autre que celle de l'Église romaine. Nous sommes même prêts à lui obéir, pour peu que, dans la miséricorde dont elle a toujours usé, elle laisse tomber certaines choses et ferme les yeux sur certains points graves que nous ne pourrions plus changer désormais, quand nous le voudrions. Nous honorons le pape de Rome et toute la constitution de l'Église. »

A quoi Luther répondait avec colère, lui :

« Il ne me convient nullement qu'on prétende traiter de l'unité dans la doctrine quand elle est tout à fait impossible, à moins que le pape ne veuille déposer tout son attirail de papauté. »

Mélanchton, qui était né en 1497 dans le Palatinat, enseignait la littérature grecque à l'Université de Wittenberg, en même temps que son ami y professait.

*
* *

On pénètre dans l'ancien couvent de Luther comme dans un moulin. C'est un endroit calme et propice aux pieuses méditations. On en a fait un séminaire protestant, comme de juste.

Dans une cour intérieure, sous les lilas en fleurs, devant une fontaine murmurante et fraîche, autour d'une table, nous trouvons une dizaine d'étudiants réunis et devisant *de omni re scibili*. Ils ne sont pas aussi bruyants que leurs camarades de Halle entrevus la veille au milieu des chopes. Ceux-là boivent prosaïquement du café.

Je vais à eux et leur explique que mon temps est limité et que je voudrais bien visiter la maison.

Ils me conduisent à une jeune et gentille puritaine, qui, immédiatement, me prend sous sa protection.

Je suis avec une vingtaine de soldats qui, eux aussi, veulent voir. La gardienne donne aux militaires des explications sommaires et n'a d'attentions que pour le Français, qui en est tout confus.

C'est ainsi que nous vîmes une foule de souvenirs intéressants, comme les livres et papiers du grand homme, ses portraits, sa bague nuptiale et celle de sa femme, etc.

Cette *Kethe* ou *Catiche* de Luther, ils l'ont mise partout, ainsi que ses enfants : Jean, Élisabeth, Madeleine, Martin, Paul et Marguerite, que le moine a sur ses genoux ou dans ses bras.

C'est d'un bon père ; mais les auteurs du temps malheureuse-

La Wartburg. — La chapelle.

ment, comme Georges Joannek, Kraus, nous racontent certaines conversations qui montreraient que le ménage n'était pas tout à fait heureux.

Les parents étaient rongés par le désespoir. Luther, malgré ses emportements, était trop intelligent pour ne pas quelquefois se ressaisir.

« Maître, lui dit un soir sa femme dans le jardin, vois donc comme les étoiles sont brillantes.

— Oh! la vive lumière! fit le docteur; mais elle ne brille pas pour nous...

— Pourquoi? Est-ce que nous serions dépossédés du royaume des cieux? »

Luther soupira :

« Peut-être en punition de ce que nous avons quitté notre état.
— Il faudrait donc y retourner ?
— C'est trop tard ; le char est trop embourbé. »

Et le docteur rompit l'entretien.

Ceci est plutôt de la tragédie, quoique Érasme ait dit du mariage de Luther : « Je n'y vois qu'une comédie où tout se termine, comme toujours, par le mariage. »

Je voudrais savoir pourquoi, parmi tous les portraits des réformateurs qui défilent sous nos yeux, Érasme est toujours en si belle place. Je croyais pourtant qu'il était à nous ?... Or, les protestants le revendiquent, et je comprends désormais le portrait qu'en font les historiens de l'Église :

« Érasme, bel esprit, superficiel, mauvais plaisant, d'une littérature plus païenne que chrétienne, n'a jamais rien compris, au fond, de la théologie dont il se raille ; ne peut être consulté avec quelque fruit que comme un dictionnaire de synonymes latins dans leur acception païenne. » (ROHRBACHER.)

La critique est sévère, mais il eut vraiment trop de ménagements pour le moine de Wittenberg. Cependant nous retiendrons cet aveu de lui :

« La raison la plus vulgaire m'apprend qu'un homme qui a excité un si grand tumulte dans le monde, qui n'avait de plaisir que dans les paroles indécentes ou railleuses, n'a pu faire la chose de Dieu. Une arrogance comme celle de Luther, que rien n'égale jamais, suppose la folie, et une humeur bouffonne comme celle du docteur de Wittenberg ne s'allie point avec l'esprit catholique. »

Mais ses partisans en ont tout de même fait un saint, et ceux qui ont tant médit du culte des reliques se mettent dans une singulière contradiction avec eux-mêmes quand ils exhibent les moindres objets à son usage avec des écrits et des titres comme ceux-ci :

« Souvenir d'or et d'argent du cher maître en Dieu, le docteur Martin Luther, dans lequel sa vie et sa mort, sa famille et ses reliques sont décrites en détail d'après plus de deux cents médailles et gravures par Christian Junker, historiographe du prince électeur de Saxe-Henneberg. (Francfort et Leipzig, 1706, 562 pages.)

Et l'épigraphe des dégoûtants *Propos de table* est le verset de saint Jean (IV, 12) : « Ramassez les morceaux pour que rien ne se perde! »

... Il nous reste une dernière chose à voir, le lieu où il repose, si un tel homme peut trouver la paix.

Nous jetons un coup d'œil sur l'église de la ville, où on voit sur

Wittenberg. — Place du marché où s'élèvent les statues de Luther et de Mélanchton.

l'autel une *Cène* de Cranach, et où le réformateur prêcha, « donnant, disait-il, sur le museau des visionnaires. » — Il avait toujours de ces expressions! — Puis nous passons devant l'ancienne Université, aujourd'hui caserne d'infanterie, résistant aux offres d'un *Gefreite*, sous-caporal, qui veut nous la faire visiter. Non! *male olet*... Nous allons demander au sacristain de l'église du château de nous accompagner.

Il nous montre les portes de cette église, celles où Luther afficha les quatre-vingt-quinze thèses contre les indulgences, la veille de la Toussaint, en 1517. Elles étaient en bois et furent brûlées pendant le bombardement de 1760 par les Autrichiens. L'empereur Frédéric, le père du souverain actuel, les fit remplacer par des portes en bronze sur lesquelles est gravé le texte latin des thèses en petits caractères, mais lisibles. Sur une petite place en face, en reconnaissance, on a élevé une statue au donateur.

Nous sommes dans l'église.

Sur l'autel trois grandes statues : le Christ, saint Pierre et saint Paul. On croirait voir un autel catholique.

Mais où est-*il*?

Le sacristain nous mène devant l'autel à l'entrée de la nef et nous montre une pierre avec un nom :

Il est là, sous trois pas, un enfant le mesure...

On pourrait dire sous *un pas*.

C'est du côté gauche de la nef, à droite, faisant pendant, qu'on trouve la pierre qui recouvre les restes du trop fidèle Mélanchton.

Et je pense aux derniers moments de l'hérésiarque, aux propos qu'il tenait alors, injuriant le pape, l'empereur, le diable aussi.

« Mes chers amis, il ne nous faut mourir que quand nous avons vu le diable par la queue. »

Cela le hante.

Puis il se lève de la table où il est et, avec un morceau de craie, trace sur la muraille ce vers latin :

Pestis eram vivens, moriens tua mors ero, Papa !

« Vivant, j'étais pour toi la peste, ô Pape; mort, je serai ta mort ! »

Il est aussitôt saisi d'une mortelle tristesse. Un convive lui présente un verre de bière; il écrit un billet qu'il laisse sur la table :

« Nul ne peut comprendre les *Bucoliques* de Virgile et les *Géorgiques*, s'il n'a été cinq ans laboureur ou berger; nul ne peut comprendre les lettres de Cicéron, s'il n'a manié vingt ans les affaires; nul ne peut comprendre les Écritures, s'il n'a gouverné

cent ans les églises avec Jésus-Christ et les apôtres. En vérité, nous sommes des gueux. »
C'était le 16 février 1546, il mourut le 17.

. . . .

En parcourant les rues de Berlin, nous rencontrâmes encore une statue de Martin Luther, et tout après le *Dom*, comme ils appellent la cathédrale. Le mot de Victor Hugo nous revenait alors : « Ceci tuera cela. »
Et comme le soir même, assistant à une réunion, un des hommes les plus intelligents de la capitale, gentilhomme et soldat, nous interrogeait sur nos impressions, nous lui répondîmes :
« On dit que votre *Kaiser* est amoureux de faste et de magnificence, et qu'il n'entre jamais à l'Opéra qu'au son des trompettes d'argent qui proclament le triomphe et la gloire : ce qui lui manque et ce qui manque à votre capitale, à votre froide cathédrale, à votre religion austère, c'est la pompe du culte catholique, c'est le déploiement grandiose des Fêtes-Dieu de Vienne et de Munich. C'est Luther qui a tué tout cela et d'autres choses encore. »

III

VERS BERLIN

LE TAUNUS

Connaissez-vous Kœnigstein? Non. C'est là-bas, près de Francfort, dans le Taunus, une station de paix et de fraîcheur. Un de ces mille *bains* qu'on rencontre en Allemagne, pas loin du Rhin.

Donc on va par Kronberg, en trois quarts d'heure, et je vous assure que c'est joli, joli, avec ces routes bien entretenues, bordées de pommiers, pour faire de l'*Apfelwein* (cidre), ces mamelons boisés, ces pittoresques villas et tout au fond, dominant le paysage, le grand Feldberg.

Je suis reçu par l'excellente baronne de S..., qui habite un élégant chalet, situé à mi-côte, tout au-dessous de la propriété du grand-duc de Luxembourg, qui fut duc de Nassau et l'ancien souverain du pays. Les Allemands ont annexé son grand-duché en le lui payant en beaux deniers comptants. Maintenant, c'est fini irrémissiblement, comme pour l'Alsace-Lorraine, comme pour le Hanovre et le reste. Sont-ils contents, les annexés? Ceci est une autre affaire.

La grande-duchesse vient ici assez souvent. Elle adore les roses; on en a mis partout, les disposant en portiques, en arceaux; mais elle n'a pas la vue idéale dont on jouit du chalet, et pour lui en donner, il a fallu que la baronne complaisante pratiquât des éclaircies dans ses futaies.

Divin pays! Croirait-on que j'ai rencontré des chevreuils, venant folâtrer dans le parc où je me promenais? Les audacieux! S'exposer aux coups de fusil du baron A...

Le baron A... est un grand chasseur devant l'Éternel. Ancien officier de dragons, au service de l'Autriche, il a conservé le goût très vif des armes. Pour s'en convaincre, il n'y a qu'à visiter son appartement. C'est le plus adorable fouillis qu'on puisse concevoir : des carabines, des pistolets, des coutelas, des épées. Il y a là de quoi faire des hécatombes.

On passerait des heures à écouter le propriétaire de cet arsenal. Ses histoires cynégétiques ne tarissent point. Et là où il est le plus intéressant, c'est quand il vous promène au dehors ; il connaît tous les endroits où gîte la bête, la grosse et la petite ; les mœurs des brocards lui sont plus familières que celles des hommes.

En descendant du grand Feldberg, d'où la vue est magnifique et où l'empereur Guillaume II a fait construire une haute tour pour jouir du panorama, il nous dit :

« Je vais vous conduire là où il y a du cerf. »

Nous allons, nous allons, et nous ne voyons rien. Tout à coup, je me retourne et reste stupéfait, touchant pourtant le bras de mon compagnon.

Un dix-cors, superbe, est dressé à vingt pas sur une éminence et nous regarde tranquillement, dans la pose de l'animal qui contemple saint Hubert, dans les images. Puis il disparaît sans bruit.

C'est la région des grandes chasses ; mais le baron blâme fortement certains amis à lui, qui tuent pour tuer ; alors la race s'éteint, la forêt se dépeuple.

C'est le pays des châteaux, des vieux *schloss*. A Kœnigstein, l'ancienne forteresse de l'électeur de Mayence, saccagée par les Français en 1796 ; à Falkenstein, le manoir de l'archevêque de Trèves ; à Eppstein, un autre qui date de 1120, et a appartenu à une famille qui a donné cinq archevêques à Mayence.

Mais il faut s'arracher aux douceurs de cet air embaumé, de ces nuits splendidement étoilées, de ces promenades charmantes en forêt terminées à midi par la *frühchoppen*, à la brasserie M... Mes hôtes me conduisent à Francfort.

N'en déplaise à mes compatriotes, ces villes allemandes ont un fort grand air. La gare d'abord. A Francfort, c'est le *colossal Bahnhof*, un peu massif, mais si commode avec ses salles d'attente et ses restaurations, en double, et ses quais spacieux, bien distincts, et toute son installation.

Et puis la ville, avec ses larges rues, ses tramways nombreux, se suivant à la file, glissant silencieusement, les maisons superbes. J'aimais aussi m'égarer dans les vieilles petites rues, aux environs du Dom et de la maison de Gœthe, que je visitais de nouveau.

Curieuse église que cette cathédrale, inachevée, aux petits recoins. Mais, le dimanche, la foule pieuse l'envahit et prie avec une ferveur inconnue chez nous.

Passé Bockenheim et l'Opéra, vous croiriez être à Passy ou à Auteuil. C'est tout plein de petits hôtels à l'aspect séduisant, et quand on a le bonheur d'être reçu dans l'un d'eux, comme je le fus, on se demande si vraiment on a quitté Paris, tant les intérieurs sont bien conçus, tant la conversation est intéressante, spirituelle, fournie.

Pour les promenades, il y a le *Zoolischer-Garten*, le *Palmen-Garten* et les *Anlagen* circulaires. On peut séjourner agréablement à Francfort, quoique la juiverie y soit bien dominante.

En route maintenant pour la capitale.

LA CAPITALE

*Quien no ha visto Sevilla
No ha visto maravilla.
Quien no ha visto Granada
No ha visto nada.
Es gibt nur eine Stadt, es gibt nur eine Wien.*

Il n'y a qu'une ville... Celui qui n'a pas vu Berlin n'a rien... à regretter, s'il a vu... Paris, Londres, Vienne, Rome, Séville, Grenade, etc.

Cependant, Berlin est une belle ville, sans conteste. Il ne lui manque qu'une chose : le passé, la patine du temps, les vieilles cathédrales, les palais historiques et même les ruines.

Écoutez Mme de Staël, qui écrivait déjà en 1810 : « Berlin est une grande ville, dont les rues sont très larges, parfaitement bien alignées, les maisons belles et l'ensemble régulier ; mais comme il n'y a pas longtemps qu'elle est rebâtie, on n'y voit rien qui retrace les temps antérieurs. Aucun monument gothique ne subsiste au milieu des habitations modernes : et le pays nouvellement formé n'est gêné par l'ancien en aucun genre. Que peut-il y avoir de mieux, dira-t-on, soit pour les édifices, soit pour les institutions, que de n'être pas embarrassé par des ruines? Je sens que j'aimerais en Amérique les nouvelles villes et les nouvelles lois ; la nature et la liberté y parlent assez à l'âme pour qu'on n'y ait pas besoin de souvenirs ; mais sur notre vieille terre, il faut du passé. Berlin, cette ville toute moderne, quelque belle qu'elle soit, ne fait pas une impression assez sérieuse ; on n'y aperçoit point l'empreinte de l'histoire du pays, ni du caractère des habitants, et les magnifiques demeures, nouvellement construites, ne semblent destinées qu'aux rassemblements commodes des plaisirs et de l'industrie. Les plus beaux palais de Berlin sont bâtis en briques ; on trouverait à peine une pierre de taille dans les arcs de triomphe. »

La capitale de l'empire allemand et du royaume de Prusse compte un million cinq cent mille habitants. Il a fallu construire de nouveau, construire toujours pour loger cette armée. Il y a de nombreuses rues, bordées de milliers de jolies maisons ; les victoires récentes ont nécessité l'érection de nouveaux monuments. Tout est neuf, tout reluit et tout flambe au soleil, et Mme de Staël reviendrait ici qu'elle n'aurait pas un *iota* à retrancher à sa première impression écrite.

Nous avouons pourtant avoir été étonnés, quand nous avons pénétré dans Berlin.

Un ami très cher, le baron de S..., directeur de la banque de D..., avait tenu à nous donner une haute idée de la ville qu'il habite. Sa femme l'accompagnait quand il vint nous prendre à la gare de Anhalt (*Anhaltischer Bahnhof*), et celle-ci était Berlinoise.

C'était un dimanche et toute la population était naturellement dehors, encombrant, joyeuse, les rues et les établissements publics. Rien ne décore une ville comme la foule. La voiture fila par la *Kœnigretzerstrass*, vers la *Porte de Brandebourg*, et soudain le *Thiergarten* s'offrit à nos regards avec la *Sieges Allee*, bordée de ses monuments blancs, encadrés de la verdure des bosquets, avec, tout au bout, la *colonne de la Victoire*, puis nous passâmes près du château et du parc de *Bellevue*, pour arriver à *Brücken Allee*. Au bout, c'était l'hospitalière demeure de notre ami, munie de tout le confort moderne des grandes villes. Une vraie gâterie !

Dans ces conditions, ébloui, charmé, nous déclarâmes que Berlin était merveilleux : *Es gibt nur eine Stadt...*

Il fallait voir les détails. Nous les vîmes, bien piloté par le fils de notre ami, qui connaît admirablement la ville.

Eh bien ! il ne faut pas comparer Berlin à Paris ; on n'y trouve pas l'Avenue du bois, les Champs-Élysées, la ligne des quais, la rue de Rivoli, les boulevards, le Louvre et le Carrousel et le décor de la cité, Châtelet, Notre-Dame ; mais on y trouverait un Bois de Boulogne et plusieurs boulevards Haussmann, avec des coins très charmants, comme le Zoolischer-Garten, Bellevue, Montbijou.

Évidemment, la préoccupation ici a été de « faire grand ». L'Allemagne est la grande nation victorieuse ; la Prusse a conduit l'Allemagne à la victoire ; il faut qu'on le sache. Nulle fierté n'est plus légitime, et on l'affirmera par des monuments qui nous feront enrager.

Patience ! nous avons notre revanche. Le Français, « né malin, » qui passe devant la colonne de la Victoire et les statues de Guillaume Ier et de Bismarck, n'est accoutumé à voir rien de pareil. Il s'extasie, il ne comprend pas ; il cherche à saisir, il ne saisit pas.

« Mais regardez donc, lui dit-on. Qu'en pensez-vous ?

— Heu ! heu !

— Comment ! vous ne trouvez pas que c'est beau, que c'est grand ? *Das ist colossal.* »

Colossal est un mot allemand qui revient à chaque instant dans la conversation ; et précisément tout ce qu'on veut vous faire admirer est *trop colossal*. Nous autres, nous ne sommes pas habitués à cela du tout. Le Parisien a les yeux faits à une certaine métrique, à de certaines proportions, à une harmonie des lignes qui ne se dément jamais, et il est artiste sans s'en apercevoir. Il a passé cent fois devant tel ou tel monument, celui de Guillaume Ier, par exemple, ou celui de Bismarck, l'un en face du palais impérial, l'autre devant le nouveau palais du Reichstag ; or, c'est trop, trop grand, trop gros, trop massif, trop colossal. Je ne dis pas que les meilleurs artistes allemands ont été requis pour faire ces œuvres d'art. Ils ont voulu nous éblouir ; ils nous écrasent, voilà tout. Après tout, peut-être est-ce là le but qu'on se proposait d'atteindre... Comparez avec la statue qu'on vient d'élever à Victor Hugo, à Paris, sur la place de ce nom. Quelle grâce ici ! quelle sveltesse ! quelle harmonie ! quelle envolée... !

Maintenant les palais, à Berlin, au lieu d'être bâtis en belles pierres de taille, comme les nôtres, sont en briques recouvertes d'un épais ciment, à part celui du Reichstag : nous n'aimons pas le toc. Et puis, comme à Munich, comme ailleurs, on a copié Rome, Athènes et Florence. Mon Dieu ! qui nous délivrera de ces colonnes doriques?...

Nous aimons mieux ce qui est à l'intérieur. Le musée de peinture est un des plus beaux de l'Europe et remarquable par l'universalité des écoles ; aussi, on y peut parfaitement étudier l'histoire de la peinture, si chaque maître y est représenté par peu de toiles, comme Raphaël, et si, à côté des œuvres authentiques, on voit beaucoup de copies et de moulages. On l'a fait exprès.

Ne pas manquer d'aller voir la collection des sculptures trouvées à Pergame, par les savants allemands. Il y a là une restitution très réussie et qu'on devrait bien imiter ailleurs.

On va aussi toujours voir l'Arsenal. C'est le musée des gloires prussiennes et de son histoire, depuis le couronnement de Frédéric I*er*, à Kœnigsberg, jusqu'à la proclamation de l'Empire allemand, à Versailles. Cette collection de canons, de mitrailleuses, de chassepots, de cuirasses, de drapeaux, fait passer aux Français de petits frissons dans le dos, et amène la sueur sur le front.

Ne parlons pas du modeste édifice habité par le vieux Guillaume, et où il aimait à se montrer au public par des fenêtres qu'on voit à l'angle de la place ; ni du palais du *Kronprinz* ; jetons un coup d'œil sur le palais où réside le souverain actuel... quand il est à Berlin..., ce qui lui arrive par intermittences. L'intérieur est rempli de salles blanches, vertes, dorées, remplies de vaisselle plate, de vases, de portraits, de tableaux de batailles et n'offre rien de plus intéressant que ce qu'on voit dans toutes les résidences royales.

A l'extérieur, quatre étages se superposent, sur une longueur de deux cent mètres et une largeur de cent dix-sept. Une grande caserne surmontée d'un dôme. C'est l'électeur Frédéric II qui a commencé à bâtir cela. La façade qui regarde le *Lustgarten* est banale ; celle de derrière est mieux. Mais en somme quelle grande et massive bâtisse, si peu artistique, si peu impressionnante ! Une caserne.

Et pas de jardin. Quand les petits princes veulent jouer, ils montent en voiture et se rendent à Bellevue, près du Thiergarten. C'est incommode ; seulement, c'est une occasion pour les voir. L'empereur, du reste, comme on nous le disait, adore se montrer partout, sous tous les costumes, en hussard, en cuirassier, en garde du corps, en grande et en petite tenue, en voiture, à cheval.

A chaque instant, il va passer une revue, une inspection, et il revient par les *Linden*, à la tête d'un régiment, précédé de la musique, passant triomphalement. Il est content, on est content. Que désirer de mieux ?

Par une fatalité inconcevable, nous ne l'avons pas vu, quand nous étions à Berlin. Il était absent aux environs ; mais nous l'avions rencontré quelques années auparavant à Cologne. Comment ne pas le rencontrer? Nous avions bien croisé son train, à Metz, une autre fois. On le rencontre partout.

Cette avenue des Tilleuls est large de soixante mètres, avec deux trottoirs relativement petits, deux chaussées carrossables et une promenade ornée de maigres tilleuls et de marronniers un peu plus gros. Ce n'est pas la plus belle artère de la capitale ; nous aimons mieux la *Friederichstrasse,* à cause de ses magasins, mais elle est trop étroite. Une autre rue curieuse est la *Wilhelmstrasse,* que l'on trouve tout au bout des Tilleuls. Elle est bordée de palais : la Chancellerie, les ministères des Travaux publics, des Affaires étrangères, de la Justice, de la Maison Royale, l'ambassade d'Angleterre, l'hôtel du prince de Bismarck, les palais des princes Alexandre et Georges de Prusse, du comte de Stolberg-Wernigerode, du prince de Pless, etc. etc.

Toutes ces rues sont fort bien tenues et d'une propreté remarquable, sillonnées de gens bien mis, marchant gravement, d'une excessive politesse. Beaucoup de sergents de ville au casque à pointe argentée ; tous les cinquante pas, un agent de police à cheval ; pas de gavroches, peu de crieurs de journaux. De temps en temps une musique militaire qui passe, précédée du chapeau chinois, que les nôtres ont abandonné depuis 1870. Un assez grand nombre d'uniformes. On nous avait annoncé que nous trouverions à Berlin des soldats géants. Non ! les soldats sont grands généralement ; la taille est un peu plus élevée dans la garde qui porte le collet à double galon blanc ; c'est tout. Je crois que l'empereur nous a envoyé en France, pour certaines solennités, les seuls géants qui soient là-bas, notamment lors des obsèques du président Faure.

Quant aux brasseries, elles regorgent de consommateurs : on en voit qui ont sept mètres de hauteur de plafond ; on en voit qui tiennent de grandes maisons, de la cave au grenier; on en voit dans les sous-sols du *Rathaus* (hôtel de ville).

On boit, on boit. Les chopes contiennent un demi-litre; plus souvent un tiers de litre. On sert de la bière de Munich ou bien de la bière de Pilsen, — celle-ci fort en honneur depuis quelque temps. — Il y a à Berlin d'excellente bière locale, — celle que je conseillerai toujours de prendre, parce qu'elle n'a pas été altérée par le transport. Il y a aussi une bière blanche, très claire, piquante et peu alcoolique, qu'on sert dans des verres hauts et très larges.

C'est le pays de Gambrinus; chacun sait ça.

Il faut aller dîner, en été, au *Zoolischer-Garten*. D'abord, c'est un des jardins zoologiques des plus beaux du monde et possédant une collection de fauves qui vaut mieux que celle de notre Jardin des Plantes; ensuite on y dîne bien, et à bon marché.

J'admirai les restaurants de Berlin. A Paris, il faut dépenser chez Paillard, Larue ou Durand, une cinquantaine de francs, quand on est deux, et encore on n'a qu'un repas modeste; dans les trois ou quatre restaurants du *Zoolischer*, un amphitryon traite ses invités pour une trentaine de marcs (environ 40 francs). Pour cinq personnes, on donne cinq marks par tête (6 fr. 25), et on ajoute un *bowl*, saladier d'argent où l'on verse une bouteille de champagne, une bouteille ou deux de vin du Rhin et des pêches. Il y en a pour tout le repas.

Qu'on n'aille pas croire que je parle ici des petites bourses. Nullement. A quelques pas de notre table, le fils d'un prince royal traitait des amis. Je vous indique sa dépense.

Quant aux petites bourses, elles s'en tirent encore à meilleur compte. Dans les restaurants, il se trouve un quartier où l'on ne boit pas de vin, mais de la bière; on peut aller là.

Et devant vous, dans les allées du parc, une foule énorme, énorme, passe et repasse sans cesse, pendant que deux orchestres militaires alternent leurs morceaux.

Ces gens savent s'amuser, il faut en convenir.

Les sables brandebourgeois s'étendent à l'infini : au Nord, jusqu'à la Baltique; à l'Est, jusqu'à l'Oural. Cependant, dans ce désert, on rencontre quelques oasis, et entre autres Wannsee, agglomération de jolies villas, dans un site charmant, au milieu des bois, au bord du lac du même nom, et la forêt de Grünewald. Partout des restaurants à prix modérés, mais excellents, partout de l'eau. L'Allemand aime la nature et ses beautés par-dessus tout. Malheureusement les tramways, qui sont si confortables par ici et marchent à une allure rapide, mettent encore une bonne heure pour vous conduire à destination.

Ces tramways avec le Métropolitain faisaient notre bonheur. Ce Métropolitain, en viaduc, a coûté cent millions ; il ne dessert que le nord de la ville, a onze kilomètres de long, et relie entre elles toutes les grandes gares. Le chemin de fer de ceinture de la capitale est aussi fort commode, et les wagons y sont autrement propres et bien conçus que chez nous.

Il faut parler de Charlottenbourg et de Potsdam. La route pour aller dans la première localité traverse tout le Thiergarten, qui possède de nombreux tramways ; mais on n'y connaît pas les voitures de luxe, ni les promenades aristocratiques comme celles de l'allée des Acacias.

On va à Charlottenbourg, non pas tant pour y voir le château royal et les casernes des gardes du corps, que pour le Mausolée. Là, sont les tombeaux de Frédéric-Guillaume III, de la reine Louise et de Guillaume Ier. Les Prussiens n'ont jamais oublié la reine Louise ; nous, nous n'avons jamais oublié Guillaume Ier.

Nous allons à Potsdam par la large rivière de la Havel, qui forme une longue suite de lacs, où se mirent les châteaux, les arbres, les collines. Voilà une chose qui nous manque aux environs de Paris. La nature leur est venue en aide là-bas ; à nous, non. On a créé Versailles de toutes pièces. Il est si *gemütlich* (agréable) d'arriver à Potsdam en bateau à vapeur !

Voici le grand château, voici le Palais de marbre, voici le poétique Babelsberg et son joli parc, puis, à l'Est, Sans-Souci, l'Orangerie, le Nouveau palais. Végétation exubérante, parcs magistralement tracés, et d'une longueur immense, points de vue exquis.

Ce sont les résidences aimées des vieux rois : Frédéric II, Frédéric-Guillaume III, Guillaume Ier, Frédéric III.

Que j'aimais Sans-Souci avec son escalier monumental de vingt mètres de haut, divisé en six terrasses successives ! Il a été construit, en 1745, par Knobelsdorff, sur l'ordre de Frédéric le Grand, tout près du fameux moulin à vent du meunier de Florian et qu'on voit encore.

Nous vîmes les appartements du grand roi et ceux de Voltaire.

« Voltaire, remarquez-le bien, nous dit le gardien, habitait une chambre dont la tapisserie représente toute une volière ; il y a ici une armée de perroquets.

— ? ...

— C'était l'appartement qui lui convenait, ajoute finement le gros Allemand, l'appartement d'un bavard !... »

Pas mal pour un Allemand ! Le fait est que M. de Voltaire a beaucoup causé, notamment sur son séjour à Berlin. C'est même le titre d'un de ses nombreux ouvrages.

Il nous apprend d'abord que Frédéric-Guillaume, le père du grand Frédéric, était un véritable Vandale qui, dans tout son règne, n'avait songé qu'à amasser de l'argent et à entretenir, à moins de frais possibles, les plus belles troupes de l'Europe.

Il fut tout étonné un jour de se trouver en possession d'un fils plein d'esprit, de grâce, de politesse et d'envie de plaire, qui cherchait à s'instruire et qui faisait de la musique et des vers. Il jeta ses livres au feu et cassa sa flûte en mille morceaux.

Ce fils, qui entretenait des relations avec les beaux esprits de l'époque, aussitôt qu'il fut le maître, s'empressa d'appeler notre compatriote près de lui. Il s'agissait de conférer à celui-ci une tâche importante : celle de correcteur. Voltaire corrigeait tous les ouvrages de son royal ami, « ne manquant jamais, dit-il, de louer beaucoup ce qu'il y avait de bon, et retirant tout ce qui ne valait rien. » Ils s'entendaient admirablement tous les deux ; le roi traitait le philosophe d' « homme divin », le philosophe traitait le roi de « Salomon ».

Mais Voltaire, qui était perspicace, avoua qu'à la fin, lors de son second voyage à Potsdam, Frédéric se moquait de lui dans le fond du cœur, et qu'un jour il dit à un médecin français, La Mettrie :

« Laissez faire, on presse l'orange et on la jette quand on a avalé le jus. »

Alors Voltaire résolut de mettre en sûreté les « pelures de l'orange » : trois cent mille livres à placer. Et il partit, avec promesse de revenir, et avec le ferme dessein de ne le revoir de sa vie.

On ne s'échappait pas aussi facilement que cela de la gueule du lion. A Francfort, le philosophe fut retenu prisonnier pendant douze jours, jusqu'à ce qu'il eût rendu à la police « l'œuvre de poésie du roi, leur maître ».

Dans cet ouvrage sur son séjour en Prusse, il nous donne de curieux détails sur la vie que l'on menait alors dans la résidence royale de Potsdam.

Frédéric se levait à cinq heures du matin en été, à six heures en hiver. Pas de cérémonies de lever; un laquais venait allumer son feu, l'habiller et le raser. Il avait une belle chambre que l'on voit encore aujourd'hui, avec une riche balustrade d'argent, ornée de petits amours sculptés, qui fermait l'estrade du lit, clos par des rideaux; mais derrière les rideaux il n'y avait qu'une bibliothèque; son lit n'était qu'un grabat de sangles avec un mince matelas.

Après le lever, il prenait du café, et son premier ministre, un ancien soldat, arrivait par un escalier dérobé, avec une grosse liasse de papiers sous le bras, composée des dépêches des secrétaires d'État ou plutôt de leurs extraits; le roi faisait mettre les réponses à la marge, en deux mots. En une heure tout était expédié.

A onze heures, le roi, en bottes, passait, dans le jardin, la revue du régiment de la garde; et, à la même heure, tous les colonels en faisaient autant dans toutes les provinces. Ceci est très prussien et a fait la force de la Prusse.

Un repas suivait auquel prenaient part les princes royaux, frères du roi, des généraux, des chambellans. Après quoi le souverain, seul, dans son cabinet, faisait des vers jusqu'à dix heures; puis lecture et concert, où le roi faisait sa partie, en jouant de la flûte. Plusieurs tableaux des palais royaux représentent ces scènes de concert.

On soupait dans une petite salle ornée de peintures licencieuses, dont le monarque avait donné lui-même le dessein; et il devisait là avec les philosophes dont faisait partie Voltaire, qui nous dit que la table était réglée à trente-trois écus par jour pour tout le monde, y compris les domestiques.

Il n'entrait dans le palais ni femmes, ni prêtres.

Mais quand Frédéric venait à Berlin, il étalait plus de splendeur et on le voyait à table, entouré de vingt princes de l'Empire et servi dans la plus belle vaisselle d'or de l'Europe, ou à l'Opéra, grande salle de trois cents pieds de long, bâtie par le chambellan Knobelsdorf. On y entendait les meilleures voix; on y voyait les meilleurs danseurs. Frédéric donnait trente-deux mille livres par an à la Barbarini, qu'il avait fait enlever à Vienne par des soldats. Ce fut sa seule folie.

A son second voyage, Voltaire avait été envoyé par la cour de France en négociateur secret. De la chambre des perroquets, il envoyait au roi des petits papiers où il écrivait : « Doutez-vous que la maison d'Autriche ne vous redemande la Silésie à la première occasion ? »

Le roi répondait en marge :

> Ils seront reçus, biribi,
> A la façon de Barbari, mon ami.

C'était un mélange d'esprit, de gouaillerie, de grandeur, d'avarice et d'impiété. Il se moquait de tout, excepté de rendre son pays le premier du monde. Il le fut; il passe pour l'être encore.

Nous nous trouvions à Potsdam, dans la cour d'honneur, à midi sonnant. Tout à coup, nous vîmes une scène que Frédéric dut contempler, plus d'une fois, de ses fenêtres : la parade. On changeait le poste avec accompagnement de tambours et de fifres. Les soldats de la garde marchaient et faisaient des évolutions, en levant en cadence les jambes à la hauteur du visage. C'était comique, et nous nous demandions si c'était nécessaire pour faire la force des armées.

Peut-être... Car nous sommes bien profanes ici, et ces messieurs du grand État-Major pensent, sans doute, différemment. C'est avec cela qu'ils ont vaincu à Rosbach et à Sedan. Écoutez encore une fois Voltaire sur Rosbach :

« La discipline et l'exercice militaire, que son père avait établis et que le fils avait fortifiés, furent la véritable cause de cette étrange victoire. L'exercice prussien s'était perfectionné pendant cinquante ans. On avait voulu l'imiter en France comme dans tous les autres États; mais on n'avait pu faire, en trois ou quatre ans, avec des Français peu disciplinables, ce qu'on avait fait pendant cinquante ans avec des Prussiens; on avait même changé les manœuvres en France presque à chaque revue, de sorte que les officiers et les soldats, ayant mal appris des exercices nouveaux et tous différents les uns des autres, n'avaient rien appris du tout et n'avaient réellement aucune discipline ni aucun exercice. En un mot, à la seule vue des Prussiens, tout fut en déroute, et la fortune fit passer

Frédéric, en un quart d'heure, du comble du désespoir à celui du bonheur et de la gloire. »

Certes, ils sont aussi forts qu'ils l'étaient au temps de Rosbach, davantage même, et pourtant ils ne désirent pas la guerre, excepté toutefois les officiers. Ils ne sont pas rassurés sur son issue, si elle éclatait entre nous et eux. Il y a l'alliance russe qui les gêne; il y a *nous,* nos approvisionnements, nos places fortes, notre artillerie admirable, nos réserves organisées, notre mobilisation assurée, nos officiers intelligents. Au point de vue politique, ils nous méprisent; au point de vue militaire, non.

Je pense qu'ils sont sincères, quand ils affirment que nos revues sont superbes, comme me le disait le comte von S..., aide de camp du prince royal A... et l'un des hommes les plus aimables et les plus intelligents que j'aie rencontrés à Berlin. Il ajoutait :

« Il faut pourtant que vous voyiez les nôtres à Potsdam. Revenez pour cela. »

Nous reviendrons, car certainement Berlin nous a plu.

HAMBOURG

Dans le train de Hambourg, le *schnellzug,* très confortable, où l'on paye deux marks de supplément pour avoir une place retenue, bien à soi, nous roulons depuis quelques heures, quand un voyageur se dresse subitement, en face de nous, et nous interpelle :

« Voyez! voyez!

— Eh bien, quoi?

— *Sachsenwald!*

— Ce nom ne nous dit rien.

— C'est une forêt qui appartient au prince de Bismarck.

— Tant mieux pour lui!

— Mais le grand Bismarck est enterré là.

— Dans la forêt?

— Dans une chapelle élevée dans la propriété.

— Ah!

— Vous êtes Français ?
— Oui.
— Je m'en doutais. »

Ce Germain a l'air de me regarder avec compassion. Pour dire quelque chose, je fais cette réflexion :

« Il pleut, il fait froid. On étouffait pourtant à Berlin.

Hambourg. — Pont sur l'Elbe.

— Oh! nous avons changé de climat; nous sommes maintenant tout près de Hambourg; c'est le climat maritime; il pleut souvent. »

En effet, en arrivant au *Kloster-Thor,* une petite gare de rien du tout, je trouve qu'il ne fait pas beau. Je me console en pensant que le temps changera le lendemain, et puis, à Hambourg, il y a tant et tant de poussière et de fumée d'usine, qu'un peu d'eau n'est pas malvenu.

« On change trois fois de faux-cols par jour, m'avait-on dit; c'est une ville sale. »

Je n'ai pas changé de faux-col si souvent et je n'ai pas trouvé la ville si malpropre, excepté dans certains coins. Mais, aussitôt arrivé, quand j'ai pris la *Steintrasse* et la *Bergstrasse* pour pénétrer au centre de la ville, quand j'ai vu surgir devant moi le clocher de la grande église Saint-Michel, qui a cent trente mètres de haut, et celui de Saint-Nicolas, qui a cent quarante-quatre mètres, en voyant ce bruit, ce mouvement, cette circulation, j'ai déjà conçu une haute idée de cette ville, qui compte plus de trois cent mille habitants et plus de quatre cent mille avec les faubourgs.

Ce fut bien autre chose quand j'arrivai au *bassin de l'Alster,* lac de mille sept cent cinquante mètres de tour, bordé de tous côtés par des quais splendides et de belles constructions, sillonné de nombreux bateaux à vapeur et une quantité de cygnes.

Poussant plus loin, je visitai le riche jardin botanique et le curieux jardin zoologique, dont l'aquarium est célèbre, et, enfin, revenant sur mes pas, j'arrivai devant l'hôtel de ville, grandiose, portant haut la gloire de la ville libre de la Hanse, avec, au fronton, cette belle inscription :

Libertatem
Quam peperere
Majores
Digne studeat
Servare
Posteritas.

N'empêche que dans les sous-sols de l'hôtel de ville on trouve toujours le sempiternel restaurant. Quelle idée biscornue que le *Rathaus Keller !*

Eh bien, celui qui n'aurait vu que cela à Hambourg n'aurait pas une idée suffisante de cette ville, s'il n'a pas été devant la Bourse, entre une heure et trois heures, pour voir s'agiter là cinq à six mille enragés, et, surtout, s'il n'a pas vu le port.

Le port ! Quand nous parlons au singulier, c'est une faute, il y a une quantité de ports dans le port. C'est un monde étourdissant. Rien ne nous a donné la conception de ceci, si ce n'est Londres, ou New-York, ou Liverpool ; je ne parle pas du Havre, ni de Marseille.

On se rendra donc au port par le *Gross Ericus* et le *Brookthorquai,* pour voir les nouveaux bassins du Sandthor et du Grasbrook, destinés aux grands paquebots. Puis on ira au *Brookthorhafen*, au *Magdeburgerhafen*, au *Baukenhafen*, au *Binnenhafen*, au *Blockhaushafen*, au *Georgiushafen*, *Niederhafen*, *Jonashafen*. C'est un monde, et l'on reste confondu devant ces bateaux à charbon, ces bateaux à bois, ces voiliers, ces vapeurs, ces canots, à l'ancre, montant l'Elbe ou le descendant, ces entrepôts immenses, ces bourses au café et aux différentes denrées coloniales, ces poulies et ces grues qui grincent, emmagasinant, embarquant et débarquant les marchandises.

La plus belle vue du port est certainement à l'*Elbhoehe*, au-dessus du débarcadère du bac de Harbourg, d'où l'on domine une forêt de mâts pavoisés à toutes les couleurs et de tous les pavillons, et le fleuve, large de sept à huit kilomètres, avec ses îles et tout au fond l'autre forêt des hautes cheminées, vomissant des flots de fumée. C'est alors seulement que nous avons pensé à notre malheureux faux-col.

Après l'on montera au faubourg Saint-Paul et au *Spielbudenplatz*, qui est un champ de foire rempli de ménageries, de cirques, de théâtres populaires où, le dimanche et le lundi après midi, les matelots de toute nationalité prennent leurs ébats.

Et l'on reviendra par le *Zeughausmarckt* et le Steinweg, quartier curieux de la juiverie et de la friperie.

Nous n'avons pas manqué, à Hambourg, de nous intéresser aux émigrants qui partent en si grand nombre de ce port pour aller chercher, sinon la fortune, au moins des moyens d'existence dans des pays lointains et plus favorisés.

Ceux-ci, qui s'embarquent généralement sur les grands paquebots de la compagnie *Hamburg-America-Linie*, sont dirigés sur les *Auswandererhallen* (halles d'émigrants), qu'entretient la Compagnie, sous le contrôle de l'État, et qui sont situés sur la rive gauche de l'Elbe, au Weddel. Ce sont des constructions modèles au point de vue sanitaire et pour assurer les émigrants contre l'exploitation. Une reproduction de ces halles de Hambourg a obtenu un grand prix à l'exposition de Paris de 1900.

On a pris beaucoup d'excellentes mesures, en ces dernières années, dans l'intérêt de la santé publique, de la sécurité et du bien-être des pauvres émigrants. Un médecin les visite et les vaccine en vertu de la loi américaine du 3 mars 1893; le service religieux est organisé deux ou trois fois par semaine avant le départ des bateaux; il y a une cuisine spéciale à bord pour les émigrants israélites, etc. On inspecte aussi les navires et on fait répéter les exercices pour clore les cloisons étanches, en l'espace de trois minutes, afin de sauver le paquebot en cas de naufrage; on fait aussi mettre à l'eau les canots de sauvetage; la manœuvre ne doit pas durer plus de cinq minutes.

Où vont ces émigrants?

Aux États-Unis surtout, puis à la Plata, au Brésil, au Canada, en Afrique, en Australie. Les États-Unis les reçoivent dans la proportion de quatre-vingt-sept pour cent.

Les contrées allemandes qui en fournissent le plus sont le Hanovre et la Posnanie; mais il ne faudrait pas croire que la majorité des émigrants de Hambourg ou de Brême soient de race germanique; ils sont plutôt de race slave, russe, autrichienne, hongroise. La plupart des émigrants austro-hongrois sont des travailleurs agricoles; beaucoup se rendent dans l'État de New-York, en Pensylvanie, dans l'Ohio, l'Illinois et la Virginie, et sont employés dans les mines et les grandes manufactures.

   Ont émigré de Brême, en 1900 : 95961 personnes.
    —   — en 1901 : 110606 —
 Ont émigré de Hambourg, en 1900 : 80858 —
    —   — en 1901 : 72487 —

Les émigrants qui ne sont pas dans les conditions nécessaires, c'est-à-dire possédant un petit capital et un métier capable de les faire vivre, se voient refuser le débarquement à New-York et sont rapatriés gratuitement dans leur pays d'origine et transportés par la Hamburg-Amerika-Linie.

Le lecteur se rappelle-t-il avoir visité à la dernière exposition, près du pont d'Iéna, les installations de la marine marchande allemande? Il sait alors ce que sont des bateaux comme le *Deutschland*, le *Kronprinz-Wilhelm* et le *Kaiser-Wilhelm der Grosse*. Ce sont les plus beaux paquebots du monde et les moins chers.

IV

VERS L'AUTRICHE

LE « PASSIONSSPIEL » D'OBERAMMERGAU

« Où allez-vous en villégiature, Luc?
— Mais en Allemagne, mon cher Charles.
— En Al-le-ma-gne?
— Parfaitement. Comme vous dites ça! Mais, une idée. Si je vous emmenais?...
— Moi!
— Vous!
— La plaisante aventure!
— Elle sera plaisante, plus que cela : instructive, artistique, pieuse même.
— Allons donc!
— Vous allez voir. Je m'explique. Nous irons en Bavière.
— Pour... la bière...?
— Laissez donc Gambrinus. Il n'y a pas rien que cela là-bas. Connaissez-vous un endroit qui s'appelle Oberammergau?
— Ah! oui. Les représentations de ces paysans-montagnards, dont on parle une fois tous les dix ans...
— C'est cela même, mon bon.
— Ce doit être enfantin et... burlesque.
— Détrompez-vous; c'est tout simplement beau, grandiose.
— Vous m'étonnez et vous m'intéressez. Si ce n'était pas vous qui m'affirmiez..., je resterais fort incrédule... »

Je parlais si bien à Charles cet après-midi-là, que je le convainquis. C'était au commencement de mai.

Huit jours après, un samedi, nous étions tous les deux sur le quai de la gare, à Munich, la capitale de la bière; mais il ne s'agissait pas de cela, pour le moment. Nous avions pris notre billet d'aller et retour pour Murnau et le petit chemin de fer qui de là dessert le village d'Oberammergau.

« Quelle foule, mon Dieu! dis-je en m'essuyant le front.

— Savez-vous, fait Charles, combien on a distribué de billets aujourd'hui pour Murnau? Je viens de l'entendre raconter à côté de moi.

— Non.

— Quatre mille cinq cents.

— Comment allons-nous trouver de la place dans le train?

— Tenez, le voici, le train. Pas le moindre *schaffner* (garde) à l'horizon. Ce n'est guère allemand. Il est vrai que les *schaffner* doivent perdre la tête dans cette cohue.

— Voici trois dames décidées; des Anglaises, ça se voit... Elles montent dans un compartiment... Suivons-les... Houp! montons... ça y est... Oh! oh! c'est joli ici! »

Nous étions dans un wagon-salon, très luxueux, assis dans de confortables fauteuils, nous regardant avec satisfaction et regardant les Anglaises.

Charles, qui parle toutes les langues, les interpelle :

« C'est bien pour Murnau?

— *Oh! yes!*

— C'est un wagon-salon?

— *Yes, indeed.*

— Peut-être qu'il est retenu? »

Les Anglaises haussent les épaules avec une suprême indifférence. L'une d'elles, un peu mûre, répond :

« Qu'est-ce que cela peut nous faire? Je suis déjà venue, il y a dix ans; c'est toujours la même chose.

— Ah! vous êtes venue...?

— Oui, je suis rédactrice d'un journal de Londres.

— Ah!

— Charles, regardez donc là, sur le quai, dis-je à mon compagnon. Qui sont ces gens-là?

— Oh! des officiers bavarois à tunique bleue, torsades d'argent sur l'épaule, des colonels, des généraux peut-être. Tiens! on dit que c'est le fils du prince Luitpold, le régent... Ce beau jeune homme, peut-être; un géant... Hé! les voici qui se dirigent de notre côté.

— Descendez! descendez! » rugissait une voix rauque.

Cette fois, nous étions en présence du *schaffner* tant désiré.

Nous nous étions installés tout simplement dans le wagon du prince bavarois. Il fallut descendre.

Mais, à leur tour, les Anglaises rugirent comme des lionnes britanniques, tant et si bien qu'on fut obligé d'attacher un wagon au train pour nous; nous fûmes parfaitement bien quand même. En route pour Murnau!

* *

En 1890, on prenait son billet pour la gare d'Oberau, située sur le chemin de fer de Munich à Partenkirchen, desservant le village d'Oberammergau; en 1900, nous voici devant une notable amélioration, et c'est avec un véritable plaisir qu'à Murnau on trouve un embranchement qui amène les touristes jusqu'auprès du théâtre, dans une petite gare vraiment fort coquette.

Montagnes exquises, neige sur les sommets, torrents écumeux, ruisseaux qui bruissent. C'est déjà le Tyrol que j'avais vu quelques années auparavant.

L'*authoress* dit :

« A la bonne heure! Ils sont en progrès...

— Mais oui...

— Vous vous rappelez quand il fallait, à Oberau, prendre une voiture qui coûtait onze marks?

— Ou aller à pied, ce qui n'était déjà pas si sot et permettait de savourer le pays à loisir, car la route d'Ettal n'a pas sa pareille...

— En arrivant, allez au *Rathaus* (mairie), et on vous pourvoira de tout.

— *Thank you*. Je sais. »

Ces Anglais sont étonnants; toujours bien renseignés. En effet, au *Rathaus*, je trouve là le bourgmestre, un monsieur Johann

Lang, avec de grands cheveux bouclés et une belle barbe très soignée, siégeant au milieu d'autres barbes et d'autres chevelures *absaloniques*, qui m'octroie une *première*, moyennant dix marks, et une chambre chez un paysan pour cinq marks. Charles en a autant.

L'*authoress*, avant de me quitter, me tire par la manche :

« Regardez Herr Lang.

— Oui.

— Eh bien! vous l'avez vu autrefois siéger au Sanhédrin. C'était Caïphe. »

Nous prenons un aperçu du village d'Oberammergau. Ce ne peut être un village ordinaire. Naturellement, par-ci, par-là, on voit une cabane rustique et un atelier de sculpteur sur bois, — l'industrie du pays; — il en sort un solide gars ou un bambin, que demain nous retrouverons costumé en ange ou en apôtre, mais l'aspect est plutôt ici cosmopolite. Le moyen qu'il en soit autrement! Oberammergau renferme, ce soir, quatre mille étrangers, dont cinq cents Anglais ou Américains. Et vous savez, il faut que ce soit confortable, ah! mais oui! Donc, il y aura du champagne et des glaces.

Tout à coup, nous percevons des chants très doux, très harmonieux. Qu'est-ce cela? Nous cherchons... Nous avons trouvé une chapelle anglicane... Heu! heu! A Oberammergau; j'aimerais autant pas...

Allons du côté du théâtre.

*
* *

Un vaste parallélogramme dont la scène occupe la moitié. Il y a dix ans, le théâtre était bâti en planches, tout entier, pour la circonstance, et découvert au moins pour la moitié des places : s'il pleuvait, voilà qui n'était guère agréable, quoique pourtant les spectateurs à découvert fussent les mieux placés, puisqu'ils se trouvaient plus proches de la scène.

Cette année, on a fait un théâtre aux armatures de fer et en forme de voûte de vingt-neuf mètres de haut sur quarante-trois mètres de large. C'est d'un joli aspect architectural, et les murs sont ornés à l'extérieur de peintures appropriées au grand sujet du drame sacré.

Le fronton est enrichi d'une sculpture sur bois, œuvre d'un artiste local, qui représente le Christ, Marie et Jean.

L'architecte est celui du théâtre royal de Munich, Max Schmucker. La carcasse de fer sort des usines de la capitale bavaroise.

A noter qu'entre la scène et le grand hall, on a conservé un espace découvert qui permet d'apercevoir le ciel et les montagnes; sans cela, ce ne serait plus Oberammergau.

Les trucs sont arrangés par des professionnels. On a réalisé un réel progrès.

La scène :

C'est la scène antique et moyenageuse, celle des Mystères, celle de Sophocle même, — trente-quatre mètres de long sur six de profondeur; — devant, un *proscenium* pour les chœurs, autre imitation du théâtre grec; dans le centre s'élève une scène plus restreinte, couverte, de dix mètres de large, masquée par deux rideaux. Le premier est fendu horizontalement; quand on l'ouvre, une moitié s'élève, l'autre s'abaisse. Le second s'ouvre verticalement. Sur l'un, on a représenté le Moïse de Michel-Ange, avec, à droite et à gauche, Isaïe et Jérémie; on comprendra pourquoi tout à l'heure. Sur l'autre, on voit, d'un côté, les tables de la loi et la Croix, et, au fronton, le Christ entouré des Anges formant sa cour.

Tous ces matériaux étant essentiellement inflammables, ne vous étonnez pas, touristes, et vous surtout, touristes allemands, incorrigibles fumeurs, de lire partout cette prohibition en grosses lettres :

Das Rauchen ist in der Nahe des Theaters aus 20 metter Entfernung verboten.

« A vingt mètres du théâtre, on ne fume plus. »

Avant 1830, on jouait le drame de la Passion dans l'église du village, puis on le donna dans le cimetière; à cette époque, on commença à bâtir une construction en planches. Tous les dix ans on rebâtissait un nouveau théâtre.

L'origine du *Passionsspiel* :

Lisez ceci dans les archives du Rathaus :

« Les habitants d'Oberammergau, décimés par la peste en 1633, firent vœu, pour fléchir le Ciel, de faire représenter tous les dix ans, par les habitants de la commune même, le mystère de la Passion. »

Et, tous les dix ans, ils accomplissent la promesse formulée par les aïeux, simplement, religieusement, crânement même, dirons-nous, sans souci des années et des siècles qui ont marché, sans s'embarrasser de l'évolution des idées et des progrès scientifiques et industriels : candides, en face des raffinés et des savants qui les contemplent; pieux, en regard de l'incrédulité contemporaine. Braves gens, va!

Oui, braves gens, dont la moralité est irréprochable et dont la modestie est touchante, car ils sont artistes et ils le savent. Où ai-je lu cette histoire d'un *impresario* qui, voyageant en Italie, entra par hasard dans un couvent et entendit un *frate* chanter au lutrin? Il le demanda au parloir après, et lui proposa net de l'engager au théâtre, lui promettant la fortune, car le religieux « avait des millions dans le gosier ». On l'envoya promener, naturellement. Qu'un *impresario* vienne faire de pareilles propositions à nos paysans, il serait bien reçu!

C'est que ceux-ci ont l'âme la plus religieuse qui soit possible ; ils vont à la messe paroissiale avant de se rendre à la représentation, et ils y communient. Un auteur intéressant, J. de Beauregard, qui a écrit d'Oberammergau, dit : « Pendant l'ouverture exécutée par l'orchestre, tous les acteurs, derrière la grande toile qui dérobe la vue de la scène au public, sont à genoux, et tous prient. Or, je ne sache pas qu'il y ait rien de plus touchant, rien de plus majestueux que cette attitude de tout un peuple préludant par la prière au sacrifice; cela est d'une beauté antique, et il n'était pas bon qu'on l'ignorât plus longtemps. »

Oh! ce ne sont pas des acteurs ordinaires. Sur la scène, à l'orchestre, parmi le personnel de service, ils sont environ sept cents, c'est-à-dire plus de la moitié de la population du village, car il n'y a au théâtre que des natifs d'Oberammergau. Sans cela, le vœu ne serait pas accompli, et il y a longtemps que des abus se seraient glissés dans l'affaire, on le conçoit. Non, c'est ici une chapelle fermée, et comme une sorte d'Académie, moitié pieuse, moitié artistique, se recrutant parmi ses pairs.

On compte cent quatre rôles d'hommes, quinze de femmes, et deux cent cinquante rôles muets, enfants compris, mais sans parler du chœur, de l'orchestre, etc.

Il existe à Oberammergau un théâtre d'études et d'application, où l'on joue des pièces diverses, mais toujours morales, et où l'on donne aux acteurs des leçons de diction, de maintien et de chant, le tout sous le contrôle sévère du curé et du bourgmestre. Comme les représentations commencent en mai pour se poursuivre tous les dimanches et lundis, jusqu'au mois d'août, on distribue les rôles fin décembre, et les répétitions sont poussées vigoureusement, tantôt au presbytère, tantôt sur le théâtre, aussitôt qu'il est en état; nos paysans acquièrent ainsi une grande assurance, et on dit, du reste, que leur mémoire est extraordinaire.

Le texte du mystère date de 1662; il a été remanié au XVIIIe siècle et au commencement du XIXe par les bénédictins de l'abbaye d'Ettel. En 1880, les acteurs seuls le connaissaient; il n'en existait aucune copie; on le sténographia au cours des représentations.

La partition musicale date de 1750; mais, telle qu'on la présentement, elle est du maître d'école, organiste du village. C'est Ferdinand Feldigl qui dirige, cette année, la partie vocale et orchestrale. Le maître des chœurs est un charron : Jacob Rutz.

On sait que les Allemands ont un goût prononcé pour la mélodie. Nous ne pouvons oublier les tableaux vivants et prophétiques, presque tous reproductions de tableaux de maîtres; ils ont été inspirés par le P. Weiss, bénédictin.

*
* *

Nous voici au jour de la représentation.

Quatre mille personnes dans la salle, nous l'avons dit. Le temps paraît variable, et l'on aperçoit, par-dessus le frontispice de la scène, les grandes montagnes dressant leurs cimes noires de sapins. Exquises les senteurs alpestres, délicieux les chants d'oiseaux qui strient l'air sur nos têtes!

Et la salle?

Au milieu, en bataillon serré, les Cooks anglo-américains sont là, avec leurs échines maigres, leurs bras noueux, leurs mâchoires saillantes et leurs cheveux roux, serrant énergiquement le bec de cane de leurs parapluies, avec, dans leurs yeux jaunes, un furieux désir de voir. Curieux, John Bull! Curieux, Jonathan!

Après tout, nous sommes aussi curieux qu'eux! Mais, qui sont ceux-ci, avec leur pittoresque costume? Parlez-moi de cela! Un chapeau pointu, — comme à l'Opéra-Comique, — orné d'une plume de coq de bruyère et d'une blanche fleur d'*edelweis*, un pantalon court en gros drap gris, une veste à bordures vertes et à collet vert, un gilet et des jambières brodés, des défenses de sanglier en breloques... Mais ce sont des Tyroliens, de beaux chasseurs tyroliens, venus ici pour le plaisir de nos yeux...

Trois coups de canon. Tous les regards sont tendus vers les galeries latérales qui longent les maisons de Pilate et d'Anne, à droite et à gauche. Le coryphée s'avance, suivi des anges du chœur. Il vient se placer au milieu de la scène, les anges à ses côtés; ils sont vingt; six hommes, quatorze femmes, avec la tunique blanche serrée par une cordelière d'or et un manteau bleu, vert, rouge, rose ou violet.

Tous s'inclinent gravement devant les spectateurs, les bras croisés sur la poitrine, et le coryphée parle pour la première fois, dans le grand silence des hommes et de la nature :

> O race infortunée, toi que la malédiction de Dieu a frappée,
>   Prosterne-toi dans un saint étonnement!
> La paix t'est rendue! Le soleil de la grâce luit encore pour Sion!
> L'Éternel ne sera pas pour toujours irrité contre toi,
>   Bien que son courroux soit légitime.
>   « Je ne veux pas la mort du pécheur! »
>   Dit le Seigneur. « Je lui pardonnerai.
>   Il vivra. Le Sang de mon fils
>   Achètera son pardon! »
> Accepte nos louanges, nos adorations, nos pleurs de joie,
>   O Éternel!
> Mais, Dieu trois fois saint! comment l'homme qui n'est que poussière
> Oserait-il plonger son regard dans l'obscur avenir?
> Contemplez le secret divin. Là-bas, sur la montagne de Moria,
> Le sacrifice qui va s'offrir figure le sacrifice du Calvaire.

Ceci est le prologue. Le rideau s'entr'ouvre, et l'on aperçoit deux figures symboliques : « Adam et Ève chassés du Paradis terrestre » et « le sacrifice d'Abraham ». Alors nous commençons à comprendre pourquoi on a peint sur les rideaux les figures de Moïse, d'Isaïe et de Jérémie. Il existe une connexion intime entre l'ancienne alliance et la nouvelle : l'une prépare et figure l'autre, et nous allons avoir toujours un double drame, expliqué, du reste, soit par le coryphée, soit par le chœur. Non, vraiment, ce n'est plus là un spectacle ordinaire, c'est toute l'histoire de la religion.

Trois parties dans la représentation.

Première partie : depuis l'entrée de Jésus à Jérusalem jusqu'au baiser de Judas.

Seconde partie : depuis le baiser de Judas jusqu'à la condamnation de Jésus.

Troisième partie : depuis la condamnation de Jésus jusqu'à sa résurrection.

Dix-huit tableaux : sept pour la première partie; sept pour la seconde; quatre pour la troisième. Chaque tableau est presque toujours précédé d'une ou deux figures symboliques et se subdivise en cinq ou six scènes.

Voici la composition des tableaux :

PREMIER TABLEAU. *L'entrée de Jésus à Jérusalem.*
DEUXIÈME TABLEAU. (Figure symbolique : *Joseph vendu par ses frères.*) *Les délibérations du Sanhédrin.*
TROISIÈME TABLEAU. (Figure symbolique : *Le jeune Tobie quitte sa mère. — L'épouse du Cantique pleure l'absence du Bien-Aimé.*) *L'adieu de Béthanie.*
QUATRIÈME TABLEAU. (Figure symbolique : *Le roi Assuérus repousse Vasthi et élève Esther.*) *Le dernier voyage à Jérusalem.*
CINQUIÈME TABLEAU. (Figure symbolique : *La manne dans le désert. — Le raisin miraculeux de la terre de Chanaan.*) *La sainte Cène.*
SIXIÈME TABLEAU. (Figure symbolique : *Les fils de Jacob vendant leur frère Joseph pour vingt pièces d'argent.*) *La trahison de Judas.*
SEPTIÈME TABLEAU. (Figure symbolique : *Adam accomplit la sentence divine; il bêche la terre couvert de peaux de bêtes, et Ève est au milieu de ses enfants. — Joab perce Amasa de son épée et lui donne en même temps le baiser d'amitié.*) *Jésus au jardin des Oliviers.*
HUITIÈME TABLEAU. (Figure symbolique : *Le prophète Michée reçoit un soufflet pour avoir dit la vérité au roi Achab.*) *Jésus devant le grand prêtre Anne.*
NEUVIÈME TABLEAU. (Figure symbolique : *Naboth, innocent, est condamné à mort par de faux témoins.*) — *Job supporte avec patience les injures de sa femme et de ses amis.*) *Jésus chez le grand prêtre Caïphe.*
DIXIÈME TABLEAU. (Figure symbolique : *Caïn saisi de désespoir devant le cadavre d'Abel.*) *Désespoir du traître Judas.*
ONZIÈME TABLEAU. (Figure symbolique : *Daniel, accusé, conduit devant le roi Darius.*) *Jésus devant le préfet Pilate.*
DOUZIÈME TABLEAU. (Figure symbolique : *Samson emprisonné par les Philistins et lié entre deux colonnes.*) *Jésus devant le roi Hérode.*

TREIZIÈME TABLEAU. (Figure symbolique : *Les fils de Jacob montrent à leur père la robe ensanglantée de Jacob. — Le sacrifice d'Abraham.*) *La flagellation de Jésus et le couronnement d'épines.*

QUATORZIÈME TABLEAU. (Figure symbolique : *Le triomphe du patriarche Joseph, fils de Jacob, en Égypte. — La délivrance du bouc émissaire, d'après la loi juive.*) *Jésus est condamné à mort.*

QUINZIÈME TABLEAU. (Figure symbolique : *Isaac, obéissant à son père, porte le bois du sacrifice. — Les Juifs, mordus par des serpents venimeux, sont guéris par le serpent d'airain élevé par Moïse dans le désert.*) *Le chemin du Calvaire.*

SEIZIÈME TABLEAU : *Jésus sur le Golgotha.*

DIX-SEPTIÈME TABLEAU. (Figure symbolique : *Jonas sort des flancs de la baleine. — Les Hébreux rendent grâce au Seigneur après le passage de la mer Rouge.*) *La Résurrection de Jésus-Christ.*

TABLEAU FINAL : *Jésus apparaît, entouré de ses disciples, bénissant la foule. Il s'élève lentement vers le ciel, au milieu du chant triomphal de l'*Alleluia.

*
* *

Si nous descendons dans les détails, ils nous ravissent tout autant. Pendant la représentation, j'avais entre les mains le *livret de la pièce*, traduit par E. Paris, — et qui, soit dit en passant, a rendu beaucoup de services aux Français à Oberammergau ; tous les Français ne sont pas comme mon ami Charles, qui est tout à fait germanisant. J'ai noté souvent mes impressions, de page en page, au moment où je les ressentais, et je les donne ici en résumé. Si elles n'ont pas grand mérite, elles ont du moins celui d'être *vécues*.

De même que l'on est pris complètement par la figure symbolique et le chœur, tout au commencement, le premier tableau, l'entrée de Jésus à Jérusalem, empoigne.

Dans la première scène, voici venir des enfants dont les moins âgés n'ont pas plus de quatre ans ; ils chantent tous, tenant et agitant dans leurs mains des branches de palmiers qu'ils finissent par jeter à terre ; une foule énorme suit, plusieurs centaines de personnes, hommes, femmes, vieillards ; les voilà qui jettent leurs vêtements sur le sol, d'après le récit évangélique. Voici encore les prêtres de Jérusalem richement costumés, avec la longue barbe juive sous la tiare *crabiforme*, — je l'appelle ainsi parce qu'elle ressemble à un énorme crustacé étendant ses grosses pattes prêtes à saisir leur proie, et c'est encore un symbole. Jésus, enfin,

paraît, monté sur une ânesse, guidée par Jean, le disciple aimé !
Alors éclate ce grand cri populaire, pendant que les mères élèvent
leurs nourrissons entre leurs bras, leur montrant le Prophète :

> Salut à toi ! Salut à toi, fils de David !
> Salut à toi ! Le trône de tes pères
> T'appartient !
> O toi qui viens au nom du Très-Haut,
> Israël, ravi, accourt au-devant de toi.
> Nous te louons.
> Hosannah ! Que celui qui habite au plus haut des cieux
> Te couvre de protection !
> . . . .
> Salut à toi, Fils de David !

Mon Dieu ! nous avons étudié, toute notre pauvre vie ; nous avons lu des milliers de volumes, nous avons parcouru le monde et nous avons vécu sous des cieux d'aspect bien différent ; nous avons conversé avec des hommes de toutes les races, et le souffle des intelligences et des cœurs a passé sur notre âme en l'imprégnant tour à tour doucement ou fortement ; mais non, non, jamais nous n'avons vibré et frissonné comme ici, à Oberammergau. C'est donc le souffle de Dieu qui passe sur nous dans ces montagnes !...

Ah ! pour un artiste célèbre, je sais bien qu'on serait tenté de faire des folies. L'art s'impose. On court à Bayreuth pour s'enivrer d'harmonie et comprendre enfin, dans son cadre, celui que les Allemands appellent le « divin Wagner » ; on vient à Paris pour avoir la faculté d'entrer au moins une fois dans la maison de Molière et d'applaudir les premiers comédiens du monde ; pour le croyant et le chrétien, — ce qui n'exclut nullement l'artiste et le *dilettante,* quoi qu'on puisse en penser, — voici une scène nouvelle où se manifeste la « splendeur du vrai ».

Et voici des acteurs.

Oh ! il était acteur et pleinement, ce Joseph Mayer que nous avons eu le bonheur de voir en 1890 et qui jouait le rôle du Christ pour la troisième fois, l'ayant déjà rempli en 1870 et en 1880.

La *Woche* de Berlin (juin 1900) dit que « c'est le seul qui ait reçu le baiser de la Muse et soit complètement poète ».

. Mais c'est fini maintenant. Mayer a des cheveux blancs et on ne le revoit plus qu'au commencement ; il est chargé, cette année, de réciter le prologue.

Qui a-t-on choisi pour le remplacer? On avait parlé d'abord de Pierre Rendl, qui jouait le rôle de Jean il y a dix ans; on s'est arrêté à Antoine Lang, né en 1875, fils de Rochus Lang. Ces Lang constituent, on le sait, la meilleure famille d'Oberammergau.

Si Taine était venu ici et qu'il eût assisté au *Passionsspiel,* il eût dit : « Il est noble au delà de toute expression. » Il aimait cette qualification. Lang, en effet, a de la majesté, de l'onction, de la douceur; il a bien médité l'évangile et s'est pénétré de son personnage. Quel personnage! Et combien difficile à rendre l'idéal, n'est-ce pas? Nous trouvons toutefois que, pour un Allemand, c'était plus commode que pour tout autre. Les Allemands sont graves, sérieux et doux. Parmi eux on trouve beaucoup de bons géants; or, sans être un géant, Lang est de belle taille, avec les membres bien proportionnés. La tête est un peu forte, le nez un peu gros, mais les traits sont énergiques, les yeux vifs, le regard profond; il se meut avec un grand calme, une tranquillité souveraine, et sa voix est harmonieuse et pénétrante. Voilà bien des qualités qui le rapprochent un peu de celui qu'on a appelé le « plus beau des enfants des hommes », et qui possédait la séduction et le charme au plus haut degré, puisque ses auditeurs, ravis, s'écriaient dans leur enthousiasme : « Jamais homme n'a parlé comme cet homme! »

Quand Lang paraît sur la scène pour la première fois, c'est terrible pour lui « d'affronter la rampe »; *a priori,* il se trouve en face de critiques difficiles. On est bientôt conquis; donc, il est bon, très bon. Je le recommande quand il descend de sa monture à son entrée dans Jérusalem, puis quand il impose les mains sur le calice à la Cène, et communie les Douze, puis quand Madeleine lui verse du baume sur les pieds en s'écriant :

« Maître!

— Marie! » répond-il.

Un mot seulement, mais l'expression est d'une suavité si tendre!

C'était Rosa Lang qui représentait la Vierge en 1890; elle est entrée au couvent ces dernières années; — le théâtre pieux d'Oberammergau est une bonne préparation, et doit faire germer les vocations. Aujourd'hui, pour le rôle tenu par Rosa, nous avons Anna Flunger, qui a dix-neuf ans. Elle est un peu jeune, mais il est bon de prendre des artistes peu âgés, car on prépare l'avenir;

ils sont ainsi bien formés, et comme il s'agit de périodes décennales, au bout de dix ans on se trouve avoir l'âge qu'il faut, — même au bout de vingt ans.

De plus, pour les femmes en ce pays, elles revêtent vite le masque de l'âge mûr, et paraissent souvent avoir quelques années de plus.

Enfin, si ce type tyrolien est un peu ingrat, les voix sont belles et harmonieuses, le regard doux et le sentiment toujours vrai. Voilà ce qui fait que Anna Flunger et Bertha Wolf (*la Madeleine*) donnent toute satisfaction.

Les apôtres sont très réussis : Pierre (Thomas Rendl) a la tête caractéristique ; Jean (Pierre Rendl) a la physionomie très douce ; Judas (J. Zevinck) a des cheveux crépus ; beaucoup de belles figures de prêtres et de sanhédristes. Pour notre compte, nous avons fort regretté cette année de ne pas voir le bourgmestre Lang dans le rôle de Caïphe. Il devient vieux, lui aussi, comme Mayer, et il a été chargé de la direction générale.

Notre *authoress* anglaise disait en parlant de Pilate :

« C'est un vrai gentilhomme. »

Elle voulait dire *gentleman* et donner la traduction de ce dernier mot ; mais ça ne fait rien, nous avons bien compris.

Oui, Pilate a l'air très ennuyé d'être obligé de traiter l'affaire dont il s'agit, et avec ce criminel d'un nouveau genre, si différent des autres, et avec des accusateurs qui mettent dans l'exposé de leurs griefs un acharnement si peu ordinaire !

Nous ne nous lassions pas de regarder le centurion qui accompagne Jésus au Calvaire, sur le chemin de la croix.

« Laissez-le en paix ! crie l'officier romain... Arrêtons-nous encore un instant ici, pour qu'il reprenne un peu haleine, avant de monter le plus rude. »

Mais le grand prêtre Caïphe, lui, s'indigne :

« Encore un arrêt ! Quand arriverons-nous là-haut si nous allons de cette manière...? »

Après la mort du Christ, notre centurion monologue :

« Quelle patience dans ses souffrances les plus atroces ! Quelle noble tranquillité ! Quel touchant appel vers son Dieu au moment suprême ! Oh ! oui, une pareille attitude laisse entrevoir quelque chose de plus grand encore ! Oui, véritablement, cet homme était le Fils de Dieu !... »

Et le Romain, pendant qu'il parle, regarde le groupe des pharisiens et des pontifes avec un air de mépris !...

Au même moment, un soldat du temple fend la foule et se jette aux pieds de Caïphe :

« Grand prêtre, sanhédrin révéré, s'écrie-t-il, quelque chose d'épouvantable vient de se passer dans le sanctuaire ! J'en tremble encore de tous mes membres...

— Qu'est-ce donc? dit Caïphe. Est-ce que le temple...?

— S'est-il effondré? interroge Anne.

— Non. Mais le voile du sanctuaire s'est tout à coup déchiré; un fracas épouvantable s'est fait entendre; il semblait que la terre allait s'entr'ouvrir. »

Le regard du Romain continue à peser sur les misérables comme le couvercle d'un sépulcre... Un sépulcre ! Ils sont bien vaincus, cette fois, morts, de la mort du juste, et c'est eux que le fossoyeur attend !...

Les spectateurs sont admirables tout autant que les acteurs. Ils écoutent dans le calme et le silence le plus absolus. Nous nous rappelons une petite anecdote dont nous fûmes les témoins, il y a dix ans, et que nous allons conter :

« *Setz zu! Setz zu!* Assieds-toi! Assieds-toi! »

Voilà la seule note discordande que nous ayions entendue pendant toute la représentation de l'après-midi, c'est-à-dire pendant la première moitié du drame; mais ces paroles n'appartenaient point au drame, bien entendu! Pendant la figure symbolique qui précède le tableau où l'on voit Jésus au Jardin des Oliviers, voilà qu'un nuage crève et que la pluie se met à tomber. Pour ceux qui sont à l'abri, cela va bien, mais pour les autres qui n'y sont pas !...

La coryphée et le chœur imperturbables continuent à jouer et à chanter, mais quelques spectateurs voisins du *proscenium* donnent des signes d'inquiétude. Un d'eux ouvre son parapluie sous l'ondée; un coup de canne, qui produit un *flac* désastreux, le lui a bientôt fait fermer; le malheureux veut se lever; un vieil enragé qui est derrière l'oblige à s'asseoir. Ah! mais! c'est qu'on ne veut pas perdre une minute de la pièce, une note de la partition !... Il y a une Providence... la pluie cesse bientôt, le soleil reparaît, et les chardonnerets et les fauvettes de la montagne, perchés sur les poutres de la toiture, le saluent joyeusement...

Il est midi et nous sommes là depuis huit heures du matin ; voici l'entr'acte. L'énorme foule, qui a gardé le plus profond silence tout le temps, s'écoule dans toutes les directions, et Charles et moi nous courons à la chaumière où l'on nous a donné un lit la nuit précédente, et où on nous a préparé un repas sommaire, mais suffisant. Nos hôtes nous regardent en souriant, et nous ne leur marchandons pas les éloges.

J'avise le maître de la maison.

« Et vous ? vous jouez aussi ?
— *Ia, mein herr.*
— Quel rôle ?
— Licteur.
— Ah ! quel âge avez-vous ?
— Cinquante-trois ans.
— Tiens ! mais, il y a trente ans, où étiez-vous ?
— A Paris. Je jouais le rôle d'artilleur à Saint-Cloud.
— !!! »

Joseph Mayer aussi dut partir en guerre, en 1870 ; mais il obtint de garder ses longs cheveux sous le casque à chenille bavarois et fut commis à la garde d'une forteresse, avec la *landwehr*.

Par contre, si les licteurs et les apôtres sont venus chez nous il y a trente ans, par un juste retour des choses les Français, — les soldats français, — étaient là sur les gradins du théâtre d'Oberammergau en 1800. A l'église du village, nous avions remarqué sous la tribune de l'orgue, à gauche, cinq boulets suspendus. Une inscription placée à côté dit qu'on a trouvé ces projectiles français dans la vallée voisine et conjure le Dieu des armées d'éloigner désormais de ces lieux une semblable épreuve.

Inter arma silent musæ.

Nous revenons au théâtre vers deux heures. C'est dans l'après-midi, au quatorzième tableau, « Jésus condamné à mort, » que l'on entend le chœur fameux où les anges et le peuple alternent, produisant un effet saisissant. Nous donnons le texte de ce passage :

Le peuple

Barabbas !
Qu'on nous délivre Barabbas !

Les anges
Non, qu'on délivre Jésus !
Hélas ! pourquoi ces cris sanguinaires ?

Le peuple
Qu'il soit crucifié ! Qu'il soit crucifié !

Les anges
Oh ! regardez-le, regardez-le !
Quel mal a-t-il donc fait ?

Le peuple
Pilate, si tu délivres ce misérable,
Tu n'es pas l'ami de l'empereur !

Les anges
Jérusalem ! Jérusalem !
Le Seigneur vengera sur toi le sang de son fils !

Le peuple
Oui, qu'il retombe sur nous et sur nos enfants !

Les anges
Hélas ! il tombera sur vous et sur vos enfants !

... Un peu avant de reprendre nos places, Charles avait disparu un instant. Quand il revint, il me dit :

« Mon cher, j'ai été rôder dans les coulisses.

— Et tu as pu y pénétrer, comme cela ?

— Oui, grâce à ma carte de presse.

— Qu'as-tu vu ?

— J'ai cru errer dans les vestibules du temple de Sion. Les vestiaires sont intéressants. Il y avait là la robe grise et le manteau rouge carmin porté en sautoir par Jésus, la robe bleue et le manteau jaune de Pierre, la robe verte et le manteau rouge de Jean et leurs grands bâtons surmontés d'une boule... Et puis, j'ai causé à Nathanaël...

— Comment ! le prêtre Nathanaël ! Ce jeune homme si beau, si distingué, qui parle dans le grand Conseil d'une voix si insinuante ?

— Lui-même ! »

Je me rappelais la parfaite aisance de cet artiste qui jouait dans la matinée le rôle de Nathanaël, et qui disait à ses collègues :

« Ne vous étonnez pas, mes frères, si vous avez été convoqués ici à une heure inaccoutumée. Ce dont nous avons eu l'humiliation d'être les témoins ne vous est que trop connu! Vous avez assisté à l'entrée triomphale du Galiléen dans la Ville sainte; vous avez entendu l'*Hosannah* d'un peuple insensé; vous avez été témoins de la manière dont un présomptueux s'est attribué l'autorité du grand prêtre! Que manque-t-il encore à la ruine de tout l'ordre religieux et civil? Encore quelques jours, et la sainte loi de Moïse sera étouffée par les innovations de ce faux docteur. Les prescriptions de nos pères sont méprisées, les jeûnes et les purifications mis en oubli, le sabbat profané, les prêtres de Dieu dépouillés de leurs dignités, les saints sacrifices supprimés... »

Il parlait en magistrat, en grand seigneur. Qui eût dit que c'était là un simple paysan?

Je demandai :

« Et il t'a dit?

— Tout. Le prix des costumes, par exemple. Celui des coryphées coûte 800 marks; ceux des anges, chacun 100 marks.

— Et les recettes?

— Au siècle dernier, paraît-il, il y avait toujours un déficit. En 1880, pour quarante représentations, on a eu 330 000 marks ou 412 500 francs. On compte, cette année, sur 875 000 francs pour le même nombre de représentations.

— Et les frais?

— 300 000 francs. On donne le surplus à des œuvres pies, en réservant une certaine somme pour les acteurs.

— Combien?

— Le Christ aura 2 500 francs. Les coryphées, même somme; les chefs d'orchestre aussi. Pilate, Jean, Pierre, Judas, ont chacun 1 125 francs; les sanhédristes, 1 000 francs; la Vierge, 1 000 francs; Madeleine, 750 francs; les hommes du peuple, 750 francs; les jeunes gens, de 100 à 250 francs; les enfants, 50 francs. »

Voilà qui prouve que ces gens-là ne jouent pas pour gagner de l'argent. Et je pensais encore aux artistes qui gagnent 50 ou 100 000 francs par an sur nos scènes parisiennes, sans être guère plus forts que ceux-ci. Nous étions loin du cabotinage...

⁂

Quand on revient d'Oberammergau, il semble qu'on revient d'un pèlerinage. A quoi bon alors courir ailleurs, pour son simple plaisir? J'entends des conversations tout autour de moi :
« Par où allez-vous?
— Par Munich, naturellement : j'ai un billet circulaire pour Bâle-Lindau, retour par Nuremberg, Francfort, Strasbourg.
— Moi, je vais visiter *les châteaux.* »
Les châteaux! les châteaux royaux! m'en a-t-on rebattu les oreilles. C'est l'orgueil de la Bavière. Je crois qu'ils donneraient tout là-bas, les richesses des Pinacothèques et des Glyptothèques, et les tours et remparts de ce merveilleux Nuremberg, pour les châteaux!
Qu'est-ce donc que les châteaux?
Il y en a deux surtout. Lindérof d'abord, plus près d'Oberammergau. Un auteur l'a appelé : « Le luxe à coups de poings; un Trianon de féerie écrasant de balourdise allemande. » On y trouve des grottes, des cascades, des gondoles dorées attachées à des cygnes, des chevaliers de Tannhauser, etc. Passons.
L'autre est Hohenschwargau, près de Fussen.
Notre auteur facétieux recommande de ne pas entrer dans le château. Il y a trop de Gudrune, de Brunehilde, de Isolde.

> Que de palefrois !
> Et que d'effrois !
> Que d'épouvantes !
> Et de suivantes !

On y rencontre trop de dragons, de nains, de chevaliers du Cygne et de filles du Rhin; trop de belles portes et de piliers de marbre cerclés d'anneaux d'or, étoilés de gemmes.
« Mais alors?
— Alors, il reste le pays, la route. Laissez les châteaux, prenez, si vous voulez, la route des châteaux. Les points de vue sont admirables; on marche au milieu d'une enfilade de sapins gigantesques ou sur les bords du Schwansee aux eaux bleues; c'est délicieux, délicieux. On s'arrête à des auberges aux larges fenêtres

basses et aux volets bleus sur lesquels on a peint des images de sainteté. On y boit de la bière et on y entend jouer de la cithare en regardant des gens bien drôlement habillés. Ce sont des chasseurs montagnards, comme ceux du *Passionsspiel*; toujours vêtus de gris et de vert : veston gris, collet vert; genou nu, entre la culotte grise et les bas gris bordés de vert; petit chapeau de feutre vert orné d'une plume de coq ou de héron; ce sont de beaux postillons en veste bleue ornée de ganses d'argent et le chef couvert d'un chapeau en cuir bouilli, avec la cocarde bleue de Bavière et la touffe de plumes blanches. Toutes choses qu'on ne voit plus dans nos pays modernisés.

Donc, n'allez pas dans les châteaux du roi. Ce roi-là s'appelait Louis II, et il était un peu fol; il se croyait tour à tour Lohengrin, Parsifal ou Siegfried; mais je lui pardonne, parce qu'il a daigné donner des conseils aux paysans d'Oberammergau en leur recommandant de « conserver le *jeu de la Passion* avec la plus grande piété et de ne toucher ni à l'ancienne tradition, ni au texte, ni à la musique ».

Ce qu'ils ont fait, et ce qui fait leur succès.

MARIENBAD

Qui n'a pas entendu parler de Marienbad?

En France, nous avons tant de villes d'eaux, à la mer et dans les montagnes, que nous n'avons guère besoin de courir à l'étranger; nous possédons la panacée universelle. Tout au plus ira-t-on à Wiesbaden, à Ems, à Kreuznacht, à Kissingen. Quelques-uns poussent jusqu'à Marienbad ou Carlsbad.

Pourquoi?

Deux raisons : les eaux de ces pays font maigrir, et puis ce sont des stations aristocratiques.

Nous nous demandions avec terreur ce que pouvait bien nous réserver de surprises désagréables un pareil séjour. Dans le train, à Eger, nous rencontrâmes un Berlinois fort obligeant qui nous rassura :

« Voulez-vous dépenser de l'argent? nous demanda-t-il; vous dépenserez. Sinon, non.

— Alors, tout va bien; nous n'en dépenserons pas. »

A la gare d'arrivée, nous cherchons l'élément nouveau. Rien qu'une bâtisse très médiocre pour un endroit si renommé, des locomotives à la cheminée évasée par en haut, comme des machines américaines, et des inscriptions allemandes et tchèques :

Vychod-Ausgang.

Cela veut dire « sortie ». Nous sortons, mais nous sommes de plus en plus rassurés. Marienbad est une ville cosmopolite; on y parle surtout allemand, un peu français, pas du tout tchèque; pour entendre cette langue slave, il faut aller jusqu'à Pilsen. A Prague, alors, tout le monde le parle et, nous dit-on, doit le parler, sous peine d'être regardé de travers.

De nombreux omnibus sont rangés dans la cour de la gare. Notre Berlinois nous en indique un. Nous voilà installés dedans. Il y a trois quarts d'heure pour aller à la ville.

Une ville! mais oui, mais d'un genre tout spécial. Nous nous en apercevons bien le soir, en la parcourant.

La population stationnaire ne s'élève à guère plus de deux mille cinq cents habitants, peut-être à trois mille, et le nombre des maisons est pourtant considérable. C'est que les maisons suffisent à peine à contenir la foule des baigneurs qui afflue en juillet et en août : vingt mille et plus.

Il y a une dizaine de grands hôtels, la plupart excellents.

Mais les hôtels sont souvent encombrés à ne pas y trouver la plus petite place. Que fait-on alors?

On prend une voiture de place sur laquelle on met ses malles, on fait monter près du cocher un commissionnaire ou *dientsmann*, et celui-ci s'arrête à toutes les maisons qui portent l'enseigne « Logis » et va demander si on peut louer une chambre à la semaine.

Les maisons portent toutes un nom d'homme ou de ville; on trouve le *Kaiser von Osterreich*, le *Kœnig von Baiërn*, le *Gœthes Hauss*, Moscou, Venise, Milan, etc. etc.

Dans toutes on trouve une chambre très passable, souvent avec une vue magnifique.

Quant aux prix, ils varient selon la maison et la saison : à partir du 4 ou 5 août, le prix d'une chambre à un lit est de dix, douze ou quatorze *florins* par semaine. En juillet, c'est bien plus cher, parce que c'est le mois où il arrive le plus de monde.

On sait que le florin ou *gulden* est l'unité de monnaie dans l'empire austro-hongrois. Il vaut nominalement 2 fr. 50, mais la valeur a bien baissé depuis plusieurs années et, au change, on obtient généralement quarante-huit florins pour un billet de banque français de cent francs, ou cinq louis, tandis que primitivement on n'obtenait que quarante florins ; ce qui donne en définitive un bénéfice de seize francs environ par cent francs. Le florin ne vaut donc plus que 2 fr. 10 de notre monnaie.

Il se subdivise en cent *kreutzers*. On a entre les mains des pièces divisionnaires de cinquante kreutzers en argent qui ressemblent à nos pièces de un franc, puis des pièces en nickel de dix et cinq kreutzers qui, par une bizarrerie incompréhensible, portent les chiffres vingt et dix, et enfin des pièces de billon de un kreutzer, qui portent le chiffre deux. Mystère.

Pour s'en tirer, je conseille au voyageur de lire « vingt pfennigs » quand il verra le nombre 20 sur une pièce de nickel et dix pfennigs quand il rencontrera le nombre 10. Comme il arrive d'Allemagne et qu'il est familiarisé avec la monnaie allemande, il sait que vingt pfennigs représentent vingt-cinq centimes français, donc dix kreutzer représenteront la même somme.

Nous avons dit quels étaient le prix des chambres, sans la bougie ; on ajoute de plus, par semaine, un florin pour la *mœdchen*, servante qui fait la chambre, et un florin pour le *bootsmann*, garçon qui cire les chaussures et brosse les habits.

Quant aux repas, en Autriche, en général, et à Marienbad, en particulier, vous êtes affranchis de l'odieuse table d'hôte et de l'obligation *morale* de prendre vos repas à l'hôtel où vous descendez, et vous mangez où vous voulez. Nous reviendrons là-dessus. C'est une question importante.

Quand on a fait connaissance avec sa chambre, on est pressé de sortir pour voir mieux ce qu'on aperçoit de sa fenêtre.

De là déjà le coup d'œil est bien joli :

Un grand parc situé sur la pente de la montagne et qu'on appelle la « Place de l'Église », parce que l'église catholique byzantine s'élève au centre ; dans les arbres çà et là des constructions grandioses, — des bains, — qui se dressent toutes blanches avec leurs frontons, leurs galeries et leurs colonnades, puis les rotondes en forme de temples qui abritent les grandes sources : la *Kreuzbrunnen* et la *Ferdinandsbrunnen,* reliées par la *Promenade-Allée* et la *Promenade saal,* voilà ce qui attire d'abord les regards.

Et puis, tout autour, la série des hôtels de premier ordre et des riches maisons meublées qui envahissent surtout la grande artère de la Kaiserstrasse, de la Stephanstrasse et de la place François-Joseph.

La Kaiserstrasse est le boulevard de Marienbad.

Le mouvement incessant de la foule est tout ce qu'il y a de plus surprenant.

Certes, cette ville d'eaux est bien la plus importante de toute l'Europe centrale ; à part Baden-Baden, je ne vois pas de bain qui puisse rivaliser avec celui-ci. Vichy seul, en France, peut espérer l'égaler; Aix-les-Bains non, pas plus que les stations d'Auvergne.

Marienbad est le rendez-vous du cosmopolitisme. Les Allemands, évidemment, abondent, et la langue allemande est courante; après viennent les Russes, les Anglais et les Américains, puis les Français, bons derniers. Beaucoup de Hollandais aussi.

Prenez les journaux dans les restaurants, vous constaterez cette proportion ; et, à propos de journaux, je n'ai vu, parmi les français, que le *Figaro,* le *Temps* et le *Gaulois*. On a donc une riche occasion d'apprendre les langues ici : on vous servira tant que vous voudrez jusqu'aux feuilles roumaines et serbes.

Abondance de toilettes riches et claires. Le bon goût ne prédomine pas toujours; c'est qu'il faut être Parisienne pour être impeccable en ces matières. Cela ne fait rien, les dames et les demoiselles changent de robes trois fois par jour au moins, et exhibent ce qu'elles croient être des merveilles. Et les messieurs, un peu lourds d'aspect, invariablement coiffés d'un chapeau de feutre mou, de pâles officiers autrichiens venus ici se refaire à l'hôpital militaire et quelques grands seigneurs moscovites très sceptiques ou quelques gros marchands de porc salé d'outre-mer, regardent, enchantés.

La note pittoresque est fournie par les Juifs galiciens, avec leurs longues robes noires, leurs casquettes graisseuses et leurs cheveux en tire-bouchons, pendant le long des oreilles. Leur costume traînant est bien plus ecclésiastique que celui du prêtre catholique, qui ne se distingue guère de celui du reste des mortels et affecte un peu toutes les formes. J'ai vu ici des religieux en pantalon noir, en robe blanche, en pardessus court et en casquette de soie. On est très indulgent sous ce rapport en Allemagne et en Autriche. J'ai aussi vu sur les bateaux du Danube des prêtres catholiques, même des évêques, portant pour toute barbe une simple moustache : il est vrai que c'étaient des Bosniaques ou des Slovènes... Et puis des bottes immenses. La botte est le signe de l'autorité.

Ces Juifs galiciens ne sont pas les seuls fils d'Abraham qu'on rencontre ici? Marienbad est rempli de Juifs. O Drumont, que diriez-vous si, comme moi, vous aviez-vu ce spectacle-ci ?

Derrière le plus grand des bains, sur une colline, s'élève une grande croix avec un Christ grandeur naturelle. Au pied passaient sans cesse des files d'hommes aux yeux rouges, aux barbes prophétiques, au nez crochu et aux mains rapaces et tremblantes.

Vous diriez : « C'est un nouveau Calvaire ! »

Les juifs ont l'habitude de vivre sur le dos des chrétiens ; c'est vrai, puisque les eaux de Marienbad sont la propriété des moines. Elles appartiennent à l'abbaye de Tepl.

Au centre de la Promenade se dresse la statue de l'abbé Charles-Gaspar Reitenberger, né en 1779 en Bohême et mort en 1860 dans le Tyrol.

Il est là en costume de Prémontré, avec le manteau de cérémonie, la croix pectorale et l'anneau, et sur le piédestal on a gravé ces mots :

USUM FONTIUM QUORUM VIRTUTEM MATURE COGNOVERAT ÆGROTIS
PERVIUM FECIT IDEOQUE JURE URBIS FUNDATOR DICI MERUIT.

Puis ces distiques :

> *Margine conclusit fontes hucusque vacantes*
> *Mirandum Nymphæ prosilientis opus.*
> *Balnea non tardat vigilans construere præsul,*
> *Ut vires validis exhilarentur aquis.*
> *Si possent monumenta mori tamen haud morietur.*
> *Dum vivent cives, nomen honosque viri.*

La statue est de Kundmann et date de 1879.

Mais dès le XIIIe siècle les sources de Tepl et de Marienbad avaient attiré déjà l'attention de l'empereur Ferdinand, qui croyait pouvoir en tirer le sel de cuisine dont la Bohême était privée. Il fit un édit portant l'ordre de mettre en bouteille l'eau des sources et de l'envoyer à Prague, pour l'analyser. Quand on l'analysa, on trouva que l'eau contenait bien du sel, mais c'était du sel de Glauber, du sulfate de soude.

Et Marienbad était fondé.

Gœthe, en 1822, écrivant à son ami Zelter, disait :

« Je visitai Marienbad. Le lieu est agréablement situé. L'architecte et le jardinier comprennent leur métier. Il me semble vivre au milieu des solitudes du Nord de l'Amérique, où l'on rase des forêts entières pour bâtir une ville en trois ans. Le pin est employé pour la charpente, le granit taillé forme les murs et s'unit à la brique à peine refroidie. Tout va ainsi avec une incroyable célérité. »

Alors on créait le parc actuel ; alors le célèbre littérateur demeurait là dans deux maisons que j'aperçois de ma fenêtre : le *Gœthes Haus* et le *Weimar Haus*.

Pourtant la vogue de cette ville d'eaux n'était pas établie. Ce n'est guère que depuis trente ans qu'elle l'est.

Et maintenant c'est un spectacle vraiment curieux que de venir à la Promenade-Allée, le matin de six heures à sept heures.

Sur trois longues files s'aligne la foule des baigneurs, hommes et femmes généralement un peu obèses, quand ils ne le sont pas beaucoup. Ils ne sont pas toujours jolis à voir, ni comme types de figures, ni comme prestance et forme corporelle, mais ce qui frappe au plus haut point, ce qui émeut, c'est la foi de ces gens, venus de si loin parfois, pour conquérir un peu de santé ; ce qui émeut, c'est la bonté de Dieu qui la leur a ménagée dans un élément commun, vulgaire, à portée de tous.

Commun ! vulgaire ! que dis-je ?

Tous s'avancent, presque graves et recueillis, portant leur verre dans la main et passant à leur tour sous la coupole de la *Kreuzbrunnen*, le long des portiques d'Ionie ; ils tendent leur verre sous le robinet que tourne rapidement un employé revêtu du costume officiel, puis ils s'en vont ici et là, tenant la précieuse liqueur qu'ils boivent lentement, marchant à petits pas.

On sent que cette eau c'est de l'or et du sang.

C'est la vie, la vie qu'ils boivent ainsi dans les coupes généreuses.

Et en voyant briller sur la coupole, au soleil du matin, la superbe croix d'or qui rappelle la croix de bois que le moine pharmacien Schulz avait élevée là vers 1749, je ne pouvais m'empêcher de penser aux vers des belles strophes de Faure mises en musique par notre Gounod :

> Vous qui pleurez, venez à ce Dieu, car il pleure.
> Vous qui souffrez, venez à Lui, car il guérit.

Et à la consolante parole de l'Évangile :

Venite ad me omnes qui laboratis et onerati estis et ego reficiam vos.

Et remarquez ici combien nous sommes forts vis-à-vis des mécréants : nous n'avons pas besoin d'invoquer le miracle, comme à Lourdes, par exemple, et de le prouver. Tous s'inclinent devant les prodiges opérés par la Kreuzbrunnen, tous y croient. Et on vous dit carrément :

« Le duc d'Orléans, quand il vient ici et qu'il s'en retourne, s'en retourne avec quinze livres de moins.

— Pas possible ?

— Exact. Vous en verrez bien d'autres ! »

On voit que c'est la Kreuzbrunnen qui est surtout recherchée. On en prend généralement deux verres, le matin, à jeun, entre six et sept heures, ou bien on prend un verre de la *Kreuz* et un verre de la *Ferdinandsbrunnen*, qui est à l'autre bout de la Promenade-Allée. On va jusqu'à six verres pour les hommes, trois pour les dames.

Les maladies chroniques traitées par les deux sources sont : l'obésité, avec envahissement graisseux du cœur et du foie ; les catarrhes de l'estomac et des voies bilieuses et respiratoires, etc.

La *Waldquelle*, située un peu en dehors de la ville, dans la montagne, est employée dans les cas moins graves de catarrhes.

Ces trois sources sont sulfatées-sodiques.

L'*Ambrosiusbrunnen*, située sous un pavillon gothique, non loin de la Ferdinandsbrunnen, est une eau ferrugineuse recommandée pour la chlorose, l'appauvrissement du sang et la faiblesse.

On ne boit pas seulement de l'eau, on prend des bains. Grâce à l'aimable obligeance du docteur Max Porgès, un enfant de Marienbad, nous avons pu visiter les grands bains.

Il y a trois établissements de bains :
Le *Neu-Bad;*
Le *Central-Bad;*
Le *Moor-Bad.*

Les deux premiers sont des monuments superbes, où l'on trouve une installation luxueuse pour toutes les sortes de bains. Le dernier, relié au second, mérite une mention spéciale.

L'importance thérapeutique des boues minérales est considérable.

On désigne sous le nom de boues minérales des conglomérats de substances minérales et végétales, formant des couches de plusieurs mètres d'épaisseur et transformés en masses analogues à la tourbe, par des courants de gaz et d'eau minérale qui les traversent.

Le premier champ de boues (*moorlager*) fut découvert à côté de la source *Marienquelli*. En 1830, il était épuisé ; on en découvrit un autre à une lieue de Marienbad, sur la lisière de la forêt de Royan ; puis un troisième à une demi-lieue.

Nous vîmes préparer un bain de boue. On place sous le robinet d'écoulement d'une cuve une baignoire montée sur roulettes, on y laisse tomber la masse semi-fluide à une température de 80 degrés Réaumur. Quand la baignoire fut à moitié pleine on y jeta de la boue fraîchement passée au crible, et on ajouta de l'eau chaude ou froide pour amener le bain à une température de 28-35 degrés Réaumur et lui donner la fluidité désirée. Le bain prêt on le roule dans un cabinet, à côté d'une autre baignoire destinée aux ablutions.

On conçoit que l'aspect de cet énorme récipient contenant un liquide épais ressemblant à du marc de café ne soit point appétissant. Les baigneurs hésitent un peu à s'y plonger, d'autant plus qu'ils doivent y rester d'une demi-heure à une heure ; mais s'ils sont affligés de goutte, de rhumatismes, de chlorose ou de paralysie, le bain de boue est tout indiqué.

La vie est agréable à Marienbad.

Nous savons ce qu'on y vient faire et aussi comment on peut s'y loger ; disons comment on peut y passer la journée et comment on y mange.

On passe la journée à chercher l'endroit où l'on déjeunera et où l'on dînera.

Pas de table d'hôte en Autriche, pas d'hôtelier qui vous

regarde de travers si vous ne mangez pas chez lui. Je croirais, au contraire, qu'ici les logeurs se déclarent satisfaits quand vous les débarrassez de votre présence pour toute la journée.

Or, on est toute la journée dans la montagne, et la montagne est pleine de cafés et de restaurants.

Je suppose que le matin dès cinq heures et demie vous êtes levé. Vous allez à la Kreuzbrunen prendre un verre à jeun ; vous vous rendez ensuite à la Ferdinandsbrunnen pour en prendre un second, et pendant que la musique joue là, tout près, vous buvez lentement dans votre verre gradué, à l'aide d'un chalumeau de terre. Cela prend une demi-heure.

Puis vous devez opérer la *réaction* et vous donner du mouvement. Vous suspendez, comme tout le monde, votre verre à une courroie en sautoir et vous partez par les sentiers et les chemins ombreux serpentant vers les sommets.

Partout des sapins, rien que des sapins, d'énormes sapins, des sapins aux senteurs vivifiantes, exquises.

De temps en temps pointe un toit ou une tour, au milieu de la colonnade verte et éternelle : c'est le *Panorama*, le *Mire Monti*, le *Bellevue*, l'*Egerlander*, la *Diana*, le *Maxthal*, le *Forstwarte*, l'*Alm*, le *Hohendorfertobe*, le *Thalspere*, le *Sagir*, le *Wilner*, la *Tamise*, le *Waldsmahle*.

Tous bienheureux endroits fort appréciés des baigneurs et où ils sèment leur argent volontiers.

Parti, par exemple, pour aller prendre votre café matinal au *Panorama*, vous errez dans les alentours jusqu'à onze heures. Il n'est plus temps de revenir vers la ville ; vous vous installez au *Forstwarte* pour le grand déjeuner, sous une galerie ou sous les arbres. Vous passez l'après-midi soit là, soit dans la sapinière voisine, assis sur une couverture prêtée par l'hôtelier, et vous revenez seulement à Marienbad, vers cinq ou six heures, ivre d'air et de santé, pour vous habiller, aller faire un tour à la Promenade-Allée et entendre la musique, puis dîner à l'*Egerlander*, ou à l'*Impérial*, au *Neptun*, au *Klinger*, au *Weimar*, au *Stift*, au *Leipzig*, au *Stern*, au *Cursaal*.

On pourrait supposer que tous les restaurants sont chers. Ce serait une erreur. Si l'on mange à la carte et si l'on prend des vins fins, oui ; sinon on pourra s'en tirer, par exemple si l'on demande « un couvert », c'est-à-dire un repas à prix fixe, pour un florin et demi ou deux florins, et si l'on prend de la bière : *Pilsener, Munchener* ou *Stift*[1].

Il y a un théâtre assez convenable où l'on joue la comédie et l'opérette ; il y a un cursaal « où l'on mange ». Enfin, on essaye d'y danser, mais ce cursaal n'est qu'un embryon de cursaal et les moines de Tepl, qui sont les maîtres, consultés sur la question de bâtir un lieu de divertissement, ont répondu qu'il valait mieux aller à l'église, et le soir se coucher pour se reposer et pouvoir se lever de bonne heure le lendemain.

Du reste, en Autriche, à Vienne même, on se couche tôt. Les théâtres ferment à dix heures. Ce n'est plus Paris...

PRAGUE

« Allez à Prague, cela en vaut la peine, me disait-on à Marienbald ; allez-y, vous serez content. »

Certes, oui, j'avais envie d'y aller, mais je ne soupçonnais pas que la réalité surpasserait ce que l'on pouvait imaginer.

Prague est une ville unique, extraordinaire.

J'y arrivai, avec un ami, au milieu du tonnerre et des éclairs. C'est seulement le lendemain matin, sous le radieux soleil et dans l'azur limpide, que j'ai eu la révélation de la vieille cité, et pourtant j'eusse aimé contempler cette forêt de tours et de clochers à la lueur des décharges électriques. Cela devait être d'un effet fantastique.

Pour l'artiste, la partie de Prague qui s'étend entre la Moldau et la gare François-Joseph est la moins intéressante. Je pourrais dire qu'il peut même la négliger. Le Graben, la Wenzelsplatz, avec leurs maisons modernes, leurs larges trottoirs, leurs becs électriques ne peuvent m'émouvoir. Ce qui m'émeut, c'est le passé : l'histoire, l'âme d'un peuple.

---

[1] Seuls les pourboires sont exorbitants ; il faut toujours en donner trois par repas : 1º pourboire au garçon en chef, *ober-kellner*, qui fait payer ; 2º au garçon qui sert ; 3º au petit *boy* (*piccolo*) qui apporte les liquides.

Je passe sous la *Pulver Thurm* et déjà je sens cette âme qui palpite.

Voici d'abord, à l'extrémité de la Zeltnergasse, la grande place du *Gross Ring*, avec la *Teynkirche* qui contient le monument du célèbre astronome Tycho-Brahé; puis l'hôtel de ville, de style gothique, comme il convient, avec sa curieuse horloge ; puis le palais Kinsky, puis le palais Clam-Gallas.

Nous arrivons au *Collegium Clementinum* des Jésuites, qui comprend deux églises, deux chapelles, trois portes, quatre tours, le collège proprement dit, le séminaire, la bibliothèque, l'observatoire et de nombreuses collections.

Cela est grand, grand, grand, d'aspect sévère, sombre, avec des entrées encadrées ou surmontées d'énormes cariatides, et il est difficile de ne pas s'avouer que l'on n'est plus dans un simple chef-lieu de province, mais dans une réelle capitale, que les habitants de cette ville l'ont voulu, le veulent et en sont fiers et que certainement ils y tiennent la main, c'est-à-dire qu'ils mourraient plutôt que de cesser leurs revendications. C'est le royaume de Bohême, *regnum Bohemiæ*, c'est l'histoire, c'est un pays qui n'est pas l'Autriche. Et c'est toujours l'âme indomptable des Ziska et des Hussites qui les anime. Tout catholiques qu'ils soient, ne croyez pas qu'ils ont changé les qualités inhérentes à la race...

J'ai donné des noms allemands pour désigner les rues et les monuments et me conformer aux indications des guides. A Prague, on serait bien embarrassé si l'on n'avait que ces indications pour se diriger. Lisez le nom des rues au coin des pâtés de maisons : plus d'allemand, plus rien de tudesque : *Prasna brana*, c'est la *Pulver Thurm*; *Celetna ulice*, c'est la Zeltnergasse; *Tynsky kostel*, c'est la Teynkirche ; *Staromest radnicé*, c'est le Rathaus. (Vous reconnaissez le mot slave *staroste*, le maire du village russe.)

Tout est donc tchèque, slave, polonais, si vous voulez, pour la plus grande joie du voyageur *dilettante* et pour son plus grand embarras. Qu'il se rassure cependant : dans les hôtels et dans les restaurants, il mangera « en allemand ». On parle cette langue, excepté pourtant dans une brasserie appelée *Alt deustches Haus*, « la vieille maison allemande, » où, quand j'ai demandé la *Speise-Karte*, la carte des mets, on m'a répondu : « *Bœmische! bœmische!* C'est en tchèque ! » Contradiction bien curieuse, en vérité.

On vous regarde donc de travers quand vous parlez allemand, à

Prague. Le soir de mon arrivée, je m'en suis bien aperçu en allant chercher un cachet d'antipyrine chez un pharmacien.

Un pharmacien, c'est pourtant un savant! Or, il ne parlait pas allemand, ou plutôt il ne voulait pas le parler. Par contre, une fois dans la rue, comme il fallait bien me faire entendre et que je parlais français, on me répondit joyeusement en cette langue, et c'était une petite bourgeoise qui répondait. Il me parut qu'on aimait les Français.

Il y a mieux : j'arrêtai un prêtre dans la rue pour lui demander où et à quelle heure je pourrais entendre la messe.

C'était un religieux, un Liguorien.

« *Sprechen Sie deustch ?*
— *Nein.*
— Parlez-vous français?
— Non.
— *Potesne latinè loqui ?*
Il réfléchit un instant et me dit tout à coup :
— *Lei parla italiano ?*
— *Un poco.*
— *Dunque parliamo italiano.*
— *Va bene, benissimo !* »

Et nous parlâmes italien, faute de mieux, dans la cité des Wenceslas et des Boleslas. Encore un peu plus, nous attaquions la langue de Cervantès, ce qui eût peut-être mieux fait mon compte.

Cependant nous débouchons sur une place où se dresse une autre immense tour et à droite la belle statue de Charles IV, érigée pour le cinq centième anniversaire de la fondation de l'Université de Prague, qui compte deux mille étudiants présentement et a été la première université créée dans l'Europe centrale.

Nous dépassons la tour et nous sommes sur le pont Charles, *Most-Karluv*.

C'est un coup de théâtre.

On vante beaucoup l'aspect du fort Saint-Ange, à Rome, sur le Tibre, quand on se dirige vers la place Saint-Pierre. Certes, nous sommes loin de médire de la basilique vaticane et de la colonnade du Bernin ; ce serait ridicule. Nous ne pouvons pas dire du mal de cet admirable Vatican dont l'intérieur recèle des richesses incalculables et merveilleuses. Et pourtant, ce jour-là à Prague, en arrivant sur le pont Charles, nous n'avons pu nous empêcher d'établir une comparaison avec Rome, parce qu'elle s'imposait presque.

Les piles de ce pont sont, comme celles du pont Saint-Ange, ornées de statues et de groupes. Il y en a trente. Mais ici dans quel décor !

Il n'y a pas à dire, malgré les souvenirs et la gloire d'antan, ce pauvre Tibre est hideux; c'est toujours celui d'Horace :

Vidimus flavum Tiberim.

Tandis qu'ici la Moldau a des allures grandioses, de véritables allures de fleuve, roulant des eaux tumultueuses et lourdes à la façon du Rhin à Bâle ou du Danube à Pesth. Et puis en face, comme fond de scène, voici que toute une autre cité magnifique s'élève avec ses tours, ses clochers, ses palais, ses couvents, ses jardins, ses escaliers gigantesques, et, brochant sur le tout, l'énorme, l'imposant *Hradschin* aux lignes immenses, aux innombrables fenêtres, juchées là-haut, on ne sait comment, on ne sait plus pourquoi, puisqu'il ne sert plus à rien, sinon à embellir et à couronner cet inoubliable paysage.

C'est le Capitole de Prague.

Je n'insisterai point sur cette facétie française qui consiste à dire que le meilleur moyen de prononcer le nom du célèbre château, c'est d'éternuer solidement; je la réduirai à néant en disant qu'à Prague on dit *Hradcany* et non pas *Hradschin*. Un jeune officier autrichien a prononcé plusieurs fois le mot devant moi, et il n'avait pas l'air d'éternuer du tout. Disons aussi que ce nom n'appartient pas seulement à un monument, comme je le croyais; c'est celui d'un quartier considérable, toute une ville. Les autres quartiers de Prague sont *Alstadt* au centre, *Josephstadt* le quartier des juifs, *Neustadt* la ville neuve, sur la rive droite du fleuve; *Kleinseite,* sur la rive gauche.

Voilà donc l'endroit où s'est passé un jour le sombre drame où périt le saint le plus populaire de la Bohême et de toute l'Allemagne : saint Jean de Népomuk ou Népomucène, — comme nous disons en France. Il fut le martyr de la confession parce qu'il mourut pour en garder le secret inviolable, refusant de livrer à l'empereur Wenceslas celle de l'impératrice. Alors Wenceslas le fit porter sur ce pont et jeter à l'eau.

Le généreux chanoine de Prague avait dit à l'empereur :

« Je n'y consentirai jamais, et vous-même, sire, souvenez-vous que vous entreprenez sur les droits de Dieu, à qui seul appartient le discernement des consciences. En toute autre chose, commandez, je vous obéirai ; mais en cela, j'ose dire à Votre Majesté ce que répondit saint Pierre aux princes des prêtres : Il vaut mieux obéir à Dieu qu'aux hommes ! »

Et maintenant Dieu récompense le courage : dans la nuit sombre, choisie par le tyran pour cacher au peuple son forfait, sur l'eau des étoiles apparaissent autour de la tête du martyr et le peuple tout entier accourt pour être témoin du prodige.

Regardez en passant. Entre la sixième et la septième pile, sur le parapet, à droite, il y a une plaque de marbre, surmontée d'une croix. C'est là ! Inclinez-vous...

Tout près s'élève la statue en bronze du saint ; mais, je le répète, dans toute l'Allemagne catholique comme dans les pays slaves et hongrois, à chaque pas vous rencontrerez cette statue sur les ponts des moindres cours d'eau. Il y en a une à Marienbad.

Pendant que nous y sommes, citons les principaux ponts de Prague : pont de l'Empereur-François, pont Palacky, pont Kettenstag, pont François-Joseph.

Sur le quai François on admire le monument de François Ier ; sur la Kleinseitner Ring, en bas du Hradschin, on admire celui de Radetzky, qui a dix mètres de haut.

Maintenant nous montons au Capitole par un escalier de deux cent trois marches.

Après avoir vanté la vue du célèbre Hradschin, nous ne pourrons en faire autant des détails. Ce qui est intéressant ici, ce sont les aspects généraux, le pittoresque des rues, les arcades qui les enjambent, le haut des maisons aux angles rentrants et sortants, les chapelles et les cours, les jardins et les cloîtres. Ne cherchez pas d'architecture et d'œuvre d'art, vous seriez un peu déçus.

Une première déception, c'est la cathédrale.

Croirait-on que la cathédrale de Prague se compose depuis longtemps uniquement d'un chœur ogival ? Il est vrai qu'on bâtit une nef en ce moment et que la capitale de la Bohême aura l'église mère qui lui convient. Mais quoique dégagée, la cathédrale sera toujours dissimulée derrière d'autres monuments ; elle s'élève au milieu d'une cour, entre la construction du burg royal, qui n'offre d'autre intérêt que son aspect imposant vu du dehors, comme nous l'avons dit. Déjà nous avions été frappé de cette particularité, en visitant la *Teyn Kirche ;* nous devions l'être encore un peu plus tard, en voyant le *Loreto.*

Par exemple, la métropole renferme deux choses rarissimes : le tombeau du grand patron Jean Népomucène d'abord.

Pas de valeur artistique, mais quelle richesse, quand on pense que la statue, la châsse et les ornements, tout en argent, pèsent trente quintaux[1] ! On ouvrit ce tombeau en 1719. Le saint corps était dégarni de ses chairs, mais les os étaient entiers et la langue, que Dieu, sans doute, avait voulu honorer pour avoir gardé si fidèlement le secret de la pénitence, se trouva aussi fraîche, aussi vermeille, aussi souple que la langue d'un homme vivant.

Puis la chapelle de Saint-Wenceslas, avec son tombeau, son casque et sa cotte de mailles, tout incrustée de pierres fines de Bohême et ornée de fresques très anciennes.

Laissons donc le château de côté. Il a été commencé par l'empereur Charles IV et achevé par Marie-Thérèse. C'est là que le comte de Thurn fit précipiter des fenêtres les deux gouverneurs impériaux Martinitz et Slawato. Cet acte de violence, appelé *défenestration* de Prague, fut le signal de la guerre de Trente-Ans.

Quand on tourne le dos à la façade du palais royal, on a à sa droite le palais du prince-archevêque-cardinal de Schœnborn, et à gauche le palais du prince Schwarzenberg. Et puis, si l'on fait une centaine de pas devant soi, on arrivera à une place où se trouve le *Loreto,* qui est la reproduction exacte de la *Santa Casa* de Lorette en Italie, la maison de Nazareth.

Un peu plus loin, le couvent des capucins et la caserne d'artillerie. Précisément voici le régiment cantonné ici qui, musique en tête, arrive de la messe, car c'est dimanche.

Mais où est donc, dans cette grande cité, le palladium, le talisman qui la protège : la fameuse statue de l'*Enfant Jésus ?*

Là-bas, de l'autre côté de la Bruckengasse, dans la rue des Carmes, à l'église de Sainte-Marie de la Victoire. Donnée aux Carmes en 1628, par la princesse de Lobkowitz, cette petite statuette est devenue la patronne de Prague et le but de nombreux pèlerinages. C'est comme une autre image d'Édesse ; tant de fois

---

[1] Le quintal vaut cent kilos.

elle a répandu autour d'elle les bienfaits et les grâces! La main droite levée pour bénir, un globe d'or dans la main gauche, la statuette trône dans l'église, sur un autel magnifique [1].

Ce n'est pas fini. Une chose nous attire : le riche monastère des Prémontrés de Strahow.

Nous entrons dans l'église d'abord. Un moine de figure imposante, tout vêtu de blanc comme un pape et la barrette blanche en tête, prêche avec éloquence évidemment ; mais nous le devinons à l'action seulement : il parle tchèque.

Après le sermon, nous allons le trouver à la sacristie et il nous octroie généreusement la permission de visiter la maison.

Quelle splendeur dans la décoration de l'église, dont les moindres recoins sont revêtus de marbres rares et différents de couleur ! Dans le chœur on voit le tombeau du général Pappenheim, tué en 1632, à la bataille de Lützen ; mais ce qui est mieux, c'est ce qu'on rencontre dans la chapelle latérale de gauche : le tombeau de saint Norbert, fondateur de l'ordre.

Resté, jusqu'à la réforme, à Magdebourg, la ville archiépiscopale de saint Norbert, ce tombeau fut transféré à Prague par les soins de Ferdinand II ; nous ne nous attendions nullement à le trouver ici, nous l'avouons. Mais Prague, on le voit, est le paradis des moines et des saints.

Un sacristain nous mène ensuite vers les grands cloîtres, puis le réfectoire. Magnifique le réfectoire, avec ses fresques, ses buffets, ses vaisseliers et sa vaisselle aux armes de l'abbé. Comme cela me rappelle l'archi-abbaye de Martinsberg, de Hongrie, que je visitais naguère, aux environs de Raab. Quelle appétissante odeur de cuisine ! Quel luxe princier et comme cela est différent de nos couvents de France et ressemble peut-être à ce que nous avions chez nous, avant la Révolution !

Je remarque que la table déjà mise ne comporte qu'un nombre restreint de couverts. J'interroge :

« Combien de religieux y a-t-il ici?

— Une cinquantaine pendant l'hiver.

— Mais, pendant l'été?

— Ils voyagent beaucoup ; vont aux eaux. »

---

[1] Le siège de l'Archiconfrérie de Jésus Enfant pour la France était, comme on le sait, à Paris, dans le beau couvent des Carmes, rue de la Pompe.

Et c'était vrai ; j'avais remarqué souvent de nombreux personnages vêtus de noir et portant, sous la redingote ouverte, un gilet blanc boutonné jusqu'au col.

Ce sont des Prémontrés en civil.

Enfin on nous amène au jardin. Dieu ! quelle vue sur la ville tout entière, avec son océan de maisons, de palais et de tours ! Rien n'est comparable à cela, si ce n'est Palerme, vue du cloître de Montreale, en Sicile. Et je ne sais à quelle ville donner ici la préférence. Si Palerme n'avait pas la mer et la *Concha d'oro*, j'aimerais mieux Prague, certainement.

Il nous paraît piquant de terminer notre course par une visite à la synagogue *Altneuschule,* la plus curieuse parmi les quinze de la ville. Elle est gothique et du commencement du xiiie siècle. On nous montra là un grand drapeau donné aux Juifs par l'empereur Ferdinand III pour les récompenser quand ils se défendirent contre les Suédois, en 1648. Des Juifs qui retrouvent la valeur des David et des Machabées, c'est un fait rare et il est à noter. Dans tous les cas, le vieux sacristain, en chapeau à haute forme, déploya son ardeur d'une autre façon, en empochant avidement le demi-florin que nous lui jetâmes. Ah ! quels doigts crochus il avait !

... *Slava! Slava!* Ces vivats tchèques accueillent un nombreux cortège historique venu des faubourgs et qui passe sous nos fenêtres, se rendant à l'Exposition régionale au delà de la Moldau. Nous voyons les jolis costumes des *Sokolt* et des paysannes, et nous comprenons mieux que jamais le patriotisme de ces gens-là. *Jeunes* ou *Vieux Tchèques,* ils sont décidément d'une autre race que l'Autriche. Et ils sont encore dans le cas de jeter quelqu'un par la fenêtre. Oh ! oui...

Une seule chose les rapprocherait de ce pays : la musique. C'est à Prague que j'ai entendu les plus belles symphonies ; à l'église, dans les rues, dans les jardins, partout. Mais Vienne est la patrie de la musique.

Je pose en fait que le soir, à cinq heures, il est impossible de passer dans une rue sans que, des fenêtres ouvertes en été, il ne s'échappe pas des flots d'harmonie.

Au Prater, au Volksgarten, les orchestres de Strauss font rage : c'est la valse perpétuelle.

Dans les églises, la foule écoute béatement les chœurs toujours excellents, la musique religieuse toujours en grand honneur. A Prague, de même.

Et je pense à Haydn, le doux artiste, à qui on n'a pas même élevé une statue dans la ville qu'il aimait par-dessus tout.

Quelle vie que la sienne !

Vie de rêve, d'idéal, de travail, de bonheur surhumain, de privations continuelles, de tracasseries sans fin, de sacrifices, de désintéressement presque ridicule, d'enthousiasme de son côté, comme aussi du côté des auditeurs.

Il ne se fit pas entendre une seule fois sans qu'on lui dît, en haut ou en bas :

« Maître, vous êtes un génie ! »

Tantôt c'était un moine, tantôt c'était un roi, tantôt un grand seigneur comme Esterhazy, tantôt un pauvre artisan, mais tous étaient subjugués par le souffle divin qui passait dans ses créations.

S'il eût vécu de nos jours, il fût devenu millionnaire, membre de tous les instituts, grand-croix de tous les ordres de l'Europe.

On lui donnait mille florins ou mille ducats de temps en temps ; on le volait. La femme avec qui il s'était marié, on ne sait comment, se laissant faire, l'exploitait et le taquinait continuellement ; son roi ne le décorait pas.

Seuls les Anglais, qui l'apprécièrent mieux que tous, lui décernèrent le titre de docteur.

Pourtant les professionnels, les grands artistes qui eussent pu devenir des rivaux s'inclinèrent devant le bon Haydn.

Mozart l'aima tendrement.

Beethoven lui dit un jour sur la place publique :

« Si j'étais Haydn, je me souviendrais que Dieu m'a fait incomparablement riche et éternellement jeune. Je retournerais chez moi ; j'écrirais un chant, si beau qu'il enflammerait toutes les âmes de l'amour de la patrie et de l'empereur, un chant qui soulèverait tout un peuple ! »

C'était à l'époque douloureuse pour les cœurs autrichiens où Napoléon faisait trembler toute l'Europe et où Vienne allait tomber entre ses mains.

Haydn songea au lied de Léopold Haschka :

> Gott erhelte Franz, den Kaiser
> Unsern guter Kaiser Franz !

« Dieu garde Franz l'empereur, notre bon empereur Franz! »
Et il composa l'hymne patriotique qui devint le signe de ralliement pour l'Autriche entière.

Quand l'armée française entra à Vienne après Eckmühl et Ratisbonne, la musique militaire jouait triomphalement la *Marseillaise*.

Soudain elle se tut.

Un général venait de dire un ordre à l'oreille de ses officiers, et le chef de musique donna l'ordre de se transporter devant la maison du maëstro, de l'illustre *kapellemeister*.

Alors les Français entonnèrent cette belle phrase de l'oratorio de la *Création*, — une de ses plus belles œuvres avec les *Saisons* :

> Nun buth die flur das frische grün.

« Maintenant la fraîche verdure pare les prairies. »
On dit que le vieux maître s'indigna, en entendant l'ennemi interpréter son œuvre, en un pareil moment. Il n'avait pas compris le procédé chevaleresque de nos compatriotes.

Il faut pardonner à Haydn ; il eut la douleur de mourir en pleine occupation française.

Son dernier mot fut un vivat pour son empereur. La maison d'Habsbourg-Lorraine a su s'attacher tendrement ses sujets allemands. Quant aux autres?... Nous savons ce qu'il en est pour les Tchèques.

Les Hongrois adoraient, dit-on, la malheureuse Élisabeth, leur reine, qui est tombée sous le stylet d'un assassin.

Les Polonais sont reconnaissants à François-Joseph de tout ce qu'il a fait pour eux.

Mais Trieste est en Autriche ; il y a bien des mécontents.

. . . .

Qu'on me pardonne cette digression sur Haydn et la musique. Comment venir dans les pays austro-tchèques sans devenir musicien? A Marienbad, on assistait à un perpétuel concert où Strauss faisait peut-être un peu de tort à Mozart et à Haydn ; Richard Wagner est venu à Marienbad et a habité assez longtemps dans une maison voisine de celle que j'habite moi-même, et puis Bayreuth est à deux pas.

Revenons donc à Marienbad boire des verres d'eau, courir dans les cafés de la montagne et entendre la perpétuelle chanson du *Kellner* et de la *Kellnerine* obséquieux : *Bitte,* « Je vous prie ; » *Danke hœflich,* « Je vous remercie poliment, » et *Kiss die Hande,* « Je vous baise les mains... »

Mais voici le retour et les pays de frontière.

Voici Nancy. Première grande ville française, en arrivant d'Allemagne. Et quelle ville !

Excusez-moi, mes chers compatriotes. Ni Lyon, ni Marseille, ni Bordeaux ne valent celle-ci. Elle est belle entre les belles. Vous l'allez voir.

Il y a trois courses à faire dans Nancy.

Mais d'abord, laissez-moi vous donner un détail vulgaire, mais qui a bien son importance pour le pauvre voyageur. Il revient fatigué et un peu navré d'avoir à retomber dans son train-train ordinaire. Plus de montagnes, plus de sapins, plus de *gross militœr concert,* plus de bonne bière pas cher, plus de beaux wagons allemands à couloir.

Il regrette sa villégiature et il se méfie vaguement de ce qu'il va trouver dans son propre pays.

Malheureux ingrat !

Oui, vous vous embarquez dans un omnibus d'hôtel et vous avez peur de ce qui vous attend au but.

Ce qui vous attend, vous devriez le pressentir, en longeant ces rues si proprettes et si blanches, aussi proprettes et aussi blanches, bien sûr, que celles de Fribourg, arrosées par les mille ruisseaux dérivés de la Dreisam.

Ce qui vous attend, c'est une bonne chambre, très confortable, et un lit, un vrai lit, un lit français, large, moelleux, aux draps amples et aux chaudes couvertures bien bordées. Ce ne sont plus les petites serviettes des étroites couchettes badoises et les instruments de torture chers à Procuste.

Ce qui vous attend, c'est non pas seulement le pot-au-feu familial si hygiénique, mais une cuisine succulente digne de Vatel et de Louis XIV. Allez donc dans tel restaurant de la place Stanislas ; ah ! comme vous oublierez bien vite l'omelette aux confitures, les éternelles truites de ruisseaux et les chevreuils faisandés !

Ceci dit, oui, dirigez-vous du côté de la place Stanislas. Il y a là une place divinement jolie, encadrée de palais grandioses et de grilles en fer forgé et doré de Lamour qu'on ne voit nulle part ailleurs. Devant la place : un arc de triomphe qui donne accès à une autre place, la place Carrière, au bout de laquelle on aperçoit le beau palais du gouvernement militaire et à côté l'immense promenade de la *Pépinière*.

« Mais c'est Versailles! s'écriait un de mes compagnons qui venait ici pour la première fois ; c'est peut-être mieux que Versailles.

— Je vous crois, mon ami, répondis-je. Le bon roi Stanislas, qui a sa statue devant l'hôtel de ville et montre tout cela de son doigt, comme étant de lui, était un admirable artiste. Quant aux Allemands, vous devez comprendre comme ils ont eu les larmes aux yeux en abandonnant ce pays de Cocagne, après deux ans d'occupation. Du reste cette ville n'a rien d'allemand, elle est trop blanche et trop délicate ; c'est une marquise de la cour de Louis XV. Chez nos voisins, tout est rouge, sombre et de mauvais goût. Et regardez-moi la flèche de Saint-Epvre, là tout près. L'église est merveilleuse et a été bâtie en partie avec l'argent de François-Joseph d'Autriche ; mais il faut dire que ce souverain est le descendant des ducs de Lorraine. »

Le lendemain matin, nous vîmes d'autres merveilles en fait d'églises : Saint-Pierre, Saint-Léon, Saint-Nicolas, Saint-Sébastien, la cathédrale Saint-Sigisbert et enfin Bon-Secours, toute revêtue de marbre et de lapis-lazzuli, et qui possède les tombes grandioses de Stanislas et de la reine Marie Leczinska.

Mon compagnon n'en revenait pas.

Je le conduisis encore devant la statue de Dombasle, l'inventeur de la charrue, devant celle du général Drouot, devant celles du duc René et de Jeanne d'Arc, devant celle plus moderne de Thiers, — le « libérateur du territoire » et de Nancy, — devant le monument du président Carnot, en forme d'obélisque. Tous ces monuments donnent à la ville un aspect très vivant. Nous terminâmes par les vieux souvenirs : la porte de la Craffe et le Palais ducal, qui contient le musée lorrain. Un gros homme fort intelligent, qui est préposé à la garde de ces trésors, nous montra les tapisseries qui étaient dans la tente de Charles le Téméraire, quand celui-ci trouva la mort à la bataille de Nancy, et mille autres choses intéressantes.

Puis nous demandâmes à un cocher de nous faire voir les nouvelles casernes d'infanterie et d'artillerie. On sait que nos villes de l'est sont bien gardées. Mais il y a mieux ; nous pensions trouver à Lunéville et à Nancy de petits hommes rabougris et souffreteux. Il n'en est rien ; nos dragons et nos pioupious sont aussi beaux que les soldats de Guillaume II.

« Eh bien, disions-nous à notre cocher, avez-vous confiance ?
— Tout à fait.
— Avec les Russes, ça ira ?
— Sans les Russes, monsieur ! »

Ça ne fait rien, le soir de ce même jour précisément, la moitié de la ville (il y a 80 000 âmes) était à la Pépinière pour acclamer la musique qui jouait le *Bojé tsara krani*, et j'ai suivi ces gens-là qui marchaient dans les rues avec un ordre parfait, derrière une retraite aux flambeaux, chantant la *Marseillaise*, très gravement. Oh ! la France n'est pas morte, malgré tout !...

LE VORARLBERG

I. — Bludenz

« Quand on quitte Vienne pour aller à Presbourg, on est dans un autre pays, a écrit un vieux savant ; mais quand on a dépassé Presbourg, on pénètre dans une autre partie du monde. » Nous citons ce proverbe autrichien, parce que nous allons parler un peu de l'Autriche.

Eh bien, oui : en Suisse, à Bâle, quand on vient de France, « on est dans un autre pays, » et cela jusqu'à Brégenz, en passant par Zurich et Saint-Gall, mais à Brégenz « on pénètre dans une autre partie du monde ».

Qu'est-ce donc que Brégenz ? C'est déjà l'Autriche, si peu connue en France, car on ne dépasse guère la frontière suisse. On s'est porté en foule, l'an passé, en Engadine, parce que le chemin de fer venait jusqu'à Saint-Moritz ; mais c'était, c'est un endroit international quoique curieux ; l'Autriche, c'est plus neuf, parce que *plus vieux*. Je vous expliquerai cela.

Donc Brégenz est en Autriche et dans le Vorarlberg, cette partie montagneuse qui s'étend « devant l'Arlberg » : Brégenz est située sur le Bodensee, le lac de Constance. Cinq nations sont riveraines de ce lac : la Suisse, le grand-duché de Bade, la Bavière, le Wurtemberg, l'Autriche. Heureux habitants, ceux qui ont toujours devant les yeux cette admirable vue !

Après Brégenz, ville de sept mille habitants, un peu plus loin, Feldkirch, qui a quatre cent soixante et un mètres d'altitude et quatre mille six cents habitants. C'est là qu'est la grande maison d'éducation dirigée par les Jésuites. On l'appelle *Stella matutina*, « l'Étoile du matin, » et elle est par conséquent sous le vocable et la protection de la Mère de Dieu. Un grand nombre de riches familles catholiques de la Suisse et de l'Allemagne y envoient leurs enfants. C'est le *Vaugirard* ou le *Madrid* de là-bas.

Encore vingt kilomètres, voici Bludenz.

Nous ignorions complètement cet endroit avant cette année; il a fallu un ami de Vienne pour nous y amener.

Figurez-vous une petite ville de cinq mille âmes, aux maisons espacées, ensevelies dans la verdure des vergers et groupées, plus ou moins, autour d'une petite rivière aux eaux grises, rapides, tumultueuses, comme toutes les eaux de ce pays, dont l'Inn d'Innsbrück ou le Salzach de Salzbourg sont le type.

Le cadre est grandiose. Des montagnes à droite, à gauche, partout. Ce sont des masses énormes, mais avec des lignes délicates, des croupes arrondies, des sommets crénelés en dents inégales. Si vous regardez au sud, vous avez devant vous la chaîne du Rhœtikon (Alpes Rhétiques); cela va vers Coire, Thusis, l'Engadine. Tout proche, une trouée, la Schlucht de Bürs, qui va, en trois heures, à Brand, au lac de Lunersee (1924 mètres), très élevé, et à la plus haute cime des environs, la Scesaplana (2960 mètres), couverte de neige. Si vous regardez au nord, vous avez tout près le Katze ou le « Chat » et le Hohe-Frassen, qui a 1976 mètres.

Que c'est joli ! Ne cherchez pas les altitudes extraordinaires; c'est la montagne moyenne, ce sont les Alpes accessibles. Des vergers riants, de doux sentiers qui glissent dans la prairie, pleine de marguerites et de grillons, embaumée par une exquise odeur de foin coupé. Ce foin, les paysans le mettent, l'étalent sur des espèces d'échelles pour le mieux sécher; pas une senteur n'est perdue ! Et puis, à l'orée des prés, les sapins commencent et ce sont des montées sans fin.

Les cloches tintent; cloches d'églises, clochettes suspendues au cou des vaches; celles-ci trempent leurs naseaux à d'innombrables fontaines. Une paysanne passe, portant un seau de cuivre plein de lait écumant. Des yeux bleus, des cheveux blonds, c'est une Allemande. Mais non; sous les cheveux et sous les yeux, il y a un sourire que je n'ai jamais rencontré près d'Heidelberg ou d'Eisenach; je ne le connais pas, et puis, en passant, cette bouche rieuse m'a jeté un salut : *Gruss Gott! Gruss Gott*[1]*!* je ne m'y reconnais plus du tout. Serait-ce donc mon Alsace, presque mon pays natal, ma Lorraine? Non, encore; mais ce n'est pas l'Allemagne, triste, austère, revêche, farouche; c'est une autre Allemagne, c'est l'Autriche.

Je suis monté dans la forêt, et je redescends. Dans une éclaircie j'aperçois le soleil, qui se couche là-bas vers Feldkirch; un ruissellement d'or, de rubis, d'améthystes. Quelle beauté !

Me voici dans les rues de la petite ville. Il y en a bien dix, mais pas plus, avec des arcades, comme à Berne, comme à Annecy; c'est contre la neige évidemment. Là, à côté d'un modeste *Rathaus* (hôtel de ville), se dresse une fontaine surmontée de la statue de saint Jean Nepomuck (Népomucène). C'est par milliers, nous l'avons dit, qu'on rencontre en Allemagne et en Autriche les statues de Jean Népomucène.

Je poursuis jusqu'au bout du pays. Au bout, il y a un couvent de Capucins (*Kapuziner Kloster*); c'est par centaines qu'on les voit ici; toute localité qui se respecte a le sien. A Bludenz, l'église du couvent a pour voisine une chapelle de Notre-Dame de Lourdes. — C'est pourtant nous, les Français, qui leur avons fourni cette dévotion ! — La chapelle possède une reproduction de la grotte célèbre; sur un mur on a peint un énorme cœur de Jésus sanglant; plus loin, un saint François d'Assise reçoit dans ses bras un Jésus crucifié; sur les murs, aussi, des versets saints, des prières pieuses. Dans un banc, un paysan récite *Gruss Gott! Gruss Gott!*

Sur une place, près des Capucins, une statue de bronze. Un

---

[1] Dieu soit loué !

fier soldat, un peu fruste, brandissant un sabre. Et cette inscription :

> BERNARD RIEDMILLER
> RUHMVOLLER
> HAUPTMANN
> DER BLUDENZER SCHUTZEN
> IN DES KRIEGS JAHREN
> 1796 UND 1799
> STANDISCHER MAJOR
> 1809

Ainsi ce capitaine Riedmiller, plus tard major, est une illustration de Bludenz, et il s'est battu vaillamment, dans le temps. Mais contre qui? — C'était en 1796 et en 1799; donc c'était contre les Français. Les Français, on les retrouve toujours et partout, allez! C'est une réflexion qu'on pourrait faire, un peu plus loin, dans le Tyrol, à Innsbrück, quand on se trouve devant la statue d'Andréas Hofer.

II. — Les mœurs et les usages

Ces gens que nous voyons passer dans la rue sont absolument aimables, hospitaliers, confiants. Je pense à ce qui arriverait en France si, mes amis et moi, allions débarquer, un jour, dans telle sous-préfecture que je connais. Au café de la Mairie, à l'auberge, dans la rue, entre commerçants, vite, ce dialogue s'établirait :

« Vous les avez vus débarquer?
— Qui?
— Les *Parigots!*
— Combien sont-ils?
— Trois.
— Détaillez-les.
— Un grand, avec un lorgnon, qui fait le fier; deux dames : une grande, qui a l'air de vous mépriser; une petite, qui est sûrement maligne.
— Qu'est-ce que ces gens-là viennent faire ici? »

Nous avons été en Chine, et nous avons entendu, à peu près, les mêmes propos. En Chine, on n'aime pas l'étranger ; on lui donne le sobriquet de « diable d'Occident », *Yang-Koui-tse!* A Bludenz, dans le Vorarlberg, ces braves Autrichiens riaient de nous voir rire, étaient contents de nous voir contents. On n'est pas plus Écossais.

L'habitant du Vorarlberg est généreux, hardi, crâne devant le supérieur ; il a le caractère noble ; il plaisante, se répand dans la conversation en saillies nombreuses ; il est économe, religieux, fidèle observateur du dimanche. Nous avons rencontré un cocher, beau parleur, qui aimait à causer et le faisait en bons termes. Il avait un jour conduit à Brand le roi Carol de Roumanie et la reine Carmen Silva, qui se rendaient dans une maison de campagne du médecin attaché à leurs personnes. C'est à ce contact qu'il était devenu, lui-même, grand seigneur ; en route, comme nous faisions une promenade avec sa voiture, le cocher nous ayant demandé la permission de prendre, sur son siège, sa sœur et son neveu, était venu nous dire qu'il ne prendrait pas de pourboire.

Il court une jolie légende dans ce pays : quand un enfant vient au monde, c'est une cigogne qui l'apporte de son nid, et puis l'oiseau donne un coup de patte à la mère, qui s'alite, pendant un certain temps, jusqu'à la guérison.

L'enfant est baptisé de suite, souvent le jour même de la naissance. Son parrain, en cette circonstance, confectionne le cierge du baptême avec deux cires croisées et y introduit une pièce de monnaie. Ce cierge sert alors de talisman ; si on le garde, on est assuré de ne commettre ni crime ni vol. On allume ce cierge au chevet des mourants.

Quand un jeune homme a remarqué une jeune fille, il prend une échelle, l'applique à la muraille de la maison de celle-ci et monte frapper à la vitre, à une chambre située au premier étage. Il cache son visage et déguise sa voix. La jeune fille vient à la fenêtre et demande :

« Qui êtes-vous ?

— Un tel.

— Parlez à mon père, en bas. »

Le père, qui a entendu la requête, a permis au prétendant de voir sa fille dans une chambre du bas jusqu'au lever du soleil.

L'entrevue entre les jeunes gens a lieu, mais dans une pièce dont la fenêtre reste ouverte, et les amis du jeune homme peuvent venir regarder par cette fenêtre; autrement, si elle était fermée, on la casserait à coups de pierres. Les jours suivants, le fiancé apporte chez sa fiancée des gâteaux, du café et le « vin des fiançailles »; il passe aussi sous des banderoles tendues devant la porte et, chaque fois, paye un droit pour cela.

Le mariage a lieu et la vie se poursuit avec ses alternatives de joies et de misères. Qui n'en a pas? Il y a des fêtes; les enfants vont quêter dans les maisons au nouvel an. Le premier dimanche de Carême a lieu la « fête du printemps »; on allume sur les hauteurs des feux de joie. Les hommes font généralement partie de sociétés de tir, de gymnastique, de musique, et les « chapelles » ou corps de musique font rage dans la rue, tandis qu'un enfant tire la grosse caisse installée sur une petite charrette.

Voici la mort, que l'habitant du Vorarlberg voit venir avec calme. Tout le monde prie pour lui; seulement, la famille prend une grande précaution. On ne mettra dans le cercueil aucun clou de fer; on ne laissera pas dans les vêtements de la dernière toilette de boutons métalliques, car le métal conserve trop bien la chaleur et ferait trop souffrir le défunt au purgatoire [1].

Mais quelle est la vie que mène l'étranger dans ce pays? Retenez bien ceci : l'Autriche n'est pas encore gâtée comme la Suisse, par exemple. Qui a gâté les autres pays de tourisme? Les Anglais, qui ont exigé le confort, les hôtels à la mode. Dans le Vorarlberg, on ne rencontre pas d'Anglais. Quand ils y viendront, ce sera fini. Adieu le pittoresque!

A Bludenz, nous logions au *Gasthof Eisernes Kreuz*, à la Croix de Fer. C'était le meilleur hôtel; mais ce n'était qu'une auberge et, du reste, nous désirions une auberge. Pas d'habits noirs, ah non! pas de portier majestueux, pas de cireur de bottes, pas de maître d'hôtel à favoris. Victor Hugo, dans le *Rhin*, nous raconte qu'il a donné trente pourboires dans une journée; nous, nous avions une femme de chambre qui suffisait amplement pour le service. Pour les repas, une autre bonne, une *kellnerin*, avec un tablier à bavette.

Était-on bien?

---

[1] *Konversations Lexicon*. Brockhaus. Leipzig-Berlin-Vienne 1894-1899.

Pourquoi non? Mais oui, on était bien. Certes, les draps du lit ressemblaient un peu à des serviettes et les couvertures n'étaient pas larges; il y avait aussi ce diable d'oreiller triangulaire qu'on met sous le matelas en tête et qui surprend toujours un peu les Français; mais ça pouvait aller, et j'aimais mieux mon lit de Bludenz que les lits de Munich, où les matelas ne vont qu'aux deux tiers du lit avec un oreiller pour combler le vide. Mystère impénétrable!

La table n'était pas mauvaise. Par exemple, la cuisine autrichienne est très spéciale et ne ressemble guère à la nôtre. Ces potages sont inconnus à Paris : bouillon avec des œufs, gruau, riz. Les *braten* ou rôtis vous présentent la viande entourée d'une cuirasse de chapelure extraordinaire. Pas ou peu de légumes, pas de fruits. Le *rindfleisch* ou bœuf bouilli est très apprécié, et le repas ne va jamais sans entremets ou *mehlspeise*. Les pâtisseries lourdes sont ici fort en honneur. Ils ne peuvent donc pas donner de compotes? Mais si, ils en donnent, aux pêches, aux pommes, aux prunes, mais au milieu du repas, avec la viande!

Voyageurs futurs, si vous êtes deux, ne prenez qu'une portion pour les deux. C'est assez. On dit : *einmal*, « une fois. »

Nous sommes dans un pays de bière et on en boit. Jamais on ne vous servira moins d'un demi-litre. Ça coûte seize ou dix-huit *heller* le grand verre. On compte en *kronen* (couronnes) et *heller* (centimes). La couronne vaut environ un franc cinq centimes de France et contient cent *heller*.

On va aussi à la brasserie, surtout à celle de *Fohrenburg,* qui a un « jardin de bière » (*biergarten*) avec vue sur la Scesaplana. Invariablement voici ce qui se passe :

Le client, en entrant. — « *Gruss Gott!*

La kellnerin. — *Gruss Gott!*

Le client. — *Ein glass bier!* (Un verre de bière.)

La kellnerin. — *Helles? dunkel?* (Brune ou blonde?)

Le client. — *Helles.*

La kellnerin. — *So!* (Bien.)

La sommelière apporte le demi. — *So!*

Le client. — *So!*

La kellnerin. — *Prosit!* (Que cela vous soit profitable!)

Le client. — *Danke schön.* (Merci.) »

Puis il tire de sa poche sa bouffarde ou son cigare et fume.

Voilà la vie allemande.

Voulez-vous aller au *Hohe Frassen?* Montez vers le nord, à travers les vergers; vous arrivez bientôt à un pont jeté sur un torrent écumeux. A côté du pont un poteau indicateur. Lisez :

1. *Hohe Frassen;*
2. *Zur Freiburger Hütte auf Farmann See* (Vers la cabane de Fribourg et le lac Farmann). *Deutscher und Osterreischicher Alpen-Verein Section Friburg i/B* (Club Alpin allemand-autrichien, Section de Fribourg);
3. *Nuziders;*
Latz Steinle Walserthal.

Les indications sont précises. Les sections d'alpinistes allemandes et autrichiennes vous les fournissent à l'envi. Un bon point pour ceux-ci et pour la société d'embellissement des promenades de Bludenz.

Une course recommandée est celle de Schruns, dans la vallée de Montafon, dominée par le Schwartzhorn. Il y a là des coins charmants. Heureux capucins dont le couvent est à mi-côte, enseveli dans la forêt!

Amateurs de costumes et de vieux us, vous pourrez encore vous procurer des jouissances en venant de ce côté-ci. Les costumes antiques (*trachten*) sont encore portés dans ces vallées, surtout le dimanche. Dans le Klosterthal et la vallée de Thuringe, les femmes portent des casques et des bonnets à poils fort réjouissants. Dans le Walserthal, elles fument la pipe en filant au rouet. *Honni soit qui mal y pense!*

III. — L'HISTOIRE

C'est encore aux Romains qu'il faut remonter pour avoir des notions sur ce pays. En l'année 15 avant Jésus-Christ, l'empereur Auguste envoyait ses deux beaux-fils, Tibère et Drusus, qui soumettaient les peuplades des Alpes. De ces tribus montagnardes on formait la province rhétique, dont la capitale était Augsbourg[1].

---

[1] *Grundzüge der Geschichte Vorarlbergs zum Gebrauche an Volks und Bürgerschulen verfasst von Joseph Gorbach Burgerschullehrer* (Manuel d'histoire du Vorarlberg à l'usage des écoles communales, par Gorbach, instituteur), Bludenz, 1904.

Les Romains avaient trouvé une colonie celtique à l'endroit où se trouve maintenant Brégenz. On lui donna le nom de Brigantium ou Bregantia castrum, du mot celtique *briga* (montagne, colline). C'était le point terminus des grandes routes romaines pour les légions allant vers Arbon felix, Campodunnum (Kempten) et Clunia.

La langue latine et les coutumes romaines furent établies pendant plus de quatre siècles sur les rives du lac de Brigantium, qui est maintenant le lac de Constance ou Bodensee; mais, à l'époque des grandes invasions des barbares, l'empire romain ne put défendre Brigantium contre la poussée alamande.

Ses principaux adversaires étaient donc ces Alemans ou *Alamannen*, qui ne voulaient pas se soumettre au roi des Francs, Chlodwig (Clovis), et qui avaient émigré vers les rivages sud-est du lac. Ils vécurent là en contact avec les maîtres et avec les Ostrogoths, qui avaient conquis le pays autrefois.

Les Romains, de plus en plus, étaient repoussés vers le sud. Cela se fit lentement; il fallut plus de mille ans pour que la langue latine disparût complètement dans ces contrées, et aujourd'hui encore beaucoup de noms de villages, dans le sud du Vorarlberg, indiquent l'origine romaine.

On peut supposer que, parmi les Romains qui s'étaient fixés à Brigantium, il y avait déjà des chrétiens; mais l'invasion des Alamands, qui étaient païens, causa un grand tort aux adorateurs du Christ.

Au commencement du VIIe siècle, le christianisme s'implanta à Arbon, où se trouvait un prêtre du nom de Wilimar. Vers 610, les apôtres irlandais Columban et Gallus, expulsés du pays des Francs, où ils avaient travaillé pendant vingt ans, venus chez Wilimar, se mettaient à prêcher et convertissaient une grande partie des Alamands. Quelques années plus tard, on commençait à leur créer des difficultés et Columban, âgé de soixante-dix-huit ans, partait pour l'Italie; Gallus, empêché par une maladie de le suivre, se retirait, après sa guérison, dans une contrée où s'élève maintenant la ville suisse de Saint-Gall. Là, il fondait un monastère qui devint le plus célèbre de toute l'Allemagne du Sud.

Déjà, avant Columban et Gallus, des évêchés avaient été érigés à Coire et à Constance.

Charlemagne (768-814) nommait des comtes pour administrer les *gaue* (cantons). L'un d'eux avait nom Ulrich, et sa sœur Hildegarde était l'épouse même du grand Charles, ce qui donnait beaucoup de prestige et d'influence à la famille des Ulrich. Ses descendants avaient de grandes propriétés dans le Vorarlberg et leur château était à Brégenz; ils étaient « comtes de Brégenz ». Une des gloires de cette noble famille fut saint Gebhard, né en 949 et mort en 996, étant évêque de Constance. Le pays l'honore comme son patron.

En 843, par le traité de Verdun, le territoire appartenant aux neveux de Charlemagne fut divisé entre la France et l'Allemagne.

En 1157, la famille des Ulrich de Brégenz s'éteignait avec le comte Rodolphe et, par son héritière Élisabeth, les propriétés passaient entre les mains de l'époux de celle-ci, le *Pfalzgraf Hugo von Tübingen*. Après sa mort, en 1182, son fils Hugo lui succédait; il s'appela comte de Montfort et devint la souche d'une famille considérable à tous points de vue. Le Vorarlberg lui appartenait presque tout entier; mais les petits-fils de Hugo de Montfort devenaient les fondateurs de deux lignes, dont l'une continuait ce nom de Montfort, tandis que l'autre s'appelait Werdenberg; la première gouvernait le nord du pays, la seconde le sud.

Comte de Brégenz.
Élisabeth, sa fille, épouse Hugo de Tübingen.
Hugo de Montfort, leur fils.

Comte de Montfort :	Comte de Werdenberg :
Comte de Montfort à Feldkirch;	Comte de Werdenberg à Werdenberg;
Comte de Montfort à Brégenz;	Comte de Werdenberg à Sargans;
Comte de Montfort à Tettnang;	Comte de Werdenberg à Baduz.

Après plusieurs vicissitudes, le comté et la ville de Brégenz revenaient, en 1451 et 1523, par achat, à la maison de Habsbourg, dont est issu l'empereur François-Joseph d'Autriche et dont le fondateur fut Rodolphe. Cette maison avait déjà acquis le Tyrol en 1363; dans un espace de cent soixante ans, elle obtint paisiblement tout le Vorarlberg. (Feldkirch en 1375, Bludenz et Montavon en 1394.)

Pendant la guerre de Trente ans, qui commença en 1618, les Suédois vinrent à Brégenz et y causèrent de grands ravages.

Pendant la guerre de succession (1740-1748), sous Marie-Thérèse d'Autriche, le Vorarlberg courut aussi de grands dangers du côté des Français; la valeur de son peuple put cependant les écarter.

En 1799, les Français, sous la conduite du général Masséna, avaient attaqué les Autrichiens près de Feldkirch. C'était le 23 mars, un samedi saint; ils furent repoussés; mais la guerre, malgré cette victoire, dura plus d'un an et ne cessa qu'avec le traité de Lunéville (2 juin 1801).

En 1805, l'Autriche unissait ses forces à celles de l'Angleterre, de la Suède et de la Russie pour combattre Napoléon Ier, devenu empereur. Celui-ci battit les Autrichiens et les Russes à la bataille d'Austerlitz. A la paix de Presbourg, le Tyrol et le Vorarlberg furent attribués à la Bavière, qui s'était ralliée aux Français (13 mars 1806).

En 1809, le pays se révoltait en vain contre la domination bavaroise; mais, après la défaite de Napoléon à Leipzig (18 octobre 1813), le Vorarlberg revenait de nouveau à l'Autriche et définitivement.

Le Vorarlberg appartient à l'évêché de Brixen; mais ce siège étant un peu éloigné, on a créé, en 1819, un vicariat général à Feldkirch.

SALZBOURG

(LE PARADIS DES COUVENTS)

I. — La ville

J'avais déjà vu l'Autriche; je l'avais parcourue, il y avait vingt ans, de Vienne à Trieste, puis j'étais passé en Croatie; j'y avais admiré les œuvres du grand évêque Strossmayer, qui vient de mourir; j'avais aussi visité la Hongrie, les splendeurs de Gran et celles de l'archi-abbaye de Martinsberg (berceau de notre grand saint Martin), en Pannonie.

J'avoue que j'avais bien été un peu interloqué. Pensez donc ! Un Français, au XIXe siècle, cent ans après la Révolution ! Je retrouvais les choses comme avant. Un pays très chrétien, catholique jusqu'aux moelles, des croix et des églises partout, de florissants monastères. « Montez sur la tour de notre couvent, me

Vue de Salzbourg. (Phot. Wurthle et fils, Salzbourg.)

disaient les bénédictins de Martinsberg, tout ce que votre œil pourra discerner dans l'étendue de la *puzta* (plaine) est à nous ! »

L'archi-abbé était vice-président de la Chambre des magnats ou des seigneurs à Pest ; il nous faisait manger dans l'argenterie timbrée à ses armes ; il nous faisait boire du second vin de Hongrie, le *simlo*, qui vient après le *tokaï*, dont le cru lui appartenait ; il nous faisait promener dans son équipage à quatre chevaux. Mais ce faste était racheté par une valeur véritable. Martinsberg était aussi une université très fréquentée ; les professeurs bénédictins étaient des savants hors ligne, tous décorés des ordres de Sa Majesté impériale et royale.

Chose curieuse! en ces derniers temps j'avais presque oublié tout cela. C'est qu'on vit petitement, chichement chez nous, et nos gouvernants ont le talent de tout rapetisser; on finit par croire que le monde entier nous ressemble.

Or, en l'année 1905, j'arrivai à Salzbourg, que j'avais toujours laissé de côté jusqu'alors. Je ne le connaissais que pour avoir reçu, dans le temps, des lettres de deux amis qui ne me disaient rien. Ceux-ci passaient leur temps à jouer aux cartes devant les sites les plus admirables.

Eh bien, savez-vous ce que dit Alexandre de Humboldt de Salzbourg? Il dit qu'avec Naples et Constantinople, c'est la plus belle ville du monde. Cela se révèle à la sortie de la gare.

Il a fallu du temps pour arriver. Une nuit et une demi-journée de Paris à Brégenz, par Bâle et Zurich, cinq heures de Brégenz à Innsbruck, six heures d'Innsbruck à Salzbourg.

Mille attractions vous sollicitaient pourtant en route. C'est qu'Innsbruck est curieux avec son *Golden-Dach* (toit d'or) et le grandiose tombeau de Maximilien, qui remplit toute une église; c'est qu'on rencontre le long de la voie ferrée Landeck, Ienback, Zell am See, le Brenner, Igl, Bischoshofen, Gossensass, Reichenhall. Mais on ne peut tout voir à la fois.

Donc, vous êtes descendu du train et vous vous trouvez déjà dans une promenade très feuillue; vous passez devant la statue de l'impératrice Élisabeth. Pauvre femme! Elle est si gracieuse avec sa haute taille, sa chevelure opulente, son expression candide! Son image nous rappelle les malheurs qui ont accablé la famille impériale d'Autriche et l'affection dont le peuple l'entoure. Voici l'*hôtel de l'Europe;* saluez! c'est beau et très cher.

Il faut marcher longtemps, longtemps.

Par exemple, Salzbourg a de longs faubourgs, mais qui ne sont que des promenades, des allées plantées d'arbres. Au sortir de la gare, des pelouses, des arbres; vous poursuivez par la *Schwarzstrasse,* elle court entre le parc de la ville et le quai Élisabeth. L'une ou l'autre route sont délicieuses. Il y a bien des maisons, mais elles ressemblent aux demeures de l'avenue du Bois, à Paris, ou de l'avenue Henri-Martin, à Passy. Après le parc, c'est un autre grand jardin, le jardin Mirabell, qui ressemble à Versailles, avec ses buis et ses ifs taillés en cubes et en pyramides. Tout à coup, vous débouchez sur un pont jeté sur une rivière aux eaux grises et rapides et vous poussez un cri : un décor d'opéra !

Vous tournez naturellement le dos à la gare du chemin de fer et vous avez derrière, un peu à gauche, une montagne boisée, très boisée, couronnée d'un monastère, avec, par devant, une grande croix de bois, flanquée de la lance et du roseau, comme celle de la place Barberini, à Rome. La croix domine et semble protéger la ville.

Qu'est-ce que cela ?

Le *Kapuzinerberg*, le couvent des capucins. Il faudra aller là-bas exprès, car c'est une excursion obligée. Mais ce n'est rien cela. Le grand décor, c'est cette rive gauche où s'étend la vieille ville. C'est un amas de lourdes et longues bâtisses égayées par d'innombrables dômes et clochers. Si, par aventure, les cloches des clochers se mettent en branle, c'est Venise le soir, à l'heure de l'*Ave Maria*. Généralement, le tableau rappelle une autre ville de la monarchie autrichienne : Prague, capitale de la Bohême, vue des hauteurs du Hradschin.

Les dômes et les clochers sont curieux, mais c'est aussi qu'ils sont dominés par le plus mirifique château fort qui soit. Que nous en avons vu déjà des châteaux ! Tout le monde connaît le voyage du Rhin. De Bingen à Bonn, c'est là qu'on trouve des forteresses moyen âgeuses ! Rappelez-vous le Pfalz, Saint-Goar, Saint-Goarshausen, Bacharach, etc. Des gens qui aiment à plaisanter ont appelé cela une... ferblanterie. On n'a plus de respect pour rien. Moi, j'aime les vieux châteaux forts,

... Les antiques manoirs
Ensevelis dans le feuillage...

Et puis voilà, ce château-ci n'est pas le premier venu, c'est celui des princes-archevêques, qui ont été longtemps les seigneurs du pays. Un château fort ecclésiastique, ce n'est pas banal. Une fois, à sept heures, j'ai vu le soleil couchant dorer ces tours et ces bastions; le spectacle était sublime. Quel feu de Bengale !

Le château est bâti au sommet du *Monchsberg* (montagne des moines) et le Monchsberg n'est qu'une vaste promenade.

Monchsberg ! Les moines ! Regardez ce clocher, c'est celui de l'église des bénédictins; regardez cet autre, c'est celui des franciscains; regardez ce troisième, c'est *Kajetan-Kirche*; regardez ce quatrième : les bénédictins; ce cinquième : les ursulines. La liste pourrait être longue.

A côté des couvents, la Résidence (palais impérial), la *Rathaus* (hôtel de ville), la cathédrale, le palais archiépiscopal, la maison capitulaire, la poste, l'église du collège, le cimetière Saint-Pierre, très pittoresque, la brasserie Stieglkeller, — nous y reviendrons, — la fontaine de la Résidence, une des plus belles d'Allemagne, la maison de naissance de l'illustre Mozart, celle où il habita pendant sa vie, sa statue.

La plupart du temps, ces monuments portent les armes des princes-archevêques qui les ont élevés. A Rome, on rencontre à chaque pas la tiare et les clefs avec l'inscription :

Pius fecit,
Sixtus restauravit.

A Salzbourg, il en est de même, les archevêques ont été magnifiques pour leur cité bien-aimée; on rencontre à tout moment le chapeau prélatice et les cordons avec :

Leonardus fecit,
Max. Gandolfus restauravit.

Au *Neutor*, la *porte neuve*, percée dans le Monchsberg sur une profondeur de cent trente et un mètres, on a placé le buste de l'archevêque Sigismond avec cette inscription :

Te saxa loquuntur[1]*!*

Au-dessus de l'issue, la statue de saint Sigismond et, sur le piédestal :

D. O. M.
D. Sigismundo M.
Publico bono, commodo, decori
Sigismundi
Archiepiscopi Salisburgensis
E. S. R. I. Comitibus de Strattenbach
æternæ memoriæ.

---

[1] Les pierres parlent de toi!

Il n'y a pas à dire; tout cet appareil dénote une civilisation raffinée, un centre intellectuel, l'amour des arts, une petite Athènes qu'on ne s'attendait pas à rencontrer ici, dans ces montagnes.

Et comment? Mais nous l'avons dit : Salzbourg a donné naissance à Mozart, et cela suffirait à l'illustrer. Dans la chambre du numéro neuf de la Getreidegasse, en face de l'hôtel de la Couronne, on a réuni dans de modestes chambres tout ce qui se rapporte au souvenir du défunt vénéré, ce qui rappelle sa vie et son talent, et avec quels soins! quelle sollicitude! quel amour! On peut dire qu'au *Mozart Museum* et dans toute la ville Mozart est roi. C'est ainsi qu'on voit là ses portraits, ceux de sa famille, ses instruments (un clavicorde et un piano à queue), ses bijoux, son livre de prière, la montre ornée de diamants que Marie-Thérèse lui offrit quand il n'avait encore que seize ans, des brouillons de compositions, cent soixante lettres originales signées *Wolfgang Amadeus Mozart,* des portraits de souverains, d'hommes politiques et de célébrités de toutes sortes, avec dédicace à l'illustre compositeur.

On connaît le lieu de naissance du grand Mozart, c'est Salzbourg; on visite la maison qui l'a vu naître. Chose étrange! on n'a pas son tombeau, on n'a pu conserver ses restes.

Combien on le regrette à Salzbourg!

On sait que la *Flûte enchantée* a été composée dans cette dernière localité; elle fut représentée à Vienne, sur le théâtre *Auf der Wieden,* le 30 septembre 1791. On donna à l'Opéra, le 23 août 1801, sous le titre : *les Mystères d'Isis,* une prétendue traduction de la *Flûte enchantée,* qui obtint quelque succès, et c'est seulement le 23 février 1865 que le public parisien fut mis à même de connaître le chef-d'œuvre.

Néanmoins, de son vivant, Mozart vit que sa pièce réussissait; il vivait, mais il était bien malade; il allait mourir. Il avait reçu la commande d'un *requiem;* il déclara qu'il composait le *requiem* pour ses propres funérailles; c'était vrai, il y travaillait dans son lit. Pauvre cher grand artiste! Il mourait à Vienne, le 5 décembre 1791. Sa femme Constance, trop abattue, ne put assister aux obsèques; le maëstro fut enterré sans pompe et dans la fosse commune. Quand sa femme voulut se rendre compte de l'endroit où on l'avait mis, elle vint au cimetière et n'y trouva qu'un nouveau fossoyeur qui ne put donner aucun renseignement. On donnerait beaucoup aujourd'hui, à Salzbourg, pour avoir la tombe de Mozart !

II. — La forteresse

Ce château, cette forteresse nous hypnotise ! Il faut aller voir ce qu'il y a là-haut et nous voilà sur la place du chapitre, devant le palais du prince-archevêque, qu'un religieux superbe, vêtu de blanc, avec des lunettes d'or, nous indique. C'est un prémontré. En montant un peu, on arrive devant un mur sur lequel il y a deux inscriptions :

Stieglkeller
Saint-Peter-Stiftskeller

et deux mains. L'une désigne la gauche, l'autre la droite.

Prenons cette dernière direction. Nous franchissons une grille et nous sommes dans le *campo santo* le plus poétique du monde. Des tombes, des arcades, abritant dans le roc même de la montagne d'autres sépulcres. Il y a même une petite chapelle taillée dans le rocher, avec un toit tout pointu.

Lenau a chanté dans ses vers cet endroit délicieux, pittoresque, calme :

> Dem fremde Wand'rer kommend aus der Ferne
> Dem hier kein Glück vermordell, weilt doch gerne
> Hier wo die Schönheit Hüterin der Todten.

(Venant de loin, le voyageur étranger, qui ne pleure pas ici un bonheur enterré, s'y arrête pourtant volontiers, parce que la beauté qui veille sur les défunts le saisit.)

Cette chapelle dans le roc est sous le vocable de sainte Gertrude, et un escalier conduit de là à « l'ermitage de saint Maxime ». C'est une caverne d'où le saint et ses compagnons furent précipités dans l'abîme par les Hérules, en 477. On sent que l'on est ici en pleine histoire et que l'on voit le palladium de la cité, que les Romains avaient appelé *Juvavum*.

Pourquoi faut-il que le burlesque côtoie toujours l'austère ? On ne manquera pas, au cimetière Saint-Pierre, de vous faire voir à côté d'une chapelle (*Kreutzcapelle*) les sept croix en fer qui rappellent les sept femmes mises à mort par un bourgeois de Salzbourg. Il les fit mourir en les chatouillant ! On ne s'attendait guère à voir un Barbe-Bleue, en cette affaire...

Quand vous sortez du cimetière, vous trouvez à votre gauche la « cave du couvent Saint-Pierre ». Elle appartient aux bénédictins et on n'y boit pas de la bière, mais du vin. C'est un endroit très curieux, fréquenté par les habitants et les étrangers, et où on est venu de tout temps. Au premier étage on vous montre la chambre où Michel Haydn avait coutume de boire son verre de vin en joyeuse compagnie. Vous vous attablez ; un bénédictin passe, vous souhaite la bienvenue, parfois s'assoit à côté de vous, boit un verre et fume un cigare. Cela peut nous sembler bizarre, à nous Français, mais le vendredi ne demandez pas de viande ; on servira du poisson, excellent du reste.

Le couvent des bénédictins est à côté. C'est encore le berceau de la ville, fondé en 582, par saint Rupert, et résidence des archevêques jusqu'en 1100.

Collections très intéressantes : 40 000 volumes, 224 manuscrits sur parchemin, 600 incunables. Les bénédictins sont la gloire de l'Autriche, et l'aristocratie de son clergé.

Nous sommes toujours au pied du Monschberg, la montagne de la forteresse, mais nous n'avons pas fini avec ses abords. Il faut maintenant retourner sur nos pas, traverser de nouveau le cimetière et prendre à gauche, d'après l'indication : *Stieglkeller*. C'est le chemin du château, qui passe, d'abord, devant la gare du funiculaire, qui transporte les voyageurs fatigués en haut. Mais non ! ayons un peu de courage, ça en vaut la peine ! Et voilà que nous sommes entre le mur d'un jardin et un autre mur. Celui-ci est percé d'une seule porte, au-dessus de laquelle on voit, en bas-relief, l'image de la Vierge.

Serait-ce donc une chapelle, un endroit de piété ? Nullement, car si c'est un temple, c'est celui de Gambrinus seulement. Ici le culte de Gambrinus s'allie parfaitement à celui de la Vierge, et la blonde bière coule à flots. C'est la cave renommée entre toutes. Montez cet escalier, et vous arrivez sur un palier, où l'on voit une cuisine et où d'accortes servantes tournent les lèchefrites et tirent au tonneau, un *biergarten* et plusieurs salles. Pour les meubler, de lourdes tables en bois noir, des chaises à dossiers pleins en trèfle, des chopes, et des chopes. On ne sert pas moins d'un demi-litre, — un vrai demi, — et tout le monde y vient. Je me souviens d'un soir où l'on me servit une soupe au poulet; il y avait en face de moi un prêtre en redingote et quatre officiers bleus qui buvaient et fumaient, dans la plus parfaite cordialité. C'étaient des gens de Salzbourg. En revenant à mon hôtel, je traversai la place de la cathédrale et celle de la Résidence ; je fus accosté par au moins dix personnes qui me demandaient le chemin du *Stiegl-keller*. C'étaient des étrangers.

Pour arriver à la forteresse, on suit un chemin verdoyant qui vous fait passer sous de hautes poternes et au pied d'énormes tours. Naturellement on paye l'entrée ; partout l'on voit des indications qui annoncent la « cassa » ; enfin on donne ses quarante *heller* (45 cent.) et l'on arrive dans un escalier qui conduit au sommet.

C'est l'archevêque Gebhard qui éleva ce château, en 1077, pour se défendre contre l'Empereur. Il fut agrandi sous ses successeurs, surtout sous Léonhard de Keutschach (1497), Mathaus Lang (1525), et Paris-Lodron (1619-1653). La forteresse joua son rôle militaire en repoussant, tantôt les attaques des paysans, des mineurs et des sauniers des environs, tantôt les coups de main des étrangers, tels que les Suédois, pendant la guerre de Trente ans. Au XIIe et au XVe siècle, les archevêques y résidèrent. Leurs appartements, restaurés vers 1851, montrent encore des sculptures sur bois merveilleuses.

Ce qu'il y a de mieux, dans ces salles immenses, c'est, peut-être, un magnifique poêle en majolique verte. Il est tout brillant et orné de chapiteaux, de corniches et de statuettes.

« Qu'est-ce que cet ornement singulier ? demandions-nous en désignant une sorte de plante feuillue.

La vieille femme, très loquace, qui servait de *cicerone*, répondit :

« Une rave.

— Mais pourquoi ?

— La rave faisait partie des armes de l'archevêque Léonhard ; il avait pris la rave parce qu'il était paysan, fils de paysan. »

La salle voisine est supportée par de grosses colonnes en marbre d'Untersberg ; l'une d'elles est endommagée, et on prétend que le canon des paysans, dans la sédition de 1525, a causé ce dégât. Dans le *Reckenthurm,* on voit la chambre des tortures ; il y a des restes de chaînes et d'anneaux, mais tout château qui se respecte a ses oubliettes et ses salles de torture.

De la plate-forme de la haute tour on jouit d'un panorama incomparable. Au pied de la Hohen-Salzburg, la ville avec le Kapuzinerberg et le Monschberg ; à l'est, le Gaisberg et le Nockstein, le

Salzbourg. — Le château vu de la place du Chapitre. (Phot. Wurthle et fils, Salzbourg.)

Schmittenstein et le Schlenken ; au sud, le Tännengebirge, le Pass-Lueg, le Hagengebirge et le Hohe-Goll, le Steinerne-Meer (mer de pierres), le colossal Untersberg et le Lattengebirge, très long ; à l'ouest, le Mülluerhorn, le Ristfeuchtkogel, le Sonntagshorn, le Kreuztauffen, le Zwiesel et la Stoissezalpe ; au nord, la plaine de Bavière et les collines de Salzbourg.

Ce panorama se complète par les vues que l'on a de la montagne des Capucins, en face. C'est une autre excursion.

On prend par la Linzergasse, près du pont de l'État sur la Salzach, et, dans la rue, en face du Gablerbraü, on s'enfonce sous une grande porte. Rien jusqu'ici ne faisait soupçonner quelque chose de curieux; or, c'est peut-être la route la plus pittoresque de Salzbourg. Celui qui a été en Hongrie par Trieste et Fiume, a voulu voir Tersato. C'est l'endroit où les anges ont transporté, pour la première fois, la maison de Nazareth, avant de la poser définitivement à Lorette. Pour aller à Tersato, on monte un haut escalier qui aboutit au couvent des Franciscains des Frangipani. C'est absolument le même décor à Salzbourg. Deux cent vingt-cinq marches conduisent à la porte des capucins; cela s'appelle le *Kreuzweg*, « le chemin de la Croix, » parce que, à droite et à gauche de la route, on trouve des chapelles avec des groupes de grandeur naturelle, représentant des scènes de la Passion, et, tout en haut, les trois grandes croix du Calvaire.

Voici le parc; on paye deux *heller* au portier et on entre. Immédiatement on a devant soi la petite maison où Mozart s'était retiré pour travailler à la « Flûte enchantée » (*Zauberflöte*).

On va voir un endroit appelé *Bayerische-Aussicht,* d'où l'on peut apercevoir la Bavière et une autre vue sur la ville (*Stadt-Aussicht*).

III. — L'histoire

Le mot *Salzbourg* indique l'idée de sel; c'est donc le pays du sel, qui contient d'importantes salines. La rivière qui le traverse est la Salzach, qui a la même étymologie, évidemment. Le Salzkammergut aussi; c'est cette contrée montagneuse qui fait partie de la Haute-Autriche et appartient aux premiers contreforts des Alpes, sur les confins du territoire de Salzbourg et de la Styrie. Il y a des salines à Hallein, à 18 kilomètres de Salzbourg, à Ischl (64 kilomètres), à Berchtesgaden (41 kilomètres).

L'histoire de Salzbourg a été déterminée par deux faits influents : l'exploitation des mines et la domination épiscopale. Il n'est pas douteux que les mines n'aient été exploitées à une époque préhistorique; des outils de pierre et de bronze, conservés dans les musées, montrent que les Celtes d'abord ont tiré le sel de Dürrnberg. Ce sont donc les Celtes qui ont habité le pays les premiers;

puis vinrent les Romains, qui fondèrent une station militaire appelée *Juvavum*, position très favorable à l'entrée des défilés, et point de jonction des routes conduisant dans toutes les parties du *Noricum*.

Les Romains reculèrent devant les invasions des Barbares, des

Salzbourg. — Vue du mont des Capucins. (Phot. Wurthle et fils, Salzbourg.)

Goths, des Huns, des Hérules; nous avons vu que ceux-ci martyrisèrent saint Maxime et ses compagnons, au Monschberg.

Au commencement du vie siècle, le duc des Bavarois ou *Baiuvares*, Théodo Ier, créa le duché de Bavière, agrandi par le territoire de Salzbourg. Le duc Théodo III, ayant embrassé le christianisme sur les instances de son épouse Régintrude, — tout à fait l'histoire de Clovis et de Clotilde; les femmes ont fait les peuples chrétiens, — appela à Rastibonne l'évêque Rupert, chassé de Worms, pour répandre la foi chrétienne dans ses États. C'est en 582 que l'apôtre vint à *Juvavum* ou *Juvavia*, avec l'intention de s'y établir pour propager de là le christianisme. Le duc Théodo lui fit donation de la ville détruite par les Barbares et de tout le terrain, à deux lieues de circonférence, en y ajoutant vingt bassins à sel, le tiers des salines de Reichenhall et des pâturages ; son fils Théodebert augmenta encore ces donations.

La principauté ecclésiastique était fondée. Les biens de l'Église n'ont pas d'autre origine que la donation des princes ; seulement ici personne n'est venu voler le possesseur et propriétaire, la principauté a duré jusqu'au XIXe siècle. Rupert organisa un diocèse en même temps qu'un État ; il construisit des monastères, fit cultiver les terres. De cette époque datent les colonies de Bischofshofen et de Zell en Pinzgau. Son œuvre dura plus de quarante ans ; il mourut le 27 mars 623.

L'évêque Virgile (745 à 784) étendit considérablement ses domaines vers l'est et soumit le clergé de Carinthie. Sur son conseil, le duc Thassilo de Bavière fonda le célèbre monastère de Saint-Sauveur, sur la Krems.

Arno (785 à 821), successeur de Virgile et confident de Charlemagne, fut revêtu à Rome par le pape Léon III, en 798, du pallium et nommé premier archevêque de Salzbourg. L'influence d'Arno fut considérable, et les archevêques suivants favorisés par les empereurs d'Allemagne, rendant d'importants services diplomatiques, occupèrent un rang dominant parmi les princes de l'empire, mais embrassèrent généralement le parti du pape dans ses démêlés avec les empereurs.

L'archevêque Gebhard Ier (1060) se rangea du côté de Grégoire VII dans les querelles d'investiture entre lui et Henri IV.

On vit arriver Frédéric Barberousse, à Salzbourg, en 1169, chassant l'archevêque Albert III, fils du roi de Bohême, nommé sans lui.

Dans les batailles de Mühldorf et Ampfing (1322), Salzbourg se rangea du côté de Frédéric le Beau.

La période la plus illustre de la principauté commence avec l'archevêque Léonhard de Keutschach (1495-1519), qui ouvre la série des souverains ecclésiastiques complètement absolus. La bourgeoisie, ne se sentant pas à son aise sous le gouvernement de la crosse, avait bien tenté d'obtenir que Salzbourg devînt ville libre impériale ; mais l'archevêque attira les notables dans sa résidence, et, sous le prétexte d'un repas, il les retint comme prisonniers dans les geôles du *Hohensalzburg* (le château).

Ce fut le même Léonhard qui confisqua les évêchés soumis à son autorité : 1° Freising, 2° Ratisbonne, 3° Passau, 4° Drixen, 5° Gurk, 6° Chiemsle, 7° Seckau, 8° Lavant.

L'époque agitée fut celle du gouvernement de l'archevêque Matheus Lang de Wellenbourg (1519 à 1540), qui fut l'ami de Maximilien Ier, de Charles-Quint. C'était le temps où la doctrine de Luther pénétrait avec succès dans toutes les classes de la population et surtout chez les mineurs. On soupçonna même le prédicateur de la cathédrale, Étienne Agricola, et Jean de Staupitz, ami de Luther et abbé de Saint-Pierre, de répandre l'erreur. L'archevêque se mit à la tête d'une troupe de mercenaires et lutta contre la ville révoltée; nous avons vu que les paysans avaient pu envoyer leurs boulets jusque dans les salles du château. C'était en 1525; grâce à ses alliés de Bavière, l'archevêque triompha.

Un autre prince-prélat, qui fut moins heureux, fut Wolf-Dietrich (1587-1612); fait prisonnier par Maximilien de Bavière, il mourut dans une cellule du Hohen Salzburg. C'est pourtant lui qui a fait de sa capitale une des plus belles villes d'Allemagne.

La cathédrale actuelle fut inaugurée en 1628 par des fêtes pompeuses, sous Paris de Lodron, qui épargna à sa patrie les horreurs de la guerre de Trente ans et fortifia puissamment le château.

Une époque néfaste fut encore celle du gouvernement de Léopold, baron de Firmain (1727-1744); il avait appelé les jésuites pour convertir les luthériens, ce qui était tout naturel; mais il publia peut-être imprudemment un édit enjoignant à ceux qui ne voudraient pas revenir au catholicisme de quitter le pays. Trente mille habitants furent ainsi bannis et durent se réfugier en Bavière, en Souabe, en Prusse, où le roi Frédéric-Guillaume Ier les accueillit chaleureusement. C'est dans cette circonstance que les « évangéliques » conclurent l'alliance des Sauniers et léchèrent du sel, en signe de leur pacte. On voit encore, à Schwarzach, la table autour de laquelle eut lieu la réunion.

Le dernier archevêque régnant fut Jérôme, comte de Colloredo (1772-1803). De mauvaises finances allaient faire tomber l'État ecclésiastique, et déjà, au traité de Campo-Formio, la France s'était engagée, dans un article secret, à faire passer l'archevêché de Salzbourg à l'empereur François II.

Le 11 mars 1803, Colloredo abdiquait le pouvoir séculier.

Le nouvel État était cédé à l'Autriche en 1816, après avoir été incorporé à la Bavière jusque-là.

IV. — Le clergé.

« L'état du personnel du clergé séculier et régulier de l'archidiocèse de Salzbourg, pour 1905 [1] », commence par donner la liste des évêques de la ville. Le premier est saint Rupert, le quatre-vingt-deuxième et dernier est Jean-Baptiste (5e Jean) Katschtaler, cardinal-prêtre de la sainte Église romaine, du titre de saint Tommaso in Pasione, prince-archevêque, légat né du saint-siège apostolique, primat d'Allemagne, conseiller privé de Sa Majesté impériale et royale, chevalier de l'Ordre impérial autrichien de la couronne de fer, grand-croix de l'Ordre grand-ducal toscan, chevalier de l'Ordre du mérite civil, membre de l'assemblée législative du Reichsratt, membre du Landtag salzbourgien et tyrolien, senior de la Faculté de théologie, membre de l'Académie romaine des Arcades, etc. etc.

Il est né à Hippach, au diocèse de Brixen, le 29 mai 1832, et a été ordonné prêtre le 31 juillet 1856. Il était curé en 1857, préconisé évêque de Cybistra le 4 juin 1891 et consacré coadjuteur de l'archidiocèse de Salzbourg le 12 juillet de la même année, nommé prince-archevêque le 10 mai 1900, cardinal du Consistoire du 22 juin 1903.

Il est encore membre de la sacrée congrégation du Consistoire, de celle des Évêques et Réguliers, du Saint-Concile et des Rites.

Les suffragants du siège archiépiscopal de Salzbourg sont : le prince-évêque de Trente, le prince-évêque de Brixen et le vicaire général du Vorarlberg, évêque d'Évaria *in partibus,* le prince-évêque de Gurk, le prince-évêque de Seckau, le prince-évêque de Lavant.

Il y a un coadjuteur à Salzbourg.

Onze chanoines titulaires, treize bénéficiers de la cathédrale (vicaires de chœur, etc.).

[1] Personalstand der Säcular und Regular Geistlichkeit des Erzbisthums Salzburg auf das Jahr 1905. Verlag der f. c. Konsistorial Kanzlei.

Une faculté de théologie : 10 professeurs.
Un séminaire diocésain : 65 élèves.
Un collège ecclésiastique : 354 élèves.
Deux collégiales : 17 chanoines.
Les deux tableaux suivants donneront une idée de la situation de l'archidiocèse.

CLERGÉ SÉCULIER

DOYENNÉS	CURÉS	BÉNÉFICIERS et CHAPELAINS	ÉGLISES et CHAPELLES	PRÊTRES	POPULATION CATHOLIQUE	POPULATION PROTESTANTE
Altenmarkt....	11	1	17	17	12 959	1 345
Berjheim....	12	1	29	26	18 227	—
Georgen-St....	6	1	16	10	8 828	
Hallein.....	12	1	33	20	22 417	Israélites
Johann-St....	10	2	14	28	15 885	193
Kostendorf....	9	2	19	25	12 205	—
Saalfelden....	11	4	19	24	15 332	
Salzbourg....	6	5	53	102	39 312	Autres
Seekirchen...	1	1	4	7	2 765	46
Stuhtefden....	11	»	13	20	11 524	
Talgau.....	10	»	3	15	8 844	
Tamsweg....	13	»	20	22	13 396	
Taxenbach....	13	»	13	21	14 074	
Brixen.....	6	1	9	12	7 512	
Johann-St....	14	3	17	30	16 589	
Kufstein.....	17	3	29	37	22 862	
Reit.......	15	2	17	26	11 897	
Zell a. Ziller...	6	»	9	12	7 147	
Totaux....	183	28	334	454	261 775	

CLERGÉ RÉGULIER

MONASTÈRES D'HOMMES, CLOITRES ET CONGRÉGATIONS	PRÊTRES	CLERCS	FRÈRES LAICS	NOVICES	TOTAUX
Monastère des Bénédictins de Saint-Pierre à Salzbourg................	44	1	18	»	63
Monastère des Bénédictins de Michaelbenern.	16	4	»	2	22
Couvent des Bénédictins de Dürrnberg...	12	5	2	2	21
Couvent des Servites de Rattenberg....	4	»	1	»	5
Couvent des Franciscains de Salzbourg...	17	6	7	3	33
» » Hundsdorf...	4	»	2	»	6
Couvent des Capucins de Salzbourg....	9	4	4	3	20
» » Radstadt.....	7	»	4	»	11
» » Kitzbühel....	7	»	4	»	11
Hospice de Werfen...........	2	»	1	»	3
Prêtres de la Mission de St-Vincent-de-Paul.	7	»	3	»	10
Totaux.......	129	20	46	10	205

L'abbé des Bénédictins du couvent de Saint-Pierre de Salzbourg est qualifié, dans l'*État du personnel*, de *Hochwürdigste, Hochwohlgeborne* (bien né, très vénérable). C'est le Père Willibald Hauthaler, chevalier de l'Ordre de François-Joseph, etc. etc.

MONASTÈRES DE FEMMES ET CLOITRES

MONASTÈRES	CHŒUR		SŒURS LAIQUES		TOTAUX
	DAMES	NOVICES	SŒURS	NOVICES	
Monastère des Bénédictines au Nonnberg à Salzbourg.	34	3	23	3	63
Monastère des Bénédictines à Gurk.	18	3	10	3	34
Couvent des Ursulines à Salzbourg	32	7	21	1	61
» de Marie-Lorette à Salzbourg	22	»	6	»	28
» des Augustines à Goldenstein	23	»	17	1	41
» de Notre-Dame de la Charité	18	6	22	4	50
» des Rédemptoristines	9	»	2	2	13
Totaux.	156	19	101	14	290

CONGRÉGATIONS DE FEMMES

CONGRÉGATIONS	SŒURS	NOVICES	TOTAUX
Sœurs des écoles de Hallein avec 13 succursales	125	9	134
Sœurs de la Miséricorde. — Maison centrale. — 77 succursales.	421	75	496
Filles de la Miséricorde de la Sainte-Croix.	35	5	40
Sœurs des écoles. — Maison mère à Vöcklabruck.	26	1	27
Association de St-Pierre-Claver pour les missions d'Afrique.	12	6	18
Totaux.	619	96	715

En tout douze cents personnes en religion.

Ce clergé est l'âme qui anime les œuvres du diocèse. Longue est la liste de ces œuvres. Il y a :

L'Association de persévérance sacerdotale (400 sociétaires).

L'Association des prêtres adorateurs (270 sociétaires).

L'Association pour la préservation de la jeunesse (813 sociétaires).

La Propagation de la foi.

L'Œuvre pour la fondation des paroisses et l'érection des églises (8700 sociétaires).

L'Université catholique.
L'Œuvre des écoles catholiques.
L'Œuvre de Sainte-Cécile pour les musiciens (280 sociétaires).
L'Œuvre des enterrements chrétiens (290 sociétaires).
L'Œuvre de la propagation des bons livres (2300 sociétaires).
L'Association populaire politico-catholique (2936 sociétaires).
L'Œuvre des patrons chrétiens (107 sociétaires à Salzbourg).
L'Œuvre des commis chrétiens (154 sociétaires à Salzbourg).
L'Œuvre des ouvriers chrétiens (1100 sociétaires à Salzbourg), etc. etc.

Ce qui fait que j'aimais Salzbourg, c'est cette vie catholique intense, c'est ce peuple qui a une foi profonde et sait la manifester sans respect humain : celui-ci n'existant guère que chez nous. Et avec cela, pour bien montrer que la religion s'accommode parfaitement du progrès moderne, une ville propre, claire, pittoresque, aux magasins élégants, aux cafés engageants, hospitaliers, confortables, munie des perfectionnements scientifiques, de quais spacieux, plantés d'arbres, d'ascenseurs électriques, de tramways, de lignes de chemins de fer, la reliant par des moyens rapides avec Vienne et Munich, ville libre, gaie et salubre, offrant tous les agréments d'un séjour de vacances aux étrangers qui y accourent.

V

EN SUISSE

GRINDELWALD ET LES GLACIERS

Il est tout de même pittoresque le décor de la capitale fédérale, vu de la promenade de la *Kleine-Shauze* (petit rempart), d'où l'on découvre les Alpes bernoises avec, au premier plan, la vallée de l'Aar et le superbe pont du Kirchenfeld, qui l'enjambe hardiment. Et puis les rues avec leurs arcades, les beaux palais au fronton duquel on lit en grandes lettres l'inscription :

Curia confederationis helvetica,

et le *Rathaus* (hôtel de ville), et la tour de l'horloge (*Zeitglockenthurm*), et la fosse aux ours, qui, assis sur leur derrière, vous font des gestes si engageants, comme pour dire : « Encore une botte de carottes ! encore ! » et toutes ces fontaines, toujours décorées d'ours ou de chevaliers qui ont l'air d'ours eux-mêmes.

Seulement, seulement, il ne faut guère venir à Berne au mois d'août, à moins que de s'installer sous les arcades pour y passer la nuit... Pas la moindre place dans les hôtels ; toutes les chambres prises. Et les bons Suisses, qui pourtant sont les êtres les plus sociables du monde, les gens les plus doux et les plus avenants, vous envoient promener dans les grands prix. Nous en savons quelque chose.

Même affluence à Interlaken, dans les hôtels et dans la rue. Du reste, Interlaken est trop chaud, quoiqu'on y jouisse de la vue de la Jungfrau ; — quand les montagnes ne sont pas cachées par les nuages, ce qui arrive huit fois sur dix, — alors que fait-on ?

On prend un commode chemin de fer à crémaillère et on part pour *Grindelwald*.

O Tartarin ! je rougis vraiment. Toi qui arrivais au Righi-Kulm, un jour de pluie diluvienne, avec tout ton fourniment sur le dos et à pied ! Toi qui refusais, à l'hôtel, la proposition de la *Kellnerine*, t'engageant à prendre l'ascenseur, et lui répondais : *Pedibusse cum jambisse*. Oui, je rougis.

A Grindelwald, on n'est plus dans la Suisse pour rire, — on s'en apercevra tout à l'heure. — Qu'on se figure un village composé d'une rue unique, bordée d'hôtels et de pensions, le tout au fond d'une vallée où mugit un torrent, la Lütschine noire, qui bondit avec colère à travers de gros rochers, et dominé par trois énormes montagnes : l'Eiger, qui a 3 794 mètres de haut ; le Mettenberg, qui forme la base du Scherchorn, 3 107 mètres, et le Wetterhorn, avec 3 703 mètres.

Entre le Mettenberg et l'Eiger se trouve le glacier inférieur; entre le Mettenberg et le Wetterhorn, le glacier supérieur. De ces deux glaciers sort la Lütschine noire.

C'est le moment de dire au lecteur, d'une façon précise, ce que c'est qu'un glacier.

Un glacier est un vaste réservoir d'eaux solidifiées. D'où vient cette eau solidifiée ? De la neige. D'où vient la neige ? Des nuages. D'où viennent les nuages ? De la vapeur d'eau pompée par le soleil. La glace des Alpes tire donc son origine de la chaleur du soleil.

Arrivons à la formation du glacier.

La neige tombe sur les montagnes qui se dressent, superbes, en face de nous.

Ces glaciers que nous voyons sont formés uniquement de glace.

La transformation de la neige en glace s'opère par une série d'états transitoires.

La pression des couches successives de neige détermine une fusion partielle de la neige ; l'eau, résultat de cette fusion, s'infiltre entre les particules de neige. Là, elle n'est plus soumise à la même pression, elle se solidifie, mais cette fois sous forme de glace, et cette glace réunit entre elles les différentes particules de neige, formant ainsi une masse plus compacte, plus résistante que la neige, et qu'on appelle *névé*.

Voulez-vous mieux comprendre encore ?

Un exemple.

Le même phénomène se produit quand on fait une boule de neige. On prend de la neige en masse légère, semblable à une mousse; on la presse, on la comprime entre ses mains : une partie de la neige fond; l'eau imbibe la boule, se congèle et forme la masse solide, consistante de la boule de neige, plus dure et plus brillante que la neige elle-même, et dans laquelle on reconnaît aisément la présence de la glace.

Ce phénomène de la transformation de la neige en glace se poursuit à mesure qu'on descend la vallée du glacier; le névé contient une proportion de plus en plus grande de glace, pour arriver enfin au glacier proprement dit, qui est formé de glace pure.

Gœthe a appelé les glaciers « des fleuves de glace », et il a eu raison, car ils descendent, en suivant les vallées, comme des fleuves, les remplissant de leur masse puissante, suivant toutes les sinuosités, toutes les courbures, tous les rétrécissements, tous les élargissements, comme l'eau le ferait.

Quelquefois deux glaciers viennent à se rencontrer et à s'unir en un seul fleuve. Leur surface est unie et striée par des fentes; mille filets d'eau coulent ici et là et se réunissent en bas en torrent qui s'échappe par une grotte de cristal bleu, qui fait l'admiration et l'étonnement des visiteurs, tout comme ces entassements chaotiques de blocs, appelés *séracs*.

Ce qui les étonne aussi, ce sont les amas de pierres et de débris de rochers qui s'élèvent sur les côtés, à l'extrémité et au milieu des glaciers; ce sont les *moraines*, latérales, frontales ou médianes.

Ces glaciers de Grindelwald sont certainement intéressants, mais le glacier type sera toujours la *Mer de glace* de Chamonix. Ce n'est pas le plus grand: le plus grand est celui d'*Aletsch*, long de vingt-quatre kilomètres; puis celui de *Gormer*, près de Zermatt, dans le Valais. Mais celui de la Mer de glace est peut-être le plus connu de la masse des touristes, offrant en même temps un spectacle grandiose, et donnant bien l'idée des difficultés que présentent les excursions sur les glaciers. Eh bien, sait-on ce que remplirait la Mer de glace à Paris, par exemple ? Un lit quatre

Le glacier d'Aletsch vu de l'Eggischthorn.

fois large comme la Seine à la Concorde et quatre fois plus profond !

Il faut avoir le cœur solide et ne point craindre le vertige pour affronter les glaciers. Nous nous rappelons nos impressions, alors que nous traversions tout simplement celui qui s'étend du Montanvert au Chapeau et au Mauvais-Pas.

Impressions plutôt pénibles ! Et pour une raison facile à comprendre. Nous nous imaginions qu'il était assez commode de passer sur un chemin frayé par tant de monde, et volontiers nous eussions négligé l'alpenstock de rigueur et les chaussettes de laine, que nos guides nous faisaient passer sur nos souliers. Nous dûmes en rabattre à quelques mètres du bord du fleuve de glace.

Sur quoi avancions-nous, grand Dieu !

Sur les flots de la mer. La surface du glacier ressemble là à celle d'une mer qui aurait été subitement gelée, au moment où la tempête vient de se calmer.

Et entre les vagues très élevées l'œil sonde des abîmes sans fond.

Ce sont des crevasses, des fentes qui vont s'élargissant quelquefois, dans certains glaciers, à plusieurs centaines de pieds de longueur ; à vingt, trente et même cent pieds de largeur. Et quand on voit leurs parois verticales, d'un bleu foncé, rendues étincelantes par l'eau qui filtre le long d'une glace pure comme du cristal, cela jette un froid.

Avez-vous le vertige ? Comment passerez-vous là, tout simplement sur cette Mer de glace, à deux pas de l'auberge du Montanvert ? Sachez que vous êtes obligés de marcher sur des bancs de glace étroits et souvent assez inclinés, lesquels n'ont que trois ou quatre pieds de large et, des deux côtés, des gouffres bleus. Brrr !

En face de vous se dresse le grand obélisque de granit qui s'appelle l'*Aiguille du Dru*. C'est merveilleux ! mais vous vous cramponnez au bras de votre guide, sans souci du magique spectacle, et vous donnez de bon cœur votre piécette au cantonnier qui taille des degrés dans la surface lisse et polie pour que vous n'alliez point glisser dans l'abîme.

Ne croyez point que nous exagérons. C'est le fameux historien Tyndall (*Les Glaciers*) qui raconte en partie ceci de la Mer de glace. Et encore, ces crevasses dont nous parlons ne constituent-elles qu'un danger facile à prévenir ; mais, sur la partie supérieure des glaciers, la surface est couverte de neige, et lorsqu'elle tombe en abondance, les couches épaisses forment voûte sur des crevasses qu'elles couvrent, les cachant complètement. On a devant soi une couche de neige bien unie, un pont de neige qui peut être assez épais pour supporter le poids d'un homme. Malheur à l'imprudent qui s'engagerait sur un pont trop fragile !

Que fait-on pour éviter le danger ? Les ascensionnistes s'attachent au moyen d'une longue corde, de façon à se suivre à dix à douze pieds de distance. Si l'un d'eux tombe dans la crevasse, les autres peuvent le retenir et le remonter.

On pourrait en dire long sur les glaciers. Ainsi les glaciers marchent. En 1788, le célèbre Saussure, qui fit le premier l'ascension du mont Blanc, avait abandonné une échelle à l'endroit appelé l'Aiguille noire. En 1832, quarante-quatre ans plus tard, cette échelle fut retrouvée par Forbes, beaucoup plus bas. On a calculé que le glacier avait glissé de quatre-vingt-douze mètres par an ; l'échelle était à quatre kilomètres et demi plus loin. De même, en 1861, on a vu sortir du glacier des Bossons les vêtements des victimes d'un accident survenu, en 1820, au grand plateau ; et, en 1877, un glacier voisin du col du mont rendait les squelettes et les effets d'équipement de trois soldats perdus en 1794 dans une reconnaissance. Comme la mer, la glace rend les cadavres.

Les glaciers reculent.

Ils ont beau descendre jusqu'au milieu des champs cultivés, la chaleur de l'été les fait fondre, et, dans les Alpes suisses, chaque année disparaît une épaisseur de six à huit mètres de glace.

Depuis cinquante ans surtout, il s'est produit dans les Alpes un recul général de tous les glaciers.

La largeur du glacier du Tour, vers la Suisse, à l'extrémité de la vallée de Chamonix, a diminué de moitié, de 1894 à 1897.

Le glacier de l'Argentière s'est raccourci de huit mètres vingt, de 1896 à 1897, et a perdu vingt mètres de chaque côté.

Le glacier du Bois s'est raccourci de cent cinquante-deux mètres et s'est rétréci de trente mètres sur chaque flanc.

La Mer de glace a reculé de six mètres.

La raison ? Elle reste inconnue ; mais évidemment le globe est réchauffé (Paul Combes).

⁂

Nous revenons à Grindelwald.

Certainement le séjour d'un mois que nous y avons fait cette année restera gravé dans notre mémoire par l'intérêt puissant qui se dégage de ce coin des Alpes.

L'air y est idéal, la vie bien plus confortable que l'on ne se l'imaginerait.

Installé avec quelques amis dans cette charmante maison du *Schweizerhof,* tenu par l'excellent M. Anneler à la base de la montagne de l'Aelfluh, en face de l'Eiger et du *Mannlichen* qui se trouve près de la *Petite-Scheidegg,* nous y avons passé des moments agréables. Où est le temps où nous arrivions ici sac au dos et comme en pays perdu ? A cette heure, on y vient en chemin de fer; on monte en chemin de fer à la Petite-Scheidegg et à la Jungfrau, au moins jusqu'à Rotstock. On peut très bien se reposer à Grindelwald sans se fatiguer en excursions et en ascensions. Pourtant, s'il est un pays d'ascensions, c'est bien celui-ci. Jugez-en par ces bouts de conversations qui donneront la note mieux que toute description :

Propos sur l'arrivée à l'hôtel.

« C'est un endroit admirable. Voyez donc le magnifique Wetterhorn et ses champs de neige.

— Il fait plutôt froid. J'ai demandé deux couvertures de laine.

— Vous avez bien fait. Hier on a fait du feu dans le salon, le fumoir et la salle à manger, et nous sommes au 1er août.

— Pas moyen de se coucher sur l'herbe; elle est toujours mouillée.

— Et pourtant quel encombrement dans les hôtels ! En arrivant, on a été obligé de me loger dans un chalet voisin; il n'y avait plus de place.

— Il faut toujours retenir sa chambre à l'avance; mais très propres ces chalets de paysans ! »

Propos sur les passants.

« Regardez-moi l'accoutrement de tous ces gens qui passent; tout le monde a des vêtements de laine.

Mer de glace (Chamonix).

— Et tout le monde a des souliers ferrés, des lunettes bleues pour la neige, des bâtons à bout pointu et des alpenstocks.

— C'est un genre; toutes ces Anglaises et même les Françaises et les Français, sans compter les Allemands, croient être ascensionnistes quand ils possèdent le bâton, — comme Tartarin.

— Bon; mais cette femme, qui vient de passer à côté d'un guide marchant avec une allure martiale, c'est une vraie, accordez-le-moi.

— Oh ! les guides ! avec leurs figures tannées, leur costume brun, leur éternelle pipe et la corde de manille enroulée en sautoir et leurs piolets; quels hommes ! Ce sont les marins du glacier ou les elfes, les génies de la montagne chers à la légende allemande.

— Pas d'automobile ici ! J'en ai compté une et quelques enragés cyclistes; c'est tout. »

Propos sur les montagnes.

« Vous avez vu le clair de lune sur le glacier d'en bas ?

— Il a neigé hier ! En ouvrant mes persiennes, j'ai constaté que tout était blanc sur l'Eiger.

— Entendez-vous les coups de tonnerre du Wetterhorn ? Ce sont des avalanches qui tombent.

— Avez-vous été à la Petite-Scheidegg ? On est là sur la Jungfrau, à deux pas. Avez-vous vu, du Mannlichen, l'effrayant précipice qui dévale vers Lauterbrunnen et Murren ? Le Staubbach semble, en bas, un filet d'eau; et il tombe d'une hauteur de 300 mètres. Lauterbrunnen est à 797 mètres, or le Mannlichen est à 2345 mètres; 1548 mètres de différence.

— J'aime mieux le Trümmelbach que le Staubbach; le soleil produit sur le torrent des arcs-en-ciel magiques !

— Du Lauberhorn, près de la Petite-Scheidegg, on voit mieux la Jungfrau que du Mannlichen, parce que le mont Tschuggen la cache en partie.

— N'oubliez pas de monter au Faulhorn, à 2683 mètres; la vue est supérieure à celle du Righi. Pas besoin de guides, il faut cinq heures pour monter; trois heures et demie à la descente.

— J'ai été jusqu'à mi-chemin, à la Waldspitz; une pluie battante m'a obligé à redescendre. Et il faisait si beau en partant !

— Ici les changements de température sont brusques. Il pleut un jour sur trois et il tonne tout le temps.

— Que disent ces messieurs, là, devant la poste ? »

*
* *

Nous étions tous ce soir-là devant la poste, entre l'hôtel de l'Aigle et l'hôtel Schoenegg ; un Italien causait avec un Anglais. Celui-ci demandait :

« Et ils sont partis avant-hier ?

— Oui, avant-hier, après-midi.

— Combien étaient-ils ?

— Quatre. Deux Anglais de l'hôtel *Baer* (de l'Ours), et deux guides ; mais les guides ne sont pas d'ici, les Anglais les avaient amenés du Valais.

— Combien faut-il de temps pour faire cette ascension du Wetterhorn qu'ils ont entreprise ?

— Dix à onze heures. On va par le glacier supérieur et le chalet Milchbach, bâti sur la moraine de gauche, et d'où l'on voit bien les séracs de la chute de glace ; on passe, par des échelles, au glacier supérieur qu'on traverse pour aller au Schlupt, et on continue par les rochers en pente *Ziehbachsplatten* jusqu'à la cabane du Gleckstein.

— Et alors, ils ne sont pas revenus ?

— Hélas ! non. Un guide est arrivé annonçant qu'il y avait trouvé deux morts et deux blessés.

— C'est effrayant ! »

Nous nous étions rapprochés et nous écoutions avidement.

« Voici ce qui s'est passé, continuait l'Italien. Le guide en question faisait partie d'une caravane composée de lui, de deux touristes anglais et d'un autre guide. Par un hasard providentiel ceux-ci, qui avaient déjà fait la traversée du Wetterhorn, avaient dépassé la cabane du Gleckstein et franchi, à l'ordinaire, le *Krinnefirn*, gravi la pente raide qui suit et atteint le Wettersattel, entre le *Mittelhorn* et la première cime, le Hasli-Jungfrau ; ils descendaient du côté de Rosenlaui, vers la cabane du *Drossen*, et ils avaient vu une seconde caravane, — celle des victimes, — s'engager dans un couloir. Une détonation violente éclata soudain. Ne voyant pas reparaître nos hommes, les guides de la première caravane rétrogradèrent et ils aperçurent les quatre malheureux étendus sur la neige. Un guide agonisait, le crâne fendu, le front troué, les membres rompus. Un des touristes était mort, la colonne vertébrale brisée sous le cou et remontant au-dessous de la poitrine, comme un goitre affreux. Les deux autres, fortement contusionnés, vivaient encore.

« Le touriste chef de la première caravane, après avoir fait cette triste constatation, a envoyé un guide et son compagnon à Grindelwald pour chercher des secours; puis, avec l'autre guide, il s'occupa de transporter les blessés dans un endroit où ils pussent être à l'abri des avalanches encore probables.

— Et on sait comment la catastrophe a pu se produire ?

— Oui, le guide envoyé ici l'a raconté. C'est à la suite d'une avalanche de neige nouvelle; celle-ci glisse plus facilement à cette époque, surtout vers le milieu du jour.

« L'ascension était terminée pour nos gens.

« Les quatre hommes descendaient. Ils s'engagèrent dans un couloir assez long, sorte de vaste coupure pratiquée dans le rocher et garnie de neige au fond. Ils avaient longé ce passage sans encombre, lorsque, arrivés à la sortie, un formidable craquement se fit entendre au-dessus d'eux. Deux hommes étaient sortis du couloir : un touriste et un guide; deux y restaient encore, tous attachés, naturellement, les uns aux autres par la longue corde d'usage, celle de manille, la meilleure, qui est teinte en rouge à l'intérieur.

« Ces deux derniers aperçurent alors l'avalanche de neige descendre vers eux à une allure rapide. Le guide qui était sorti du passage pouvait, en coupant la corde, se blottir contre un rocher et laisser passer la masse de neige. Sa conduite fut sublime, il ne coupa rien; en une seconde, il se jeta sur une crête de roc et chercha à y enrouler la corde afin d'y arrêter ses compagnons; mais l'effort de la neige fut trop violent.

« Les deux hommes restés dans le couloir furent engloutis dans la masse mobile, qui les poussa vers une crête, en avant des deux autres. Ceux-ci, demeurés alors en arrière, ballottés au bout de la corde libre, furent traînés sur une espace de plus de trois cents mètres : leurs membres heurtaient les rochers et les murailles de glace ; enfin l'avalanche les abandonna inanimés sur la neige.

« Le guide survivant a raconté qu'il avait failli, en glissant, passer au-dessus de la crête dont j'ai parlé ; il s'est vu précipiter dans le vide et a crié : *Ich bin caput* (Je suis tué). »

Cette conversation avait lieu le soir, comme nous l'avons dit. Bientôt le village fut en rumeur ; des groupes se formaient, commentant l'événement. Tout à coup, on vit, dans la nuit, passer le groupe important des trente guides de Grindelwald, marchant silencieusement, avec leurs piolets et leurs cordes, et emmenant avec eux le médecin de la localité. Ils allaient chercher les malheureuses victimes étendues là-bas dans le froid, dans la glace. Rien d'aussi lugubre que cette expédition nocturne.

On les ramena, dans la nuit, sur des voitures expédiées au glacier supérieur. Les deux frères Boss, dont le dévouement est sans bornes, recueillirent l'un, à l'hôtel Baer, l'Anglais blessé ; l'autre, à l'hôtel de l'Aigle, le guide tout meurtri. Le lendemain, l'Anglais descendait de sa chambre et allait s'installer à sa place, à table d'hôte, pour déjeuner. Ces hommes sont de fer.

On mit les morts sur une table dans la salle d'école. Ils étaient affreux à voir. Les corps furent envoyés l'un en Angleterre, l'autre à Zermatt.

Ceci se passait le samedi ; nous croyions bien que c'était fini et que ce terrible mangeur d'hommes, le Wetterhorn, ne demanderait plus rien. Du reste, une autre ascension venait d'avoir lieu sans encombre. Les touristes anglais sont ainsi faits qu'un accident est pour eux un stimulant au lieu de les effrayer.

Le jeudi suivant le village était de nouveau en émoi. Il y avait à l'hôtel Schœnegg une famille anglaise Fearon, composée du père, de la mère et de quatre ou cinq enfants, jeunes gens ou jeunes filles. L'un d'eux était pasteur de l'Église établie. Celui-ci partit avec un frère moins âgé et deux guides du pays fort estimés : Samuel Brawand et Fritz Bohren jeune. Les deux Fearon étaient de robustes gaillards, que nous vîmes passer pleins de santé et d'entrain.

On ne devait plus les revoir ni les uns ni les autres.

Partis un mardi, le surlendemain ils n'étaient pas encore de retour ; on n'avait d'eux aucune nouvelle. Alors le lugubre exode des guides de Grindelwald recommença. Nous ne pûmes nous empêcher de frémir en les voyant passer. Le pasteur du village les accompagnait.

Cette fois, il s'agissait d'enfants du pays, et quelles sinistres pensées devaient agiter les âmes obscures et dévouées des pauvres guides allant à la recherche de leurs compagnons et de leurs amis !

Le Wetterhorn.

Le vendredi, nous étions sur la route guettant le retour.

Quand le premier apparut, il n'eut qu'un mot :

« Morts ! »

Ils avaient péri tous les quatre, frappés au sommet de la montagne par la foudre attirée par leurs piolets.

Ainsi ce Wetterhorn, dont l'ascension n'est pas autrement difficile, tuait six hommes en moins de huit jours pour des causes extérieures : la neige nouvelle et l'orage.

Les jours qui suivirent furent infiniment tristes. Le glas sonnait dans la tour de la petite église de la montagne; les pauvres femmes des guides défunts, qui allaient de chalet en chalet en vêtements noirs; l'enterrement où les guides figuraient graves, impassibles, portant leur attirail d'ascensionnistes; les cérémonies à la chapelle anglicane, les discours sur les tombes, tout cela jetait un voile profond de deuil sur la vallée.

Au moment où le pasteur du village qui pleurait Brawand prononçait un appel déchirant : « Pourquoi est-il mort celui-là? *Warum ? Warum ?* » un formidable éclat de tonnerre retentit venant de la montagne. Encore une avalanche.

C'était le salut du Wetterhorn !

On ne put, malgré toutes les recherches, retrouver que deux corps : celui de l'aîné des Fearon et celui de Samuel Brawand.

Oh ! les monts terribles ! Nous nous souvenions alors des catastrophes célèbres : celle du Cervin, par exemple; ascension opérée par Whymper en compagnie de Hudson, Hadow, lord Francis Douglas et des trois guides Croz et Taugewalder père et fils. A part Whymper et ces deux derniers, tous périrent. Hadow glissa, entraînant les quatre autres avec la vitesse de l'éclair, et ils allèrent tomber, par suite de la rupture d'une mauvaise corde, roulant d'abîme en abîme, jusque sur le glacier du Cervin, à 1 200 mètres au-dessous du point initial de la chute. Et c'était à la descente, après que le géant invincible avait été vaincu et après sept tentatives infructueuses de Whymper.

Le souvenir de cette catastrophe du 14 juillet 1865 plane encore sur la vallée de Zermatt.

*
* *

Les Alpes suisses supportent à elles seules plus d'un millier de glaciers, occupant une surface totale de 1 800 kilomètres carrés. Tout cela est parcouru par d'intrépides alpinistes.

On se demande pourquoi; on cherche les raisons qui poussent les hommes à affronter de pareils dangers, à descendre dans le gouffre.

Pourquoi ? Pour ceci; Whymper nous le dit :

« La vue est admirable. Sauf la dent d'Herens, qui nous domine de 300 mètres, rien n'arrête le regard ; nous embrassons d'un coup d'œil un océan de montagnes, d'où émergent les trois grands pics des Alpes Grées : le Grivola, le Grand-Paradis et la tour Saint-Pierre. A cette heure matinale, comme leurs formes pourtant si aiguës offrent de doux contours ! Aucun brouillard ne s'élève, aucun objet n'est voilé par aucune vapeur ; le cône du Viso se silhouette parfaitement net à l'horizon, bien qu'il soit distant de plus de 150 kilomètres.

« Tournons-nous vers l'est et suivons les rayons obliques du soleil levant, qui s'avancent rapidement sur les champs de neige du mont Rose. Voyez les parties qui restent dans l'ombre, mais qui rayonnent d'une lumière réfléchie et brillent d'un éclat que rien ne saurait définir. Les plus faibles ondulations produisent des ombres dans les ombres, et les ombres qui se projettent sur les ombres ont un côté sombre et un côté clair avec des gradations infinies d'une incomparable délicatesse. La lumière du soleil, en s'étendant incessamment, fait surgir de l'obscurité une foule de contours imprévus, révélant des crevasses cachées par de légères ondulations et des vagues de neige ; produisant à chaque instant de nouveaux jeux d'ombre et de lumière, étincelant sur les arêtes, scintillant sur les extrémités des aiguilles de glace, brillant sur les hauteurs, illuminant les profondeurs, jusqu'à ce que tout le paysage embrassé resplendisse d'un éclat tel qu'il éblouit l'œil. »

On comprend que celui qui a joui d'un tel spectacle ne se contente pas des aspects d'en bas. Mais pour les voir, il faut monter haut. Et la vue, vous dis-je, il n'y a que cela !

Des femmes, des Françaises même sont montées là-haut.

En moyenne, il s'y fait par an une quarantaine d'ascensions.

A qui sont dues les améliorations ?

Au Club alpin, en grande partie.

Il y a plusieurs clubs de ce nom ; il y a un club alpin français présidé par M. Schrader, l'éminent géographe qui a succédé à M. Ernest Caron et à M. Durier, lequel a écrit l'histoire du mont Blanc.

M. Joseph Vallot, créateur d'un observatoire du mont Blanc, M. Janssen, de l'Institut, qui a fondé l'observatoire de la cime du même mont, M. Templier, le prince Roland Bonaparte, M. Lemercier, M. de Billy, M. de Jarnac, M. Richard, le colonel Prudent, M. Puiseux, M. Bischoffheim, de l'Institut, fondateur de l'observatoire du mont Gros, M. Van Barenberghe, M. Guillemin, M. Chevillard, sont membres du Club alpin français, qui en compte plus de six mille.

Voilà ceux qui tracent des chemins, des sentiers, élèvent des refuges, prévenant ainsi de nombreux accidents. Le Club possède quatre-vingt-quatorze refuges dans les Alpes, les Pyrénées, les Cévennes, l'Auvergne et les Vosges.

Voulez-vous enfin savoir quels sont les sommets les plus redoutables de l'Europe centrale ?

Ce sont le pic le *Doigt-de-Dieu* (3987 mètres) et la *Barre-des-Écrins*. La Meije, près du premier, compte encore plus de victimes que le Cervin.

La dernière cime vierge de ce massif, la *Tour de Clouzès* (3242 mètres), a été escaladée dernièrement par M. Paillou, de Lyon.

Pour ceux qui redoutent l'ascension et pourtant que la montagne attire, reste le chemin de fer à crémaillère qui gravit les sommets à pic et descend les pentes les plus rapides. La voie ici se compose de trois rails, dont l'un, celui du milieu, forme une suite de crans réguliers où s'emboîte une roue dentée dont la locomotive est munie.

C'est Nicolas Riggenbach, un Alsacien, qui a inventé ce système, et la première voie de ce genre a été celle qui part de Vitznau, au bord du lac des Quatre-Cantons, et monte au Righi. Elle s'élève à 1180 mètres, parcourt sept kilomètres, et la pente varie entre 18 et 25 pour cent.

Installé commodément dans un wagon ouvert de tous côtés, vous jouissez d'un paysage incomparable, traversant des tunnels et longeant d'affreux précipices comme celui de la *Krebelwand*. Plus de cent mille personnes par an usent de ce moyen de locomotion.

On monte de même au Pilate, près Lucerne; presque partout le chemin de fer longe de profonds précipices, mais jamais un accident n'est arrivé, car les voitures sont munies de freins puissants qui, en cas d'avarie de la locomotive, arrêteraient le train instantanément.

Ainsi pour le funiculaire de Murren, en face de la Petite-Scheidegg, et dont la pente atteint, par endroits, 60 pour cent.

Ainsi encore pour *Staunserhorn,* près Lucerne, sur le lac des Quatre-Cantons, où la voie gravit 1 850 mètres, après une montée à pic. Et l'on monte encore, dans les mêmes conditions, à la Jungfrau, à 4100 mètres. Cette ligne part de la Petite-Scheidegg, et un tunnel long de 84 mètres va jusqu'à la station d'Eigergletscher, d'où l'on va au glacier de l'Eiger, puis, un peu plus loin, à la sta-

Val Roseg, près Saint-Moritz. (Phot. Wehrli S. A., Kilchberg, près Zurich.)

tion terminus de Rothstock. Toute cette partie est livrée à l'exploitation et offre des vues admirables.

La ligne sera bientôt prolongée dans les entrailles de la montagne jusqu'à un point central, d'où un ascenseur et un escalier de 83 mètres de haut amènera les touristes au sommet de la Vierge des Alpes.

Les ingénieurs ne doutent de rien.

Parmi les milliers de cartes étalées à la devanture des marchands suisses, on en voit deux très humoristiques qui représentent, la première, les montagnes inviolées avec des figures humaines, causant tranquillement entre elles et narguant les pauvres passants; mais, dans la seconde, les monts terribles se tordent dans d'affreuses souffrances, le cœur traversé par des rails de fer. L'homme a eu raison d'eux.

L'ENGADINE ET LE PAYS ROMANCHE

« Où passez-vous l'été ?
— Mais je n'ai pas encore choisi...
— Enfin ! la mer ou la montagne ?
— La mer ? Non, il y fait trop chaud.
— Alors, la montagne ?
— Peut-être. J'ai envie de tâter de l'Engadine...
— L'Engadine ? N'est-ce pas en Suisse ?
— Vous l'avez dit. »

Parfaitement, c'est en Suisse. Autrefois on se contentait d'aller à Genève avec une pointe sur Lausanne, Vevey, Montreux ou Bex; ou bien on allait à Bâle et à Zurich et surtout à Interlaken, en poussant jusqu'à Lauterbrunnen et Grindelwald. Rares étaient les voyageurs qui connaissaient le glacier du Rhône, la Jungfrau, le Cervin à Zermatt, et puis tout le monde a voulu voir ces dernières localités, car, il n'y a pas à dire, il faut, il faut passer ses vacances quelque part.

Qu'est-il arrivé ?

Les gens du monde qui travaillent ont voulu une villégiature à part et non mêlée. Où aller ? Que faire ? On a cherché du côté de Zurich, de Ragatz, de Coire; on est arrivé à Thusis, au pied de formidables contreforts; le chemin de fer n'allait pas plus loin; bon ! on s'est juché sur les diligences, les bonnes vieilles du siècle dernier, et on s'est aventuré dans de sombres défilés, dans des gorges étroites... Au bout, c'étaient des vallées radieuses, situées à dix-huit cents mètres au-dessus du niveau de la mer, parsemées de

Piz Bernina et Roseg, près Saint-Moritz. (Phot. Wehrli S. A., Kilchberg, près Zurich.)

lacs limpides, flanquées de glaciers aux neiges éternelles; un air pur, idéal, exquis : l'*Engadine !*...

Tout à côté, c'est l'Italie, le Tyrol; c'est le bout du monde.

« Ici, nous sommes chez nous, » ont déclaré les gens du monde. Chez vous ! Que non ! Autrefois, le chemin de fer allait dans la montagne jusqu'à Tiefenkastel; là on s'embarquait dans la diligence jusqu'à Silvaplana, où on débouchait sur un lac, au pied du Julier, en pleine Engadine.

C'était le Paradis, et les gens de Silvaplana, qui l'avaient bien compris, avaient inscrit au frontispice de la *Poste aux chevaux* ce vers d'Horace qu'on y voit encore :

Ille terrarum mihi præter omnes angulus ridet [1].

Maintenant, le chemin de fer va bien plus loin que Tiefenkastel; il franchit d'horribles précipices, enjambe les ravins, côtoie des géants montagneux, prend le nom de Rhétique ou d'Albulabähn, s'enfonce dans de nombreux tunnels, escalade les longs viaducs et parvient jusqu'à Samaden et Saint-Moritz. Tout le monde y vient depuis 1904; gens du monde, non, vous n'êtes plus chez vous; il va falloir aller encore plus loin; mais où ?

*
* *

Qu'est-ce donc que l'Engadine ?

C'est une vallée haute du canton des Grisons, de vingt et une lieues de large, qui s'étend du sud-ouest au nord-est; elle est baignée par l'Inn, qui prend sa source là et qu'on retrouve à Innsbrück, dans le Tyrol; elle est bordée d'énormes chaînes de montagnes neigeuses et glacées. La haute Engadine se prend entre la Maloja, près de l'Italie, et Samaden. « Neuf mois d'hiver et trois mois de froid, » voilà le dicton du pays qui caractérise le climat. En hiver, vingt-cinq degrés au-dessous de zéro; en été, on peut

[1] Ce coin me sourit par-dessus tout.

avoir vingt degrés au-dessus. Neige et froid au mois d'août vers le 15, air à nul autre pareil. Les montagnes sont dénudées; pourtant à la base on y voit des ceintures de mélèzes et d'arolles; c'est tout, avec des fleurs assez riches.

La vallée transversale de Pontrésina avec le torrent Bernina coupe la vallée de la Maloja; elle est dominée par le superbe glacier du Roseg, le piz Morteratsch, le piz Tschierva et le piz Languard. La station mère est *Saint-Moritz*.

Il y a deux Saint-Moritz : *Saint-Moritz-Bad*, qui contient les établissements de bains, et *Saint-Moritz-Dorf* ou village; les deux localités sont reliées par un tramway électrique.

Pour les deux endroits, un seul et même paysage. Le lac, pas très grand, mais un vrai joyau enserré dans un écrin de bois et de prairies; puis, derrière, une énorme masse allongée : le piz *Rosatsch*. Il masque la vue du piz *Bernina*, qui, au delà d'une seconde vallée, s'élève avec ses puissants satellites du milieu d'un océan de glaces; un petit sommet, au-dessous, se nomme le piz *dell'Ova Cotschna* (le pic de l'œuf rouge), où se distille l'eau vivifiante des bains; à droite, le piz *Surlej*, séparé du piz Corvatsch par le passage ou *Fuorcla Surlej*. Au sud-ouest, vers la Maloja, le piz *della Margna*.

Dans la direction de l'ouest, on a le piz *Julier*. Séparé du piz Julier par un vallon, se trouve le piz *Nair*, sur lequel s'élève précisément Saint-Moritz-Dorf. Enfin, vers le côté gauche du lac, apparaît le sommet solitaire du piz *Languard*, très connu par le panorama qu'on y découvre et la facilité de son ascension.

Les bains et les fontaines se trouvent surtout au *Kurhaus* et au *Neues Stahlbad*, guérissant l'anémie, les scrofules, la chlorose, la dyspepsie, la malaria, etc.

Les élégants malades se dirigent du côté de *Saint-Moritz-Bad*; les autres choisissent généralement le *Dorf*, se répartissant entre trois où quatre grands hôtels : le *Kulm*, érigé au sommet du village; le *Palace*, en bas, près de la gare; l'*Hôtel suisse*, près de la poste...

Quand nous prononçons le mot « village », il ne faudrait pas voir ici une agglomération de paysans; il n'en est rien: toute maison est un hôtel ou un restaurant, et les habitants sont parfaitement policés et, du reste, méconnaissables au milieu du flot d'étrangers qui encombrent la station. Les rues de Saint-Moritz sont aussi mouvementées qu'un boulevard parisien. On vient, on va, à pied, à cheval, en victoria, en diligence, qui dans le coupé, qui dans la rotonde, qui sur l'impériale; c'est une cohue indescriptible.

Pour retrouver le paysan, il faudrait excursionner; mais on ne fait que cela. Où va-t-on ?

A Samaden et à Celerina; on pousse même toujours jusqu'à Pontresina, Morteratsch, l'hospice *Bernina* et le col de la *Diavolezza*. Plus souvent, peut-être, on fera la Maloja en passant par les villages et les lacs en chapelets de *Campfer*, *Silvaplana* et *Sils*, et l'œil, ravi, contemplera les glaciers de *Fex*, ou se perdra dans les replis des vallées du côté du val *Bregalia* et de l'Italie.

C'est le cas d'entrer çà et là dans une ferme et de demander la classique tasse de lait. Quelle langue parlerez-vous ? Français, ils vous comprendront. Allemand ? c'est la langue officielle, et pourtant l'Italie est voisine et on sait plutôt l'italien ; mais la langue de ces honnêtes Grisons n'est aucune de celles-là.

> Montagnas ste bain
> Tu gad e valleda,
> Tu fraischa contreda,
> Tu Enn sussurant,
> Da vus he algerdeutshe
> Squr eir in mi absinza
> Montagnas ste bain, etc.

« O montagnes, adieu ! — forêts et vallées, — fraîche contrée, — et toi Inn grondant, — De vous je me souviendrai, — certainement aussi pendant mon absence. — O montagnes, adieu !... »

Ceci est du *romanche* et c'est leur langue[1].

---

[1] Le romanche est un produit naturel du latin populaire que les Romains introduisirent dans la Rhétie en en faisant la conquête. Il s'y est mêlé des éléments celtiques et étrusques. Il y a une littérature romanche datant de la Réforme, qui s'est établie dans le pays depuis longtemps.

Mais qui vient en Engadine ?

Surtout les gens du monde et même les gens de cour. En 1904, nous y avons vu le grand-duc et la grande-duchesse de Bade régnants; ils étaient à Saint-Moritz-Bad, à l'hôtel *Victoria;* la même année la princesse Stéphanie de Belgique, qui avait été mariée à l'archiduc héritier Rodolphe d'Autriche et eût pu devenir impératrice, logeait avec son second mari dans un *privat hotel*, à Saint-Moritz-Dorf. Et puis toute la pairie d'Angleterre et d'Espagne, toute l'Allemagne, toute la Russie; ce qu'il y a de bien en France, et beaucoup d'Italiens : ceux qui ont de l'argent.

C'est cher à Saint-Moritz, et les n'importe-qui, s'abattant là cette année dernière avec le nouveau chemin de fer, ont dû trouver les notes un peu corsées, surtout au mois d'août, qui est la grande saison. D'abord on ne trouvait pas de place dans les hôtels, ou bien c'était de quinze à vingt francs par jour ou davantage, très facilement.

Pouvait-on se gendarmer ?

Nullement. Songez un peu au confort inouï offert par la station, à la cuisine relativement bonne et française des hôtels, à l'ameublement très suffisant; considérez que le moindre objet est amené de très loin, au moyen de voitures qui, jusqu'en ces derniers temps, mettaient des journées à franchir les hauts passages des Alpes; remarquez que la saison ne bat son plein ici que durant quarante jours au plus et que le reste de l'année ces installations, créées pour le plus grand agrément des baigneurs ou touristes, demeurent improductives. Il faut bien qu'ils gagnent, ces pauvres hôteliers !

Maintenant, on possède ici tous les avantages; demandez-le aux Anglais ou aux Américains du *Palace*, qui non seulement peuvent, en toilette *ad hoc*, comme chez eux, se livrer aux plaisirs du croquet et du tennis, mais courent dans la montagne, sur des prairies parfaitement adaptées au noble jeu du *golf*. Et cette musique du Bad ! Tout cela dans le cadre incomparable des hautes Alpes

C'est féerique, et le pasteur Camille Hoffmann, ce roi de Saint-Moritz, a bien su nous le dire.

Aussi ne faut-il pas s'étonner que des familles assez nombreuses fassent bâtir un peu partout des chalets charmants dans les plus beaux sites : c'est ainsi que nous avons le *chalet Planta,* sur la route de Campfer, et celui du baron Schickler, le sportsman parisien bien connu, au-dessous de l'hôtel *Kulm.* Celui-ci renferme une jolie collection de vieux meubles des Grisons, qui rappellent qu'on ne connaît plus présentement l'art de la marqueterie.

On ne passe pas son temps à jouer; on va se promener, et il n'y a que l'embarras du choix.

Longues peuvent être les promenades à pied le long de l'Inn, par exemple à Crest Alta, à Samaden, à Celerina; on peut aller aussi à Pontresina par la forêt et le joli lac de *Statz.* On ira en voiture à Silvaplana ou à Sils et Sils-Maria, au pied du *Fexgletscher;* on ira surtout en voiture à la Maloja, en suivant le chapelet des lacs, et on pourra descendre par là en Italie.

On peut choisir ou la victoria ou la voiture de la poste, qui n'est autre qu'une diligence.

Autre promenade : aller coucher à Pontresina, visiter ensuite le glacier de Morteratsch, puis aller à l'hospice de Bernina, entre le lac *Blanc* et le lac *Noir;* pousser, si l'on veut, jusqu'au *Sassel-Massone* ou *Alpe Grünn,* qui n'est séparé du glacier du *Palu* que par un vallon étroit. Belle et grandiose vue aussi que celle de Poschiavo et de son lac. Spectacles inoubliables !

Telle est l'Engadine. Nous ne pensions jamais y aller; le chemin de fer nous a décidé; mais on comprend que l'arrivée d'autrefois en diligence, avec les postillons et les cors de chasse qui sonnaient aux échos, avaient plus de galbe. La poésie s'en va...

Mais est-ce bien nécessaire d'aller si loin quand on veut villégiaturer ?

Mais non. Nous supposons que l'on veuille voir de l'eau et des montagnes. Grand Dieu ! La Suisse en est remplie. Il est entendu que l'on ne va ni à Lucerne ni à Interlaken; pas de Wetterhorn ni de Cervin, pas de lacs des Quatre-Cantons ni de Thoune; mais allons du côté de Zurich. Eh bien ! nous avons le lac de Zurich d'abord, puis un peu plus loin le lac de Wallenstadt. Savez-vous que ce lac a quinze kilomètres de long, deux de large et cent cinquante et un mètres de profondeur, tout comme celui de Lucerne ? La rive du nord est bordée de rochers presque perpendiculaires de six cent cinquante à mille mètres de haut, et tout à côté s'élèvent les cimes nues des sept *Curfirsten*.

C'est à Weesen qu'il faut s'arrêter, au bord de ce lac; de là, on rayonne tout autour, au *Kapfenberg*, au *Biberlikopf*, à *Betlis*, à *Strahlegg*, au Serenmühle, aux chutes du *Serenbach*, etc.

Et partout, partout, des montagnes boisées, des sentiers ombragés, la forêt, l'eau, la prairie. Que désirer de plus ?

Si cependant on veut les grands spectacles de la nature, écoutez. Avancez-vous au delà des bains de Ragatz et de Coire, la ville épiscopale, jusqu'au pied de l'Engadine. C'est Thusis, dans une situation magnifique; prenez vos quartiers à l'hôtel *Rhœtia*, où règne l'abondance, et passez là quinze jours; vous ne m'en voudrez pas de vous donner ce conseil.

A deux pas, vous avez la fameuse *Via Mala*. C'est au bas du Heinzerberg et à la séparation des routes du Schyn et du Splügen. La *Via Mala* est la route du Splügen; elle passe d'abord au pied des ruines d'un vieux manoir fondé par *Ræthus*. Qui était ce Ræthus ? Le chef présumé des Étrusques, qui s'enfuirent à l'approche des Gaulois, l'an 164 de la fondation de Rome. Voilà qui n'est pas banal; ce qui ne l'est pas davantage, c'est ce cours d'eau qui roule tumultueusement dans le fond du ravin : le *Rhin* ! Or les rochers calcaires s'élèvent presque perpendiculairement, à cinq cents mètres, des deux côtés du fleuve; de là un gouffre plein d'horreur. La gorge est si étroite qu'il s'en faut peu que les parois ne se touchent.

Quand on a franchi cette gorge célèbre, on arrive vite à *Chiavenna* et à *Colico*. C'est encore l'Italie.

PAYSAGES BLEUS

I

SILHOUETTES ROMAINES

> *Fécamp (Seine-Inférieure).* — « Je voudrais savoir ce que c'est que le Vatican. D'aucuns disent, que c'est un palais ; d'autres que c'est une prison ; d'autres encore, que c'est une ville. Il serait, à mon avis, très agréable de connaître les rapports entre les soldats du Pape et ceux du roi d'Italie. »
> (Un LECTEUR du *Mois pittoresque*.)

LE LOGIS A ROME

Quand on quitte la Ville éternelle, chaque fois on a l'âme oppressée par le regret, emplie de pensées nostalgiques.

Et quand on y revient, ah ! comme le cœur bat vite, au moment où, à travers les glaces du *sleeping*, le regard s'accroche à ces endroits connus de l'*Agro,* à ces blanches façades, à ces tombes illustres, à ces ruines gigantesques ! Voici les Thermes de Caracalla, le sépulcre de Cecilia Metella, les statues de *San Giovanni in Laterano.* Nous arrivons.

Et tout de suite l'impression de grandeur s'impose et ne diminuera pas jusqu'au bout. Rome est royale en tout et par tout.

Jusqu'aux maisons romaines, jusqu'au simple appartement que vous habitez... L'escalier est en marbre blanc ; les degrés sont larges, spacieux, commodes, faits pour des pas de vieillards, de gens graves et posés, de penseurs, comme cette *Scala Regia* du Vatican, l'imitant toujours, de loin...

Je cours à la fenêtre de ma chambre : elle ne donne pas sur la rue. Tant mieux ! J'ai une vue idéale et très romaine.

Une cour, ou plutôt un jardin. Il n'est pas grand, mais il est orné d'une vasque et d'un jet d'eau murmurant, — ce qui est de rigueur à Rome, la ville des belles eaux. — Au-dessus du jardin, une terrasse ornée d'orangers, de citronniers, de cactus et d'aloès. Plus loin, par delà une rue voisine et silencieuse, un autre jardin plus spacieux, sur lequel s'ouvrent les péristyles d'un collège étranger. Jardins, cours, forteresses et colonnades ont la forme antique, à n'en pas douter. En vérité, c'est toujours la Rome impériale ; elle n'a pas changé, non plus que ce ciel bleu éblouissant à étourdir.

Et dans ma chambre, le plafond haut est peinturé, le lit de fer a un chevet élevé et des contours artistiques ; de bonnes copies de Raphaël ornent les murs, et une porte à deux battants s'ouvre sur une galerie extérieure. Je suis bien, bien, et j'enrage à la pensée de devoir quitter tout cela et tout ce que j'entrevois dans quelques semaines...

PREMIÈRES PROMENADES

Il faut prendre l'air de Rome. L'évêque de P... et moi nous montons en voiture et faisons une promenade de trois heures, au Pincio, au Pont Milvius, — l'endroit où Constantin aperçut le *Labarum,* — et aux *Prati di Castello,* un quartier nouveau où les maisons neuves et toutes modernes sont inhabitées ou mal habitées. Nous revenons par Saint-Pierre, le Janicule et l'*Aqua Paolina,* que j'aime tant ! C'est là aussi que l'on trouve la statue de Garibaldi. Je ne l'avais pas encore vue. Ce monument imposant, sculpté par Gallori et coulé en bronze par Nelli, a été érigé le 20 septembre 1895, pour fêter les noces d'argent de Rome délivrée, et il a coûté plus d'un million.

Délivrée de quoi? De la tyrannie pontificale, bien entendu. Pauvres et doux vieillards que l'on accuse, vous n'êtes guère des tyrans.

En attendant, la statue équestre du fameux *condottiere,* bien campée sur son socle, flanquée aux quatre coins de figures allégoriques et d'inscriptions comme celles-ci : « Rome ou la mort ! » domine tout le panorama. On l'aperçoit des quatre coins de la ville. Et cela me fait souvenir qu'il y a des années, voyageant dans le nord de l'Italie et me trouvant à Udine, « la petite Venise, » j'ai vu sur les murs de grandes affiches apposées, annonçant la mort du « grand citoyen », du « héros des deux mondes », et ses admirateurs n'y allaient pas de *main morte ;* ils commettaient, avec une facilité surprenante, la petite erreur théologique et l'appelaient carrément :

Garibaldi
Splendore di Dio !

Rien que cela !

PALAIS ROMAINS

Si je n'étais un homme du Nord, accoutumé aux brumes et au froid, amoureux du *home,* du logis bien clos, du feu pétillant, de la bibliothèque à portée de la main, comme j'aimerais vivre dans cette Rome, où je suis souvent venu et où tout ce qu'on voit est une fête pour les yeux : ces églises, ces palais, ces places, ces obélisques, ces fontaines aux belles eaux, ces ruines, ces tombes !...

Et sait-on ce qui m'attire toujours le plus dans Rome? Les vieux palais et ceux qui les habitent.

Taine a dit quelque part, dans le *Voyage en Italie,* que l'aristocratie romaine ressemble à « un lézard niché dans la carapace d'un crocodile antédiluvien, son grand-père ». Je respecte infiniment Taine, parce que c'est un maître dans l'art d'écrire et parce qu'il est un grand artiste; mais le lézard est bien paresseux, et j'ai la prétention de vous conduire dans des palais où l'on travaille beaucoup.

Par exemple, villes et palais me faisaient toujours penser à notre Versailles, le grand Versailles si beau et si négligé de tant de Parisiens !

Vasques, urnes, statues, jets d'eau, haies de bois, charmilles, larges escaliers de pierre, architectures de marbres, c'est toujours ici, dans les villas Albani, Borghèse, Ludovisi, comme à Versailles ; et tous ceux qui habitèrent ici, aux XVIe et XVIIe siècles, furent, plus ou moins, des Louis XIV au petit pied.

Que de fois, par la pensée, j'ai peuplé ces lieux enchanteurs, ces balcons, ces galeries, ces salons, ces portiques à arcades ouvertes, de gentilshommes en habits de velours et en jabots de dentelles, de nobles dames en jupes de brocart, de prélats en robe rouge ou violette !

Maintenant, pour être exact, ces gens-là n'imitaient pas notre grand roi : ils avaient d'autres exemples sous les yeux, dans le souvenir, dans le sang. N'en doutez pas, il y a de l'hérédité et de l'atavisme dans leur cas. Les vieux Romains étaient de fort grands seigneurs : ceux qui logèrent au Palatin et dans la Maison-Dorée (*Domus aurea*) valaient Louis XIV; Pétrone était l'*arbiter elegantiarum*. Les modernes Romains tiennent toujours un peu de ces fastueux ancêtres.

Et si quelqu'un est Romain, c'est le monde du Vatican, le pape, les prélats palatins, les membres du sacré collège.

Nous irons voir le pape, en nous approchant de lui par gradation.

CARDINAUX

Dans la maison qui nous donna l'hospitalité, à l'évêque de P... et à moi, il y a aujourd'hui un repas de gala. On a invité tout ce qui, à Rome, dans le haut personnel ecclésiastique, rappelle la France :

Le cardinal-archevêque d'une de nos plus grandes villes;
Un autre cardinal français dit de *curie*;
Un troisième cardinal qui fut nonce à Paris;
L'ambassadeur de France près du saint-siège;
Deux évêques français;
Un évêque anglais;
Un évêque missionnaire;
Mgr D..., prélat romain, directeur de l'École française ;
Mgr G..., prélat romain, canoniste de l'ambassade;
Mgr d'A..., directeur de Saint-Louis-des-Français.

Je ne crois pas qu'autour d'une table mondaine on puisse déployer autant de politesse exquise, d'amabilité, de simplicité grandiose. Le ton de la conversation est élevé, comme il convient à des princes qui parlent; mais ils sont bons princes, et l'un d'eux, en terminant, levant son verre, porte un toast à ceux d'entre nous qui ne sont rien du tout, mais qui, dit-il, « il n'en doute pas, peupleront un jour l'épiscopat, voire même le sacré collège. » On n'est pas plus aimable.

Le même prince daigne jeter les yeux sur notre modeste personne, pour nous emmener avec lui à la promenade.

La tradition veut que les cardinaux fassent généralement la *passagiata cardinalice,* du côté de la Via Appia, dans l'après-midi.

Il n'y a guère d'endroit plus noble dans la campagne romaine. C'est l'antique « Voie sacrée », bordée de tombeaux illustres, comme celui de Cecilia Metella, courant entre des champs déserts et incultes, avec la perspective des monts albains, à l'horizon, et, tout à côté, les grandes lignes, parfois interrompues, de l'aqueduc de Claude. Paysage mélancolique et majestueux. On pense à tous les cortèges illustres qui, venant de la Campanie, de Naples et de la Grèce, sont passés ici, et on pense que c'est fini à jamais. *Sic transit gloria...*

La voiture du *porporato* est large, profonde, confortable, traînée par de magnifiques chevaux noirs. Un cardinal ne doit pas la quitter dans la ville ; mais, hors des murs, on descend, pour faire les cent pas.

Nous rencontrons un autre cardinal, ancien nonce à Vienne, que nous saluons ; puis le général des Trappistes.

« Vous êtes un saint, lui dit mon compagnon.

— Mais, Éminence...

— Pas un mot. Je vous répète que vous êtes un saint : je m'y connais, et c'est moi, au surplus, qui les fais. »

Celui qui fait ce beau compliment très mérité par l'excellent religieux a toutes les qualités qu'il prodigue aux autres, et entre autres la vertu de charité. Il a les poches pleines de pièces blanches et les distribue partout, à un religieux, à un cantonnier.

Cela me fait sourire et me rappelle la chanson populaire :

> C'était un pauv' cantonnier
> Sur la route de Paris,
> . . . .
>
> Une grande dame vint à passer
> Dans un cabriolet,
> . . . .

« Pourquoi riez-vous ? »

Je le dis...

« Éminence, il y a dans la chanson :

> Si j'roulions carrosse comme vous,
> Je n'casserions point d'cailloux.

« Je pense que le bonhomme ne va pas employer un pareil langage...

— Avec cela qu'il se gênerait ! »

Le fait est que le cantonnier est à genoux dans la poussière de son chemin ; il tient la main du cardinal, baise son saphir et parle, parle, avec une hardiesse, une assurance !

Après tout, ce n'est pas le premier métier venu que d'être cantonnier de la Voie sacrée, et celui-ci est citoyen romain. *Ego civis romanus sum !* Quand on avait dit cela autrefois, on avait tout dit. « Mille autres mots pouvaient précéder ce mot : aucun ne le suivait. » (Lacordaire.)

Nous rentrons maintenant par la porte *San Sebastiano*, et nous sommes dans le cadre de la place Saint-Jean-de-Latran. La voiture pénètre dans un parc fleuri, touffu, merveilleux, et s'arrête devant une villa surmontée de deux hautes arcades, la villa V... Le cardinal loge, ni plus ni moins, que dans l'aqueduc de Claude, dans la partie qui pénètre dans la ville. D'autres auront dans leur jardin des cariatides, des torses, des bustes de dieux ou d'empereurs, des socles, des colonnes et des arcades antiques : Son Éminence loge dans le morceau antique lui-même.

Deux valets lui remettent des piles de dossiers qui arrivent des congrégations, ces ministères de l'Église.

« Maintenant, mon ami, dit-il, je vais travailler jusque dans la nuit. *Laboremus !* »

C'est le mot de Septime Sévère, mot romain.

Qu'est-ce qu'un cardinal ?

C'est le conseiller privé du pape; le sacré collège ou la réunion des cardinaux forme le conseil du souverain pontife et fournit des présidents aux diverses congrégations romaines. Le nom vient de *cardo,* gond, pivot sur lequel on roule.

Il y a soixante-dix cardinaux, qui se subdivisent en trois classes :

Les cardinaux-évêques. Ce sont ceux qui occupent les sièges suburbicaires aux environs de Rome.

Les cardinaux-prêtres.
Les cardinaux-diacres.
Trois autres classes encore, selon la résidence :
Les cardinaux de *curie* (*di curia*), qui résident à Rome, pour aider le pape dans l'administration de l'Église universelle.
Les cardinaux de couronne, proposés par les gouvernements et résidant à l'étranger.
Les cardinaux italiens qui ne résident pas dans le voisinage immédiat de Rome.
Font partie des cardinaux de curie :
Les anciens nonces de première classe, c'est-à-dire ceux de Madrid, Paris, Vienne et Lisbonne.
Quelques secrétaires ou présidents de congrégations.
Quelques réguliers (dominicains, franciscains, carmes, jésuites, etc.).
Quelques sujets à la libre disposition du souverain pontife.
L'âge requis serait trente ans, comme pour l'épiscopat; mais il est prescrit que les cardinaux doivent être diacres à vingt-deux ans.
Il y a, du reste, beaucoup de latitude dans ces nominations de cardinaux; l'histoire le prouve.
Ainsi Jean de Médicis fut élu à quatorze ans. On n'eut pas lieu de s'en repentir, car il devint l'homme le plus célèbre de son siècle et lui donna même son nom. C'était Léon X, la gloire de la Renaissance. Un autre, Hyacinthe Orsini, fut créé à vingt ans et devint le pape Célestin III (1126). Odet de Coligny était cardinal à onze ans, en 1533. Louis de Bourbon, fils de Philippe V, roi d'Espagne, l'était à huit ans, et on lui conféra en même temps l'archevêché de Tolède. Il renonça à ses charges, obtint des dispenses, se maria et eut un fils, un autre Louis de Bourbon, que Pie VII créa cardinal en 1810, à vingt-trois ans.
C'étaient les grandes époques du favoritisme et du népotisme. Il n'y a plus à craindre qu'elles reviennent jamais. Les papes que nous avons connus sont plus sévères et plus circonspects, quoique absolument libres en cette matière.
Quand le pape a résolu de nommer un cardinal, il lui en envoie l'avis par un billet de la secrétairerie d'Etat et déclare son nom dans une réunion ou *consistoire secret*. Quelquefois il réserve le nom ; cela s'appelle nommer *in petto*.

Un cérémoniaire pontifical vient à Rome indiquer à l'élu le jour où le pape lui imposera la barrette rouge, en *consistoire public*. Si l'élu est à l'étranger, un garde noble va lui porter la calotte, et un ablégat ecclésiastique accompagne celui-ci pour porter la barrette au chef de l'État, qui la remettra au nouveau cardinal.

Dans un autre consistoire secret, le chef de l'Église *ferme la bouche* à l'élu et la *leur ouvre après,* leur donnant ainsi plein pouvoir de parler dans les assemblées.

Où est le temps des grandes réjouissances publiques auxquelles ces nominations donnaient lieu ? Maintenant, dans le deuil de l'Église, on se borne à quelques réceptions d'amis. Mais alors on voyait s'avancer par les rues de Rome les grands carrosses cardinalesques, peints en pourpre, couverts d'une épaisse dorure et surmontés aux quatre coins de pompons massifs. Sur la portière, le chapeau rouge était peint avec les armoiries ; les chevaux noirs étaient empanachés de plumets et de pompons rouges ; les laquais, portant d'antiques livrées, avaient dans les mains un sac de velours rouge et le grand *ombrellone* (parapluie ou parasol rouge).

C'était fête comme à la naissance d'un prince royal, et c'était vraiment un fils de souverain, un héritier présomptif du trône pontifical qui voyait le jour. La preuve en est que le pape signifie les nominations aux souverains catholiques, qui désormais traiteront l'élu de « cher cousin ».

Qu'il nous soit permis de regretter ces temps et ces pompes et ce faste, qui ne faisaient de mal à personne, pas plus que les pompes de nos processions à travers nos cités, pas plus que les cortèges princiers ou militaires qu'adorent les foules.

Le soir de la nomination, le *palazzo* du cardinal était ouvert à Rome entière. Une princesse romaine venait faire les honneurs de ses salons ; les domestiques, en grande livrée, étagés sur l'escalier et dans les antichambres, portaient à la main des flambeaux. A l'entrée des appartements se tenait le gentilhomme du cardinal, en habit à la française et l'épée au côté. Les salons étaient remplis d'une foule nombreuse : clergé, noblesse, bourgeoisie, officiers, diplomates, chevaliers de Malte, etc.

Le costume des cardinaux :

Costume de chœur et de cérémonie : grande soutane rouge écarlate à queue, en drap, l'hiver ; en moire, l'été. Col romain ou *collero,* bas, souliers, ceinture, mozette rouges ; rochet de dentelle, barrette de même couleur, comme la calotte que l'on porte toujours. En certaines circonstances exceptionnelles, grande *cappa* et chapeau rouge.

Costume de ville : soutane noire sans queue, filetée et boutonnée de rouge écarlate ; ceinture, bas et manteau rouges ; chapeau noir avec une torsade rouge et or.

Pendant l'Avent, le Carême et durant la vacance du siège pontifical, le costume est violet fileté et boutonné écarlate, sauf la barrette et la calotte toujours rouges.

Les cardinaux réguliers portent un costume analogue comme couleur à celui de leur ordre : blanc, marron, cendré.

L'appartement des cardinaux. Il est composé de plusieurs pièces :

L'antichambre des domestiques. On trouve là une crédence recouverte de drap rouge, sur laquelle sont placés les chapeaux des domestiques. Au-dessus, contre le mur, les armes du cardinal recouvertes d'un baldaquin ; dessous, des coussins et des parasols rouges : ils servent quand l'Éminence descend de voiture pour entrer dans une église, solennellement.

La salle du secrétaire.

L'antichambre noble, où l'on voit la barrette rouge sur une console.

La salle du trône, tendue de rouge et meublée de fauteuils en damas, avec appuis et dossiers dorés. Sous un baldaquin de soie rouge, galonné d'or, le portrait du pape régnant et un fauteuil retourné. Si le pape venait voir le cardinal, il serait reçu dans cette pièce, et le trône mis en place.

Après viennent les salons, la chapelle et les appartements privés.

Il est impossible, malgré le malheur des temps, de ne pas avoir une haute idée de cette charge suprême, quand on visite le palais d'un prince de l'Église et quand on a l'honneur d'être reçu par lui. Et nous imaginons que leur aspect auguste, tempéré de bénignité, doit fortement impressionner les esprits même hostiles, même vulgaires. Tels autrefois les sénateurs romains, assis sur leur chaise curule, jetaient dans un profond étonnement nos vieux pères, les barbares gaulois.

Que si un malavisé osait par aventure, comme un de ceux-ci, manquer aux convenances, il serait sans doute vite remis à l'ordre.

Le prince de l'Église sait qu'il appartient à un sénat, à une assemblée qui réunit dans son sein la grandeur réelle et la dignité morale, la science, la sainteté, l'autorité. Il est vêtu de pourpre pour lui rappeler qu'il peut verser son sang comme les martyrs, *purpurati martyres! Usque ad effusionem sanguinis.*

C'était en 1848, et Pie IX venait de partir pour Gaëte, dans les États du roi de Naples, accompagné de la plupart des membres du sacré collège. L'un d'eux, le cardinal Tosti, ancien ministre des finances de Grégoire XVI, directeur de l'hospice apostolique de Saint-Michel, sur le Tibre, était demeuré à son poste, malgré la révolution qui triomphait à Rome. Il avait soixante-dix ans et plus.

Les jacobins de Rome vinrent le féliciter de n'avoir pas suivi l'exemple de ses collègues. Mal leur en prit ; ils reçurent cette réponse :

« Je refuse vos éloges. Sachez que je n'ai pas plus peur de vous que n'ont eu peur mes vénérables collègues. S'ils ont quitté Rome, s'ils ont suivi le saint-père dans son exil, ce n'est que par amour et obéissance. De même, si je suis resté dans cet établissement, c'est par obéissance et amour envers la personne de notre saint-père, qui a décidé que je n'abandonnasse point cet hospice où sont abrités tant d'infortunés, qui ne sont pas les moins chers au cœur du pontife parmi tous ses sujets... Du reste, signori, je suis Romain, et vous ne l'êtes point. Je resterai à Rome, sans me laisser épouvanter. Vous pouvez, il est vrai, me frapper d'un coup de poignard ; mais en cela, que ferez-vous ? Vous ne ferez que m'enlever deux ou trois années d'existence, car je suis un vieillard. J'ai soixante-douze ans, et je ne vous crains pas. »

Encore un « citoyen romain ». Nous le répétons, ces hommes ont de la trempe. Ils se souviennent du passé...

Une question intéressante :

Y a-t-il eu des cardinaux français qui soient devenus papes ? Pourquoi, en ce cas, n'y en a-t-il plus ?

Aucune loi, hâtons-nous de le dire, aucune constitution apostolique n'a jamais décrété l'exclusion des étrangers à l'Italie ; celle-ci est résultée naturellement de l'état des choses et de la crainte de voir un pape français renouveler une translation du saint-siège en faveur de sa patrie (Darras).

Le siège de l'Église doit être maintenu là où saint Pierre l'apôtre, le premier pape, l'a établi.

C'est la France, après l'Italie, qui a donné le plus de papes à l'Église. Il y a eu dix-sept papes français :
1 Auvergnat : Sylvestre II (Gerbert d'Aurillac).
1 Alsacien : saint Léon IX (Brunon de Dabo).
1 Lorrain : Étienne IX (Frédéric, des ducs de Lorraine).
2 Bourguignons : Nicolas II (Gérard de Bourgogne) et Calixte II (fils du comte de Bourgogne).
2 Champenois : Urbain II (Othon de Reims) et Urbain IV (Jacques Pantaléon de Troyes).
1 Languedocien : Clément IV (Guy Foulques).
1 Savoisien : Innocent V (Pierre de Moutiers).
1 de l'Ile-de-France : Martin IV (Simon de Brion).
1 Gascon : Clément V (Bertrand de Goth).
1 de Cahors : Jean XXII (Jacques d'Euse).
1 de Foix : Benoît XII (Jacques Fournier).
1 de Gévaudan : Urbain V (Guillaume de Grimoard).
3 Limousins : Clément VI (Pierre-Roger de Beaufort), Innocent VI (Étienne d'Aubert de Pompadour), Grégoire XI (Roger de Maumont).

Ce dernier ramena le siège apostolique d'Avignon à Rome, malgré les instances du roi de France, Charles V.

L'ANCIENNE AMBASSADE FRANÇAISE

PRÈS DU VATICAN

Nous allons voir M. Nisard, ambassadeur de France près du saint-siège.

C'est un diplomate de race, et combien, mon Dieu ! il lui faut de bonne et souple diplomatie pour pouvoir s'acquitter de ses lourdes et difficiles fonctions ! Elles lui sont rendues plus aisées peut-être par le parfait bon vouloir du gouvernement, tout spirituel maintenant, près duquel il est accrédité. Personne n'ignore l'indulgence inlassable du grand pontife Léon XIII, qui veut, on peut le dire, à tout prix demeurer en relations cordiales avec notre pays, catholique en majorité. Que n'a pas fait Léon XIII ! Quels gages de bonne volonté n'a-t-il pas fournis ! Jusqu'à laisser douter de sa compétence et de l'autorité qu'il pouvait avoir sur telle et telle matière; jusqu'à lui attirer le blâme et la défiance d'une grande partie de nos compatriotes, irrités de son ingérence dans la question politique... Et cependant, l'Église est-elle inféodée à une forme de gouvernement? Si le pouvoir démocratique réclame des droits, n'y a-t-il rien à lui accorder? On connaît le fameux dicton : *Da mihi animas, cætera tolle tibi!* « Donnez-moi les âmes ; le reste, je n'en ai cure, prenez-le! » Il est vrai que, lorsqu'un pouvoir tracassier et jaloux voudra empiéter sur le domaine spirituel, au grand détriment des âmes, il faudra bien pourtant lui opposer l'autre dicton romain : *Non possumus!* « Nous ne pouvons pas! » Impossible!

C'est entre ces questions que se débattent nos représentants près du saint-siège.

M. Nisard habitait alors le palais Rospigliosi. Il ne l'habite plus depuis quelques mois ; il a été se loger au palais Santa Croce, où habitait déjà, au xviiie siècle, un autre ambassadeur, le cardinal de Bernis.

M. Taine nous a initiés aux beautés artistiques de ce palais Rospigliosi, où trône le Dominiquin dans l'*Ève* et le *Triomphe de David*. Il aime mieux ce maître que le Guide, qu'il appelle un « simple fabricant de figure ». Le Dominiquin, en effet, d'après ses biographes, ne cessait jamais de fréquenter des endroits où se rassemblaient des quantités de gens, afin d'observer les attitudes et les expressions par lesquelles les sentiments intérieurs se manifestent. Il cherchait donc l'âme, lui aussi. Le Guide, qui a peint, au palais Rospigliosi, le célèbre plafond *l'Aurore,* s'est contenté de faire des gravures de modes, aux agréables contours. Il voulait plaire aux dames. N'est-ce pas lui qui disait :

« J'ai deux cents manières différentes de faire regarder le ciel par de beaux yeux ! »

Après tout, il en est qui aiment cela ; mais que ces palais romains recèlent de choses intéressantes! Voyez les galeries Farnèse, Sciarra, Doria, Borghèse, Barberini et tant d'autres. Il faudrait des mois et des mois pour les épuiser.

Il sera peut-être curieux de lire la liste des ambassadeurs de France à Rome pendant les deux derniers siècles.

Le premier fut le prince de Monaco, un Goyon-Matignon, qui succéda aux Grimaldi et prit leur nom et leurs armes. Il était appuyé au conclave, qui élut Clément XI, par les cardinaux français d'Estrées, de Forbin-Janson et de Noailles.

Il assista aussi au conclave de 1721, qui élut Innocent XIII, avec les cardinaux de La Trémoille et de Rohan.

L'abbé de Tencin devient ensuite chargé d'affaires de France et fait donner le chapeau à Dubois. Au conclave de 1740, il fait donner la tiare au savant Benoît XIV.

Après lui, le duc de Saint-Agnan et Mgr de Rochechouart (1758).

Le cardinal de Bernis, ambassadeur de 1769 à 1792. « Il tenait, disait-il, à Santa Croce, l'auberge de la France au carrefour de l'Europe, » recevait magnifiquement, éclipsant par son luxe tous les autres ambassadeurs. Lui aussi eût pu répondre ce qu'un Médicis répondait au pape au sujet de son luxe, — il traînait après lui une suite de trois cents personnes :

« Sainteté, si je n'ai pas besoin d'eux, tous ces gens-là ont besoin de moi. »

Mais qui trouverait à redire au luxe d'un ambassadeur?

Bernis refusa à la Convention le serment constitutionnel et fut destitué. Ce n'était pas non plus des temps favorables. Il n'y eut plus à Rome, après lui, qu'un consul, un nommé Digne, qui était assez embarrassé de sa personne. Quand de Basseville voulut ensuite arborer à l'ambassade française les emblèmes de la République, les Romains le lapidèrent, et un barbier lui donna un coup de rasoir dans le ventre ; il en mourut.

Son successeur fut François Cacault, le signataire du traité de Tolentino, qui n'arriva à Rome qu'en 1800, pour préparer le concordat dont Bonaparte, premier consul, avait le projet. Il fut bon diplomate et demeura à son poste trois ans.

Surviennent les démêlés de Napoléon avec le pape et l'internement de Fontainebleau.

La Restauration envoya à Rome le duc de Laval-Montmorency ; Chateaubriand, qui a écrit des choses si intéressantes sur les conclaves, et M. de La Ferronnays.

Louis-Philippe fut représenté par le duc de Latour-Maubourg. Le comte Rossi vint après. On connaît son étrange histoire : professeur de droit à Genève, puis à Paris, où il est sifflé et applaudi, ambassadeur de France, ministre de Pie IX, assassiné lâchement par les *carbonari*, sur les marches du grand escalier du palais de la Chancellerie.

On se souvient des autres qui suivirent : MM. de Renneval, de

Sartiges, de Montebello, prince de La Tour-d'Auvergne, comte Armand (pendant l'affaire de Mentana), Lefebvre de Behaine (1870), de Courcelles.

LES CHARGES PALATINES

Nous voici au Vatican même, après avoir vu tous ceux qui gravitent autour du célèbre palais.

Nous nous rappellerons toujours la parole d'un diplomate français que nous avions engagé vivement à faire le voyage de Rome. En revenant, il s'écriait :

« J'ai vu un palais ! j'ai vu un roi ! »

Or, tout monarque a une cour. Les principaux personnages de la cour pontificale sont les suivants :

Le cardinal secrétaire d'État, ministre des Affaires étrangères et administrateur des biens du saint-siège.

Le secrétaire des *Brefs* pour l'expédition des lettres apostoliques.

Le secrétaire des *Mémoriaux* pour les bénédictions accordées.

Le secrétaire des Brefs aux princes.

Le secrétaire des Lettres latines.

L'auditeur ou secrétaire de Sa Sainteté.

Le majordome de Sa Sainteté.

Le maître de chambre de Sa Sainteté.

Le sacriste ou confesseur du pape, gardien des reliques.

L'aumônier de Sa Sainteté.

Le maître du Sacré Palais.

Le préfet des Archives.

Le substitut du secrétaire d'État.

Le substitut des *Mémoriaux*.

Tous ces personnages, on le voit, ont des attributions spéciales. Un seul nom pourrait ne pas paraître, au premier abord, très intelligible : celui de *secrétaire des Mémoriaux*. L'origine de ce mot est en ceci, qu'un fonctionnaire, appartenant à une cour, ne peut se rappeler toutes les demandes qui lui sont adressées; de là l'usage de lui laisser une note écrite pour aider sa mémoire. Il n'y a pas qu'au Vatican qu'on trouve des secrétaires des Mémoriaux.

Finesse et souplesse, voilà des qualités qu'on retrouvera toujours ici dans le Vatican, parmi « ces ombres qui, comme l'a dit M. Goyau dans son *Gouvernement de l'Église,* pèsent les destinées de l'humanité ». Ce sont d'excellents diplomates, très prudents, très patients. Le cardinal Consalvi, un des meilleurs, disait, au commencement du xix⁰ siècle : « Il n'y a rien de plus malaisé que l'art de traiter les affaires. Je ne m'y suis fait qu'après avoir commis des erreurs. Mais les erreurs mêmes instruisent. La plus grande faute est de trop répondre. Par bonheur, j'ai trouvé dans notre secrétairerie d'État l'excellente maxime d'écrire peu et bien, et j'atteste qu'à cette vieille maxime du saint-siège, j'ai dû le plus grand nombre de mes succès. »

Le majordome de Sa Sainteté est le premier ministre de la maison du pape, le gardien de sa personne et des objets précieux qui lui appartiennent; entre autres : la chaîne de saint Pierre, à *San Pietro in Vincoli,* et les têtes de saint Pierre et saint Paul, à Saint-Jean de Latran. Il contresigne toutes les nominations dans le personnel du Vatican.

Le maître de chambre est le grand chambellan de la cour pontificale. En cette qualité, il dresse le tableau imprimé des réceptions des préfets et des secrétaires des congrégations par le pape, et il accorde les audiences privées.

Nous transcrivons la lettre d'audience qu'un gendarme pontifical nous a apportée de la part du *maestro di camera.* Nous la transcrivons intégralement.

Dall' Anticamera Pontificia... Novembre 190...

*Si previene l'Ill*ᵐᵒ *e R*ᵐᵒ *Monsignor D... che Sua Santita si dignerà ammetterlo all' udienza privata martedi, ... corre alle ore 12.*

Monsignore puo condurre seco il suo segretario.

Il maestro di camera di S. S.
Bisleti.

Nell appartamento pontificio non si ammettono persone di seguito per essere presentate a Sua Santità oltre quelle notate nel biglietto.

Le papier porte en filigrane la tiare et les clefs entrecroisées. Enfin le maître de chambre est le gardien du sceau pontifical appelé l'*Anneau du Pêcheur,* parce qu'il représente saint Pierre l'apôtre pêchant dans une barque.

Nous sommes dans la cour de Saint-Damase, en face de la marquise qui abrite l'entrée des appartements pontificaux. Dirigeons-nous à droite.

Un gendarme nous introduit dans une vaste salle d'attente et nous remet aux mains d'un jeune secrétaire ecclésiastique, en manteau de soie noire. Celui-ci prend nos cartes et nous amène dans un autre salon, grand et long, avec des rangées de fauteuils de damas rouge, à appuis dorés, le long des murs, — les mêmes que dans les antichambres cardinalices.

Une porte s'ouvre, et nous sommes priés de passer dans un cabinet. C'est celui de Son Excellence Mgr Gaëtan Bisleti, maître de chambre de Sa Sainteté, protonotaire apostolique.

Petit, jeune, brun, très aimable, parlant admirablement le français, vêtu de soie violette des pieds à la tête, tel est le puissant personnage qui prend rang avant les évêques et qui sera cardinal un jour, sa charge menant directement à la pourpre.

Tous les visiteurs passent par ses mains : les rois et les empereurs comme les simples paysans. Il n'a jamais quitté son poste, — c'est lui qui nous le dit, — excepté pour aller voir quelquefois sa mère dans les environs. Il ne connaît pas Paris ! A quoi bon ? Le monde entier passe dans son cabinet.

Revenons cour Saint-Damase, repassons devant la marquise et prenons un escalier à gauche, dans le coin; montons quelques marches et sonnons à une porte.

Elle s'ouvre sur un vestibule un peu obscur, où trois ou quatre jeunes religieux vêtus de noir causent. Ce sont des augustins. Nous les saluons, et un bon vieux domestique nous introduit dans un appartement exigu, très bas de plafond, meublé des éternels fauteuils rouges.

Un vieux prélat paraît.

C'est Mgr Guillaume Pifferi, religieux augustin, évêque titulaire de Porphyre, sacriste et confesseur du pape.

Un très aimable vieillard, qui cause volontiers et montre ses richesses, car le sacriste est le gardien des saintes reliques. Or il en a beaucoup, et elles sont toutes dans le petit appartement, voire même la tête d'un *civis romanus,* — un autre et un vrai, — saint Laurent, au rictus amer qui indique l'atroce souffrance du feu. Le reliquaire est d'un prix inestimable.

Nous exprimons notre étonnement de voir que les trésors sont si mal logés.

« Certainement, dit le bon évêque, leur place n'est pas ici.

— Mais où ? »

Il montre, par la petite fenêtre, le Quirinal, au loin, parmi les toitures de la ville.

« Là !

— Mais qui vous rendra ... ?

— Vous, ... les Français... »

Là-dessus entre un jeune prélat colombien, Mgr de S..., beau comme le sont seulement les hommes de sang espagnol. C'est un des quatre camériers participants qui se tiennent, à tour de rôle, dans l'antichambre du pape. Il vient saluer le bon vieillard, qui paraît fort aimé dans son entourage.

VIEUX SOUVENIRS

Nous étions venus à Rome déjà plusieurs fois.

La première, au retour d'un voyage en Orient. Pie IX, de douce mémoire, vivait et régnait encore. Quelle belle figure que celle-ci ! Il avait traversé des jours sombres et glorieux. C'était le pape de Gaëte, le pape de l'Immaculée Conception, le pape du Concile, — du grand Concile, — celui des martyrs japonais, celui que les Français ont le mieux connu.

Sans doute, le grand courant des pèlerinages entraîne toujours vers Rome des flots de compatriotes. Nous sommes bien placés pour cela ; franchir les monts est commode, et il ne faut pas un temps bien long pour arriver à la porte du Vatican. Trente-six heures suffisent. Autrefois, il y a quarante ans, on mettait davantage ; mais on arrivait encore vite. Donc, parmi les Français des classes aisées, beaucoup avaient pu connaître le pape ou du moins l'entrevoir.

Ce n'est pourtant pas de ceux-ci que nous voulons parler.

Pie IX avait été en contact avec l'âme française, parce qu'il avait connu les petits. Nous tenions garnison à Rome, de son temps, comme nous tenions garnison dans un chef-lieu de département quelconque. Eh bien ! on n'a pas idée comme cette occupation a servi à la France au point de vue religieux. Le petit soldat ouvrait de grands yeux devant la colonnade du Bernin et la façade de Saint-Pierre, et quand il passait devant le *Portone di bronzo*, il savait qui était là derrière et là-haut, et il savait que lui aussi, à son tour, il monterait la *Scala regia* pour aller voir le *roi*.

Il le voyait avec quel intérêt, quelle joie et quelle vénération !

Car il ne pouvait s'en empêcher, le petit soldat, le fils des hommes de 89; il avait la religion dans le sang, par atavisme, et il éprouvait du respect pour le chef de cette religion à laquelle il appartenait, comme ses ancêtres.

Nous ne parlons, bien entendu, que des catholiques. Très sérieusement, les autres comptent-ils tant en France? Et pourtant le prétexte, le fameux prétexte, invoqué sans cesse en faveur de la liberté de conscience, ne vient que des dissidents, au nom de qui on parle et qui peut-être n'ont jamais espéré qu'on prendrait leur défense dans pareille mesure.

Or, le petit soldat rapportait à son foyer ses impressions de Rome, et elles étaient bonnes et salutaires pour tout le monde en France; car on comprenait Rome et le pape, et on les aimait ; par suite, on devenait plus attaché à sa croyance et à sa religion, plus solide.

Jamais nous n'avons si bien compris cette parole de Gœthe qu'un publiciste, M. Jules Claretie, rappelait dernièrement [1] :

« Oui, je suis enfin arrivé dans cette capitale du monde ! Tous les rêves de ma jeunesse, je les vois vivants aujourd'hui, et je suis *tranquillisé* pour toute ma vie. »

Et cette autre :

« A Rome, celui qui porte autour de lui un regard sérieux doit devenir *solide;* il doit se faire une idée de *solidité* plus vivante en lui qu'elle ne le fut jamais. »

Il est vraiment piquant que des arguments en faveur de notre cause nous arrivent de pareille source.

Nous n'avons pas vu l'uniforme français dans les rues de Rome, ni au Vatican. Nous y sommes arrivés pour la première fois après 1870; Pie IX était déjà prisonnier volontaire. Mais nous nous rappellerons toujours l'aspect de vaillance et de verte vieillesse de

---

[1] *Le Journal*, *Causerie de quinzaine*, 19 février 1902.

l'auguste pontife, qui refusait tout aide pour monter sur son trône, devant des milliers de visiteurs se pressant dans la salle Clémentine, et, crânement, parlait pendant une demi-heure, non pas la main appuyée sur la canne qu'il portait, mais la canne sous le bras, comme pour bien affirmer :

« Je suis jeune encore ! »

Les papes ont toujours la coquetterie de leur âge. Pie IX n'est pas le seul qui ait agi ainsi.

UNE PREMIÈRE VISITE

Après Pie IX, Léon XIII.

Nous le vîmes pour la première fois, il y a une vingtaine d'années. C'était la seconde de son pontificat, comme il voulait bien nous le rappeler dernièrement. Nous disons ceci sans forfanterie ; tous ceux qui ont eu le bonheur d'approcher le pape savent combien celui-ci met d'affabilité dans la conversation.

Nous étions là deux prêtres de Paris, au bas de l'escalier royal, sur le passage du pontife, qui se rendait dans les jardins du Vatican pour sa promenade quotidienne.

Nous avouerons que nous avions triché quelque peu pour obtenir cette entrevue. Mgr Macchi, aujourd'hui cardinal et alors maître de chambre, nous avait accordé audience pour six jours plus tard. Six jours ! nous devions être loin dans six jours ! Et partir sans voir le pape !...

Grâce à la complicité d'un ami, le vénérable Père Brichet, de la congrégation du Saint-Esprit, économe du séminaire français, nous pûmes voir Mgr Ciccolini, un des quatre camériers participants, — ceux qui, tour à tour, font le service d'antichambre auprès de Sa Sainteté.

Mgr Ciccolini nous donna rendez-vous sur la route suivie par le pape.

Mgr Macchi fronça bien un peu le sourcil en apercevant les audacieux Français qui avaient enfreint la consigne ; mais, comme ce n'était pas la première fois qu'il avait à absoudre semblable péché, il se tut et, en homme d'esprit, nous présenta fort aimablement à Léon XIII.

Il y avait beaucoup de monde là : des prêtres, des religieux, des messieurs en habit noir, dégantés, des dames en mantille, des enfants remuants, des religieuses, parmi lesquelles nous remarquions des sœurs de Saint-Charles de Nancy, qui dirigent à Rome l'hospice des aliénés du *Manicomio*, près Saint-Pierre.

Gardes nobles, camériers, suisses, *bussolanti*... et tous les visiteurs à genoux.

Le pape passe devant chacun.

Il est devant nous.

Mgr Macchi dit nos noms et qualités.

« Vous êtes vicaires à Paris?

— Oui, Sainteté.

— Où cela?

— A Saint-Médard.

— Où se trouve cette paroisse?

— Non loin du Panthéon.

— Du Panthéon?...

— On appelle aussi cette église Sainte-Geneviève.

— Ah! je sais, j'y ai été; j'y ai célébré la messe. J'allais à Paris, quand je me rendais à Bruxelles, où j'étais nonce. »

Peut-on être plus aimable? Et quand on pense que le pape en dit autant à tout le monde, en variant la formule et le genre de conversation !

ROME PONTIFICALE

Vingt ans après, les deux mêmes prêtres revenaient dans la Ville éternelle. Vingt ans opèrent des changements ; l'un d'eux était devenu évêque. A vrai dire, il était destiné à cette haute dignité depuis longtemps.

Nous verrons que le pape, lui, n'a pas changé; Rome non plus.

De loin, nous nous étions tenus au courant; on ne peut se désintéresser de Rome.

Mais pour comprendre cette ville, il faut y habiter. Elle a un cachet tout spécial que ne possède pas une autre ville, même italienne.

Peut-être connaissons-nous mieux le reste de l'Italie. Turin est une véritable capitale, comme Milan, mais plus encore que cette dernière. Florence est un vaste et inoubliable musée; Venise de même, avec l'attrait de la lagune. Naples est étourdissant par le spectacle de ses rues, la vue du port, les promenades des environs.

Rome seule est unique.

C'est la ville des petites rues, des belles fontaines, des nombreuses églises et chapelles, des obélisques triomphants, des délicieuses villas, des palais fastueux, des ruines grandioses.

Personne ne peut habiter ici s'il a la nostalgie du boulevard, du bois, du théâtre, du concert, et même des affaires de la bureaucratie : celui-là doit aller ailleurs; il ne doit pas demeurer à Rome.

Un pouvoir politique ne restaurera jamais les grandeurs d'autrefois. La Rome païenne, républicaine ou impériale, est écrasante. Le pouvoir doit siéger ailleurs; et autre part il trouvera, du reste, plus de commodité, d'aisance, de liberté.

Sur les ruines, sur les sépultures, sur les églises, sur les antiquités et dans la paix de ces choses mortes, seule une puissance spirituelle peut se dresser et s'établir.

Évidemment une erreur a été commise.

Les Italiens ont beau faire; ils sont arrivés avec des idées particulières à l'endroit de Rome, voulant ériger une capitale moderne, pourvue de tous les éléments de progrès matériel. A certains égards ils ont réussi, construisant de belles rues, de larges artères, des places spacieuses, d'immenses palais, comme le palais de justice, au bord du Tibre; quelquefois ils ont piteusement échoué, quand ils ont voulu peupler les maisons de locataires, comme aux *Prati di Castello*. Personne n'est venu.

Mais, d'une manière générale, ils n'ont point conquis Rome; Rome est réfractaire. Nous reconnaissons les efforts des Piémontais, mis au service d'une mauvaise cause. Nous les admirons, par exemple, quand il s'agit de ces fouilles vigoureusement poussées au Forum ou au Palatin; mais nous restons Romains et *papalins* avec les vrais Romains.

Le Quirinal est au roi; mais pourquoi donc le roi n'y habite-t-il pas? Victor-Emmanuel est venu une fois; il y est mort. Le second Victor-Emmanuel et la jeune reine ne se plaisent qu'à Naples. On dirait que le palais de Monte-Cavallo porte le deuil éternel de la papauté.

Monte-Citorio ne me dit rien, pas plus que le Sénat italien. Il faut être bien audacieux à Rome pour porter le titre de *sénateur* présentement, avec les souvenirs de l'histoire. Non, je ne sais même où trouver le Sénat non plus que tel ou tel ministère; mais je connais très exactement l'endroit où se trouvent la Chancellerie apostolique, la Propagande et le Collège romain. Il n'y a pas de ministère qui vaille ceux-ci.

Ce splendide palais, qui abrite la congrégation du Sacré-Concile et d'autres encore, est comme un ministère des affaires intérieures et le gardien de l'intégrité des mœurs et de la foi. Je sens ici une force et un pouvoir immense, et je me courbe devant cette majesté de la puissance mondiale.

La Propagande l'emporte sur tous les offices coloniaux de tous les gouvernements, puisqu'elle a l'univers entier dans sa main. Il n'est pas d'homme qui détienne plus de souveraineté que le cardinal préfet de la Propagande.

Il n'est pas d'Université qui égale le Collège romain, ou plutôt toutes les universités ne sont que des pastiches de celle-ci.

Ces flots d'étudiants de toutes les races et de tous les mondes qui se déversent ici attestent la gloire de la célèbre maison et de son enseignement.

Mais où vont-ils en sortant, ces étudiants dont nous parlons?

Chacun se rend dans son collège spécial, qui est sa maison nationale. C'est ainsi qu'on trouve le collège germanique, le collège écossais, le collège canadien, le séminaire français, la procure de Saint-Sulpice, le collège hispano-américain, etc. Là, dans chaque maison, ils conservent les traditions de la patrie; mais dans toutes le cœur bat pour un même amour: l'amour de l'Église et du pape.

Il ne s'agit donc plus ici du royaume d'Italie, à qui nous ne voulons pas de mal, mais du royaume de Dieu sur la terre universelle.

CHEZ LE PAPE

Aller visiter Santa-Maria in Cosmedin, ou Saint-Laurent hors les murs, ou Sainte-Agnès *fuori*, avec le gracieux tombeau de Constance, voisin ; — passer des heures à Saint-Pierre, devant les

La cour du pape : la garde suisse en ses divers costumes.

tombeaux des papes, ou au Forum à examiner des chapiteaux en marbre jaune africain, tellement fouillés que, si on les commandait aujourd'hui à un sculpteur, il faudrait les payer vingt ou trente mille francs, sont des joies artistiques qui ne se décrivent pas ; il faut en avoir joui soi-même, et Rome les offre et les prodigue tous les jours avec une générosité sans égale. Une seule joie est rare : celle de voir le pape.

Elle nous fut donnée pourtant. On se rappelle que l'audience pontificale nous avait été accordée. Au jour dit et à l'heure fixée, nous nous trouvions au Vatican, dans la cour Saint-Damase, devant l'escalier qui conduit à l'appartement de Sa Sainteté.

Nous ne croyons pas qu'il y ait une cour en Europe capable de surpasser en magnificence celle du souverain pontife, ni qu'on trouve nulle part une étiquette aussi sévère que celle qui est en vigueur dans le palais apostolique.

Quand on descend, dans la cour Saint-Damase, sous la marquise

La cour du pape : camériers secrets dans leurs divers costumes.

qui donne accès aux appartements privés, on monte l'escalier qu'on trouve devant soi, où sur chaque palier un suisse en grande tenue présente les armes aux évêques ou aux prélats, et on arrive bientôt à une antichambre.

Il faut franchir alors un certain nombre de salles. La première est celle des *suisses*, où il y a tout un poste de ces beaux et puissants soldats.

La seconde, celle des *bussolanti*, valets habillés de velours rouge aux armes du pape, et qui tirent leur nom des tambours de velours rouge qu'on voit aux portes, en italien *bussole*.

La troisième, celle des *gendarmes pontificaux*. Les gendarmes qu'on rencontre dans les cours ressemblent à s'y méprendre à nos

La cour du pape : les gendarmes et leur commandant.

gendarmes français, par leur uniforme et par les buffleteries de leurs armes. Dans l'intérieur du palais, ils revêtent la grande tenue, qui comporte le haut bonnet à poil que les soldats de cette arme portaient à Paris, sous l'empire.

La cour du pape : groupe de gardes nobles.

La quatrième, celle des *gardes palatins*, qui appartiennent encore à l'infanterie.

La cinquième précède l'*antichambre d'honneur;* on y voit un détachement de la *garde noble*. On sait que tous les gardes nobles sont titrés. Leur uniforme noir et bleu, sobre, élégant, leurs épaulettes d'or, leurs casques, leurs éperons, leur haute taille font grand effet sur le visiteur. En résumé, on peut dire que les sentinelles qui sont là sont autant d'officiers qui montent la garde, sabre au clair. Ceux qui circulent dans les pièces sans être postés en sentinelles, aux portes, n'ont pas la tête couverte et gardent à la main leur coiffure.

La sixième salle, *antichambre d'honneur*, est la salle du trône. C'est là que le pape, entouré de sa cour, entend les sermons d'Avent ou de Carême. Pour cela, le souverain pontife ne vient pas s'asseoir précisément dans la salle; mais on établit pour lui, dans l'embrasure de la porte qui est à droite du trône, une sorte de cage grillée où il s'installe et d'où il peut voir et entendre commodément. Le prédicateur est toujours un capucin qui est plus tard élevé à l'épiscopat.

Dans l'antichambre d'honneur se tiennent deux camériers d'honneur : l'un en habit violet, l'autre de cape et d'épée, un civil, qui fait son service ici en habit avec la chaîne de chambellan.

Immédiatement après, c'est l'*antichambre secrète*, à la porte de laquelle se tient encore un garde noble de faction.

L'antichambre secrète précède immédiatement le cabinet du pape.

Nous avons dit que nulle part on ne trouve une étiquette aussi sévère qu'au Vatican.

Tout le monde doit laisser son chapeau aux mains des *bussolanti*. Les ecclésiastiques sont en manteau long, les civils en habit, les dames en robe noire avec mantille ou voile. L'usage des gants est prohibé.

Avant l'audience et selon son rang et sa dignité, chacun se tient dans l'antichambre qui lui est propre.

Dans l'antichambre secrète, les cardinaux et les ambassadeurs.
Dans l'antichambre d'honneur, les évêques et les prélats.
Dans les autres antichambres, les ecclésiastiques selon la hiérarchie et les civils.

Nous sommes dans l'attente, nous remémorant les vers de Virgile :

Et quæ tanta fuit tibi Romam causa videndi ?

Oui, pourquoi sommes-nous venus ici, si ce n'est pour voir cet *homme blanc* qui est là, à deux pas, derrière les cloisons ? Depuis une demi-heure il est en conférence avec l'évêque de P... Tout à coup une sonnette retentit : c'est celle du saint-père qui annonce au camérier secret participant qu'il peut nous introduire. Les camériers et les chambellans nous avertissent, nous pressent. Quel moment !...

Mgr D... vient nous prendre à la porte du cabinet, et tous deux nous commençons les génuflexions : la première à la porte de la pièce, la seconde au milieu, la troisième aux pieds du pape. C'est après avoir fait la seconde génuflexion que, dépassant un paravent, nous aperçûmes Sa Sainteté. En terminant la troisième, on baise sa mule et sa main.

Donc le pape était là, sous nos yeux... Moment inoubliable ! Et dans un éblouissement, comme si nous étions au sommet d'un Thabor, nous le contemplions.

Il est de taille moyenne, doux, calme. Il ressemble à un curé de paroisse.

Pie X parle... C'est le Dante qui a dit :

Parlando cose che il tacere è bello
Si com' era il parlar colù dov' era.

« C'étaient de ces choses qu'il est beau de taire, comme alors il était beau d'en parler. »

« O Père, ô Père, comment ai-je eu la hardiesse de vous parler et de vous répondre, à vous le vicaire de Jésus-Christ, à vous qui êtes si près de Dieu ? Mais vous m'éleviez à une si grande hauteur que je n'étais plus moi. La joie couloit en moi à grands flots, et mon cœur se réjouissait de contenir cet océan de joie sans en être brisé ! »

... Voi siete il Padre mio,
Voi mi date a parlar tutta baldezza,
Voi mi levate si ch'i son più ch'io !
Per tanti rivi s'empie d'allegrezza.
La mente mia che di sè la letizia
Perchè può sostener che non si spezza.

(DANTE, *Il Paradiso*.)

Nous ne savons rien des choses de l'au delà, si ce n'est que nous y trouverons Dieu. Comment pourrons-nous soutenir son éclat, sa majesté, sa gloire ? Qui sait ? Peut-être éprouverons-nous alors le même réconfort, la même paix, le même calme que devant son représentant sur la terre. Dieu est bon comme le pape est bon.

Nous nous retirons, sans tourner le dos et en faisant encore les trois génuflexions, marchant à reculons. Nous nous retrouvons dans les antichambres, où Mgr Bisleti nous aborde et veut bien nous montrer la chapelle privée du saint-père. Et nous partons, pleins d'émotion, pleins de joie, avec deux idées dominantes :

Comment ont-ils pu, les Italiens, porter la main sur le patrimoine de Pierre? Quelle terreur dans l'âme de ces fils de Savoie, quand ils doivent se coucher dans ces lits du Quirinal qui ne leur appartiennent pas? Comment tout cela finira-t-il?

Et puis nous disons, comme Coriolan :

Adieu, Rome, je pars, mais tu me reverras !

LE PALATIN DES CÉSARS

Tous ceux qui ont été à Rome ont subi le charme étrange de ces ruines entassées dans le voisinage du Forum. Souvent, obligés de donner une grande partie de leur temps à la visite des monuments chrétiens, ils avaient le regret de ne pas pouvoir consacrer plus d'instants à la Rome païenne, et en particulier les restes du Palatin les hantaient. D'autres ont su partager leur intérêt et leurs loisirs entre les deux Rome si passionnantes.

Disons tout de suite que l'attention accordée au côté païen ne nuit en aucune façon aux sentiments de foi et de piété que la partie chrétienne de la grande ville développe dans les cœurs; elle les renforce, au contraire, et leur permet d'admirer la Providence, qui a choisi tout ce qu'il y avait de plus faible au monde pour confondre les puissants et les forts, selon l'immortelle parole de saint Paul. L'admiration ici se double de stupeur, quand on s'aperçoit que les puissants et les forts qui ont construit et habité les palais dont nous voyons les ruines ont atteint l'apogée de la force et de la puissance. Ceux-là, certes, étaient des géants. Que dire alors de ceux qui, la croix et l'Évangile à la main, les ont vaincus?

I

Ouvrez le huitième chant de l'*Énéide* de Virgile, et vous connaîtrez les premiers habitants de la colline du Palatin, une des sept de la ville, comme on sait ; ce sont les Arcadiens d'Évandre :

> *Arcades his oris, genus a Pallante profectum,*
> *Qui regem Evandrum comitem, qui signa secuti,*
> *Delegere locum et posuere in montibus urbem*[1].

Lisez plus loin : Énée laisse son armée à l'embouchure du Tibre et remonte le fleuve jusqu'au Palatin :

> *Quum muros arcemque procul ac rara domorum*
> *Tecta vident, quæ nunc romana potentia cœlo*
> *Æquavit, tum res inopes Evandrus habebat*[2].

Il n'y avait donc là, dans le lointain, que des murs, une citadelle et quelques maisons éparses, que la puissance romaine, du reste, éleva depuis jusqu'aux cieux ; mais alors ce n'était qu'une ville pauvre qui composait l'empire d'Évandre.

L'épisode d'Énée n'est sans doute qu'une fable ; mais l'établissement d'Évandre appartient à l'histoire, et sa lutte contre les Latins des montagnes voisines d'Albano est encore historique.

Les Latins sont vainqueurs ; ils ont amené avec eux leurs dieux : Palès, qui féconde les pâturages, donne son nom à la colline. Ce sera désormais le *Palatin*.

Autre étymologie : celle de Rome même. On a cru longtemps que le nom de cette ville venait de celui de son fondateur ; il n'en est rien. Les murs de la vieille ville étaient baignés par un cours

---

[1] Des enfants de Pallas, venus dans ce pays
Sous la conduite et les drapeaux du fier Évandre,
Qui des Arcadiens est réputé descendre,
Ont fait là leur demeure et bâti leur cité.
(Traduction Motheau.)

[2] Ils voient à l'horizon des murs de citadelle
Et quelques toits épars, — lieux que Rome éternelle
A fait briller, depuis, d'un immortel éclat.
(Traduction Motheau.)

d'eau, celui que nous appelons le *Tibre*. *Fleuve* ou *rivière* se disait en langue sabine *Rumon*, d'où *Roma* ou ville du *Rumon*. Romulus vient aussi de *Rumon* ou *Roma*; il n'aurait donc pas donné son nom à sa fondation, mais au contraire lui aurait emprunté le sien propre.

Rome. — Le stade et le couvent de la Visitation.

Ce nom sabin de *Rumon* est tout naturel quand on sait que les Sabins, venant, eux, de Tibur ou Tivoli, s'étaient établis à deux pas du fleuve, sur la colline du Quirinal.

La nouvelle cité s'appela donc Rome après s'être nommée tout simplement *Palatium*. Le nom de *Roma* apparaît, d'après Varron, la troisième année de la VIe olympiade, l'an 747 avant Jésus-Christ.

La forme de la cité était celle d'un trapèze avec une porte sur chaque face, et, au centre, l'autel de la ville ou *mundus*. C'est la *Roma quadrata*.

La colline du Palatin se composait de trois sommets : le *Palatium* par ecxellence, parce qu'il possédait le sanctuaire de Palès ; le *Germalus* ou colline des jumeaux, en face du quartier du Vélabre ; le *Velia,* dans la direction du Forum.

Le Stade.

Le principal monument de l'ancien Palatin était le temple de *Jupiter Stator,* dont quelques archéologues croient voir encore des vestiges. Et puis le mur d'enceinte, dont une grande partie est visible actuellement.

Pendant la période de la république romaine, le siège du gouvernement et des affaires était établi ailleurs ; mais le lieu du Palatin demeurait un endroit vénéré, sacré, divin, berceau de la puissance des Quirites. Néanmoins nombre de citoyens, et des plus illustres, établirent là leur maison, dans la région des temples ; on cite Marcus Livius Drusus, Quintus Lutatius Catulus, Lucius Crassus, Cicéron, Catilina.

L'époque impériale est le triomphe de l'illustre colline : Octave était né sur le Velia, et il fixa sa demeure sur le sommet, après Actium. Tibère établit sa maison en face du Vélabre, sur le Germalus ; Caligula préféra pour la sienne l'angle nord-est.

On sait que Néron abandonna le Palatin pour l'Esquilin.

Avec les Flaviens, l'antique colline revoit les empereurs : Domitien construit entre les palais d'Auguste et de Tibère ; Hadrien embellit le fameux *Stade,* au sud de la maison d'Auguste. Septime-Sévère va au sud-ouest, vers le cirque Maxime, et ouvre son étonnant *Septizonium* sur la *via Appia*.

Il est intéressant de connaître quel fut le sort de cet ensemble fastueux de palais impériaux à l'avènement du christianisme et à l'époque des invasions des Barbares.

Deux rois, un Goth et un Hérule, Odoacre et Théodoric, s'établirent dans ces demeures somptueuses. Au VIIe et au VIIIe siècle, les palais sont toujours la propriété des empereurs byzantins et des exarques de Ravenne ; mais ceux-ci n'en usent guère et même n'en usent pas. Rome, par une disposition providentielle, eut un nouveau monarque, le pape. Un jour vient où le doute qu'on pouvait émettre à cet égard n'existe plus : Charlemagne et Pépin ont parlé, ils ont agi ; le pape est seul maître.

Va-t-il habiter les somptueuses demeures du Palatin ? Non. Il reste au Latran, abandonnant la place et les appartements splendides aux moines et aux barons, qui en font des couvents, des forteresses.

Alors les toitures s'effondrent, les stucs s'effritent, les mosaïques se désagrègent, les colonnes se penchent et les chapiteaux roulent à terre, — les chapiteaux, dont un seul maintenant coûterait des prix fous. — Le Palatin s'écroule !

Et ce ne sont pas des Visigoths ou des Vandales qui ont accompli ce désastre ; ce sont des chrétiens et des Romains ! Et ce ne sont pas des mystiques qui ont détruit les chefs-d'œuvre du paganisme antique ; ce sont les néo-païens de la Renaissance qui ont couvert de chaux les marbres précieux !

Heureusement, la bonne nature était là. Vers le xvi⁰ siècle, la poussière et la terre recouvrirent les ruines et les amas de décombres. Chênes verts, cyprès, pins et palmiers dressaient leurs bosquets et leurs dômes au-dessus du mont célèbre, gardant ce qui restait de trésors sous leur voûte de verdure.

Rome. — Le mur de Romulus.

C'était la *villa Farnèse*.

Les fouilles ont commencé au milieu du xviii⁰ siècle avec Mᵍʳ Bianchini et avec l'aide du duc de Parme, propriétaire des *Orti Farnesiani*. Ce fut lui qui reconnut les maisons de Tibère et de Caligula et celle des Flaviens, sans pourtant pouvoir deviner ce qu'était le Stade que nous avons mentionné. Il publia même à ce sujet un ouvrage très intéressant : *Il Palazo dei Cesari*.

Le Français Rancoureil continua les recherches en 1777 et s'occupa surtout de la maison d'Auguste. Le plan en fut relevé par

Barberi et publié par Guattani dans un autre ouvrage, *Roma descripta*.

En 1862, Pie IX ordonne des fouilles en face du cirque Maxime, et Napoléon III, qui vient d'acquérir les jardins Farnèse, entreprend celles du terrain voisin du Forum. Il charge M. de Rossi de ces importants travaux, et il faut dire que nul n'était mieux indiqué pour les mener à bien ; car, cette fois, au lieu de remuer hâtivement les terres et de transporter les déblais à côté des excavations, on dégageait fort proprement les ruines, et elles apparurent avec toute la netteté désirable ; telle cette délicieuse *maison de Livie,* le joyau du Palatin.

Malheureusement, les événements de 1870 amènent la chute de Napoléon. Le gouvernement italien lui achète la villa Farnèse et conserve Rossi. Celui-ci met à jour le Stade, les Thermes et le palais de Septime-Sévère, en construisant des chemins commodes pour permettre au public l'accès des ruines.

Les fouilles continuent actuellement, amenant encore de nouvelles découvertes.

II

C'est une vraie jouissance que la visite de ces lieux. Nous dirons même qu'il est bien difficile de comprendre exactement l'histoire romaine, surtout celle des empereurs, si l'on n'est venu ici. Nous y arrivâmes, nous, à cette époque où tout le monde avait entre les mains le fameux roman de Sienkiewicz. Sans vouloir donner à *Quo vadis?* une importance exagérée, il est peut-être permis de dire que cet ouvrage, — bien « lancé », — a appris quelque chose à beaucoup de personnes qui ne savaient rien ou presque rien des temps néroniens.

Nous arrivions donc, préparés à goûter l'histoire et l'art romains, bien qu'on ne parle pas de Néron au Palatin, nous le savons.

On entre dans les ruines par la nouvelle porte qui s'ouvre dans la *via San Teodoro*. C'est en face du quartier du Vélabre ; et tout de suite on remarque, à gauche, un reste de l'enceinte de la Rome carrée, construite en gros blocs rectangulaires.

Marucchi, auquel nous avons fait de nombreux emprunts dans cette étude, n'hésite pas à attribuer cette construction à l'époque

Restitution du Palatin dans la Rome antique. D'après Michel et François Tramezini (1773).

des rois, et il en donne pour raison que les pierres murales ailleurs portent des marques de carrières, c'est-à-dire des lettres de l'alphabet latin, tandis qu'ici il n'y a aucune trace de marques sur les blocs du mur qui nous occupe, et, de plus, les pierres grossièrement taillées ne sont pas régulièrement jointes.

Tout près, à quelques pas du chemin, voici un autel antique demeuré à l'endroit même où il fut érigé, avec cette inscription :

*Sei. Deo. Sei. Deivæ. Sac.
C. Sextius. C. F. Calvinus. Pr.
De. Senati. Sententia. restituit.*

C'est l'autel que le préteur Calvinus consacra au génie protecteur de ce côté du Palatin.

Non loin évidemment se trouvait la grotte du dieu Faunus Lupercus, défenseur des troupeaux, où le lit de roseaux des deux jumeaux Romulus et Rémus s'arrêta et où la louve vint les allaiter. On l'appelle le *Lupercal*.

Le visiteur rencontre un mur perpendiculaire à la colline, et, laissant à gauche, — où il reviendra, — des chambres basses qui constituent le *pædagogium*, il arrive à une *exèdre* grandiose.

On appelait de ce nom, ou encore *pulvinar*, un grand portique en hémicycle qui dominait un beau site. Celui-ci est situé en face du *cirque Maxime*, lequel s'étendait entre le Palatin et l'Aventin, et qui contenait deux cent mille spectateurs. Il avait été créé par Tarquin l'Ancien.

Habitavit postea in Palatino. Suétone indique en ces termes le lieu de la maison d'Auguste. Elle était là, l'exèdre formant l'arrière, cette maison du premier César, et à elle seule occupait presque le quart de la colline, puisqu'elle allait de la *Porta Magonia*, située à l'ouest, sur le versant opposé, jusqu'à l'exèdre du grand Cirque. L'entrée était près de la porte susdite et conduisait tout droit au portique et au temple d'Apollon, élevé par Auguste à la suite d'un vœu. Ce portique était voisin de la bibliothèque. Le tout était fort richement décoré, avec des groupes, des quadriges et des statues de grand prix.

L'empereur avait aussi construit un temple à Vesta, — un second, le premier étant sur le Forum, — ce qui donna lieu à ces vers d'Ovide :

*Phœbus habet partem; Vestæ pars altera cessit;
Quod superest illis, tertius ipse tenet.
State, Palatinæ laurus, prætextaque quercu
Stet domus; æternos tres habet una deos*[1].

[1] « Phébus occupe une partie du palais, une autre partie appartenant à Vesta; César lui-même habite ce qui reste. Vivez, lauriers du Palatin; vive à jamais ce palais couronné de chêne! Seul il renferme trois dieux éternels. »

(OVIDE, *Fastes*, IV, 949.)

Ces lauriers dont il est question ici, cette couronne de chêne, ornaient l'entrée du palais, par décret du Sénat. Dans cette demeure, tout respirait la victoire et la paix.

Une grande partie du palais est couverte par le monastère et les jardins des Visitandines, qui sont établies là dans l'ancienne

Rome. — Le Forum, vu du Palatin.

villa Millo, mais disparaîtront prochainement ; on ne peut donc voir cette partie qu'avec une permission spéciale.

Heureusement nous pouvons voir le *Stade* dans toute son étendue et sa splendeur depuis 1893. Il a cent quatre-vingt-cinq mètres.

Quand on étudie « le palais sacré que Dieu garde » des *basileus* byzantins, on voit que, outre le grand hippodrome voisin, la demeure impériale possédait aussi son stade privé. C'était très probablement une imitation de Rome. Naturellement, une maison impériale devait posséder un lieu propre aux exercices de gymnastique.

On remarque des traces de ligne centrale, c'est-à-dire de *spino*, — épine dorsale, — et les deux *meta* ou bornes-fontaines à ses extrémités.

Un portique ornait le pourtour; on y voit encore des bases de pilastres et les revêtements de marbre rose des colonnes. L'exèdre dont nous avons parlé servait de loge impériale, comme tout le porte à croire. Sous cette loge, trois salles avec des traces de peintures adaptées à la destination ; une liste de noms, de palmes et de couronnes pour les vainqueurs. On a trouvé là des briques qui datent de l'année 134, ce qui indiquerait que l'empereur Hadrien y a mis la main après Auguste.

Un escalier conduit du Stade aux ruines de Septime-Sévère, qui, lui aussi, a réparé le Stade après un incendie qui l'endommagea sous Commode. Cela n'était qu'une restauration. Sévère fit plus : il construisit un palais complet. La place manquait un peu, cela n'embarrassait guère un César. Celui-ci fit la colline en y établissant des substructions sur lesquelles il éleva sa demeure.

Rien ne reste debout de cet édifice, ni des thermes qui y étaient adjoints, ni du fameux *Septizonium* qui était un portique d'entrée et de façade. Il mesurait quatre-vingt-seize mètres de long et était décoré de sept *zones* ornementales ; d'où son nom.

Nous revenons par le chemin que nous avons pris en arrivant, et nous visitons le *pædagogium*. C'était une école où on instruisait les enfants et les adolescents au service de la cour. Ici il n'y a plus de doute : les savants ont été convaincus pleinement ; ils ont trouvé des inscriptions en graphite sur les murs :

Doryphorus, gemellus afer, Umbonius exit de pædagogio. — *Euphemus exit de pædagogio.*

Certainement, quand les jeunes gens avaient « fini leur temps », ils prenaient plaisir à l'annoncer à tout le monde. C'est à peu près ce que font les militaires de la « classe » quand ils s'en vont de la caserne. Le rapprochement est juste, quand on pense que cette école était plutôt une école militaire sous la direction de vétérans prétoriens. D'autres inscriptions viennent le prouver, comme celles-ci :

Epityncan. V. D. N. — *Veteranus domini nostri.* — *Hilarus Mi. V. D. N.* — *Miles, veteranus domini nostri.*

Et surtout :
Corpus. D. D. N. N. Le corps de garde des empereurs.

On a un autre graphite très curieux. On découvrit, en 1857, un homme à tête d'âne attaché à une croix. Auprès de lui un autre homme semblait l'adorer.

Une caricature! Et avec une légende en grec pour la souligner : *Alexamenos sebetaï Theon.* « Alexamène adore son Dieu. »

Rome. — Le Colisée, vu du Palatin.

Qui était-ce, cet Alexamène? Déjà la caricature semblait l'indiquer suffisamment ; mais dans une autre chambre on retrouva le même nom avec une épithète : *fidelis*. Un fidèle, c'est-à-dire un chrétien, Alexamenos était un chrétien égaré au palais. Il n'était pas le seul. On sait qu'on accusait les chrétiens d'adorer une tête d'âne. Tertullien nous l'a appris.

Ce graphite est maintenant au Collège romain.

Il y a sur le Palatin un endroit que les Césars n'ont point envahi : c'est celui des temples élevés par les vieux ancêtres en souvenir des grands faits de leur histoire. Ainsi, celui de *Jupiter vainqueur*, construit à la suite de la guerre des Samnites, qui commença la grande période victorieuse pour les Romains, en 459. Il n'en reste guère que les soubassements.

Le palais voisin est celui des Flaviens, précédé de la grande *Alea palatina*.

Une voie triomphale y amenait. C'était la *Nova via*, qui partait du Vélabre, passait au-dessus de la maison des Vestales au Forum, puis près de l'arc de Titus, et arrivait à la *Porta Magonia*, une des quatre portes de l'enceinte de Romulus.

Cette voie était en pavés de lave ; elle existe encore. De la porte antique ne subsiste qu'une masse de tuf.

Près de cette porte était la maison de Tarquin l'Ancien et le temple de Jupiter Stator, dédié par Romulus quand le dieu eut arrêté ses compagnons fuyant devant les Sabins. Rien ne reste de ces monuments.

C'est Vespasien qui aurait commencé d'édifier le palais des Flaviens ; les archéologues en attribuent la construction surtout à Domitien.

Fut-il une maison d'habitation ? A considérer la majesté de sa façade et l'ampleur de son vestibule et de ses salles, tout indique qu'il fut plutôt destiné aux grandes réceptions et aux fêtes de la cour.

Un escalier monumental, partant de l'*area* ou esplanade, amène au vestibule, qui se développe sur toute la largeur. Trois grandes salles s'ouvrent sur ce vestibule.

La salle du centre est l'*aula regia,* la salle du trône. Enfin, nous voici dans un endroit vraiment impérial. Ici les maîtres du monde sont venus, ils s'y sont assis, ils ont conversé, ils ont respiré cet air, ils se sont montrés tour à tour bons princes ou tyrans cruels.

Cent soixante pieds de long sur cent vingt de large, telle est la mesure de l'*aula*. Dans le fond, une abside où l'on voit un cube en maçonnerie, base d'une estrade où se dressait le trône de l'empereur. Huit niches énormes dans le pourtour, lesquelles étaient destinées à huit statues colossales qui sont au musée de Parme. Seize colonnes, en marbre phrygien et africain, pour la corniche ; deux de jaune antique pour la porte d'entrée. Ces colonnes ont été enlevées.

La salle de gauche était celle des dieux Lares.

La salle de droite, la basilique et le tribunal. Une abside forme le fond ; le tribunal ou *podium* était là, séparé de la nef par une balustrade de marbre, dont un fragment est resté dans le coin droit. Des colonnes s'élevaient tout autour. C'est le type de l'église primitive.

Derrière la salle du trône, un péristyle ou vaste cour entourée autrefois d'une colonnade et qui couvrait trois mille mètres carrés. Suétone raconte que Domitien passait là sa triste vie, se cachant à la foule. Est-ce là aussi que le César s'amusait à percer les mouches avec un stylet d'or, ou bien dans les chambres voisines ?

Du péristyle on passe dans le *triclinium* ou salle à manger, terminée aussi en abside. De grandes fenêtres s'ouvrent du triclinium sur le *nympheum,* qui a conservé le bassin ovale où l'on mettait rafraîchir les amphores.

Que de somptueux festins furent donnés à cet endroit ! Quelles orgies ont suivi, accompagnées de ces danses lascives dont raffolaient les patriciens romains, avec l'accompagnement obligé des flûtes grecques ou des sistres égyptiens !

Et l'on mangeait, et l'on buvait jusqu'à la satiété, jusqu'à la malpropreté ! L'ami qui nous conduit dans ces dédales et qui connaît bien l'antiquité latine nous amène derrière le triclinium, dans un réduit longitudinal, et nous demande si nous soupçonnons bien l'endroit où nous pouvons être. Nous l'interrogeons de l'œil.

« Je crois, répond-il, que cela doit être le *vomitorium.* »

Ce petit local était apprécié à Rome dans le meilleur monde.

Mais leur crapule était relevée par le décor, — si on peut s'exprimer ainsi. Tout était artistique. Nous n'en voulons pour preuve que le pavé de l'abside de la salle à manger, dont la mosaïque est superbe, avec ses belles plaques de marbre de couleurs diverses. Par cet échantillon on a une large idée du reste. On avait accumulé à Rome des merveilles en fait de marbre, et les sculpteurs savaient le tailler.

Du reste, ces hommes qui donnaient une si large part au plaisir bas et honteux relevaient leur vie par la culture de l'esprit et l'amour des belles-lettres.

Faites quelques pas, et vous rencontrez deux salles garnies de gradins qu'on appelle *bibliothèque* et *académie*. Nous avons déjà vu dans la maison d'Auguste une semblable destination.

C'est du côté de la maison flavienne et du temple de Jupiter vainqueur, mais plus bas, que l'on découvrit en 1896 une citerne très ancienne et que l'archéologie fait remonter sans hésitation avant même l'époque étrusque, puisque les murs sont composés de petits cubes de tuf, *opus quadratum*. Marucchi nous fait remarquer à ce propos que la maçonnerie en était protégée extérieurement par une épaisse enveloppe d'argile et que l'intérieur, qui portait un enduit de stuc, se trouvait ainsi à l'abri de toute infiltration; que, de plus, l'eau qui pénétrait dans cette citerne séjournait sur un lit de sable et traversait une paroi poreuse avant d'arriver à un puits voisin, plus petit et muni d'une margelle par où on la puisait. « Ce détail, conclut le savant, n'est-il pas pour rendre modestes nos modernes hygiénistes? »

A l'ouest de la citerne antique se voient les restes du temple de Cybèle.

Le palais de Tibère s'étendait du temple de Cybèle, au sud du Palatin, jusqu'à un chemin célèbre, au nord, que l'on appelait le *clivus Victoriæ*, et où il venait se heurter au palais de Caligula. Un chemin souterrain, appelé *cryptoportique*, le séparait de l'*Area palatina*.

Des jardins le recouvrent encore, à part une série de chambres basses où logeaient des prétoriens. En suivant la ligne de ces chambres, on arrive au joyau du Palatin. Nous avons nommé la *maison de Livie*, appellation qui n'est pas justifiée d'ailleurs, pas plus que cette autre qu'on lui a également donnée : *maison de Germanicus*.

On la découvrit en 1868, et cet événement remplit de joie les archéologues, car c'était le spécimen le mieux conservé de la colline impériale. Pourquoi avait-elle échappé à la destruction? Tout simplement parce qu'ici il n'y avait aucune décoration en marbre précieux, rien pour alimenter les fours à chaux. Il ne s'y trouvait que des fresques.

C'était probablement un casino ou pavillon où le souverain venait prendre quelque repos, fuyant le tracas des affaires et le bruit des foules.

Une cour ou *atrium* précède la maison, qui se compose de trois chambres : le *tablinum*, salon de réception, l'*ala dextra* et l'*ala senestra*.

Très curieuses, en vérité, ces peintures, genre Pompéi, que l'on admire sur ces murs.

Dans la salle de gauche sont peintes des colonnettes reposant sur une plinthe imitant le marbre. En haut, des génies assis sur des fleurs. Dans le *tablinum* on admire une scène de la fable, puis les préparatifs d'un sacrifice, puis une scène de rue : un

Rome. — La bibliothèque.

gamin qui frappe à une porte, tandis qu'on le regarde du haut d'un portique; enfin une imitation de l'enlèvement de Galatée.

Dans la salle de gauche encore, de jolies peintures consistant en guirlandes de fleurs et de feuillages avec des lyres, des masques, des tympanums et des scènes champêtres dans une villa romaine de grand seigneur.

Une autre salle, qui s'ouvre sur l'atrium, porte sur ses murs des vases remplis de fruits et des arbres de jardins.

Il faudrait être difficile pour ne pas éprouver une profonde satisfaction en visitant la prétendue maison de Livie, — qui fut plutôt celle de Julie, fille de Titus, comme l'indiquent des inscriptions qu'on lit sur des tuyaux de plomb attachés aux murailles; — heureusement a-t-on pu découvrir et conserver ce document, il jette un grand jour sur l'histoire.

Ce casino du palais est relié aux habitations principales par une galerie voûtée appelée *cryptoportique* : elle est éclairée, à droite, par des fenêtres; à gauche, des escaliers s'annoncent là pour conduire au palais de Tibère et de Caligula. Suétone raconte que ce dernier empereur y fut assassiné par Chéréas et ses compagnons en l'an 41; il indique l'endroit avec précision.

Le *cryptoportique* débouche sur l'*Area palatina,* près du temple de Jupiter Stator.

Quand on quitte cette galerie, on arrive au casino et à la fontaine de la villa Farnèse. Devant s'étend une terrasse d'où l'on domine le Forum; en face, on a devant les yeux la basilique de Constantin, éventrée, montrant des arcades gigantesques.

Si on regarde le Forum, on voit, à sa gauche, une voie antique parfaitement conservée, c'est le *clivus Victoriæ;* elle partait autrefois du temple de la Victoire, qui se dressait à la place du casino et aboutissait à la *Porta romana,* une des quatre portes de la *Roma quadrata* de Romulus. *Porta romana* voulait dire *Porte du Rumon* ou *Porte du fleuve*. Elle regardait le Tibre.

Et pour que le lecteur soit bien orienté, ajoutons encore que ce *clivus Victoriæ* était parallèle à la *Via nova* citée plus haut. Cette *Via nova* courait elle-même à peu près parallèlement à la *Via sacra* qui était au milieu du Forum, et les trois avenues étaient reliées les unes aux autres par des escaliers.

De la Porte romaine une autre voie, que l'on distingue encore, descendait au Vélabre.

Cet endroit du Palatin est des plus curieux, à cause du voisinage du Forum. Aussi on comprend comment Caligula avait été tenté d'y bâtir, à son tour, une demeure. Il le fit, après avoir établi de vastes substructions en raison des pentes rapides qui se trouvaient là ; il construisit de hautes arches en briques au-dessus du *clivus Victoriæ,* et il réunit son palais au Capitole par un pont. De cette façon il était dans Rome.

Ces ruines de Caligula ne sont pas très bien reconnues. Cependant on distingue deux étages qui communiquent par un escalier qui part de la rue de la Victoire. Et nulle part au Palatin, croyons-nous, l'effet des ruines n'est aussi grandiose; nulle part les murailles et les voûtes ne semblent s'élever plus haut et d'une façon plus hardie.

Quelques débris de peinture, de stuc et de mosaïque çà et là. Rien de précis, sinon ces chambres de soldats où sur les murs on lit des inscriptions licencieuses, et ces autres repaires honteux que le César non seulement tolérait chez lui, mais ordonnait, en en percevant les bénéfices.

III

Pas à pas, nous avons parcouru la colline du Palatin. Dieu sait avec quel intérêt, quelle joie! Ces décombres, ces amas de ruines parlent comme les pierres savent parler. Mais pourquoi? C'est parce que toujours le visiteur ressuscite le passé et que son imagination le restaure.

Il relève les décombres et les ruines ; il reconstruit les palais et les temples ; il peuple les vestibules et les portiques, et il voit l'histoire.

Une restauration romaine! Combien de fois ne l'avons-nous pas rêvée? « Si j'étais roi! » chante-t-on à l'Opéra. « Si nous étions rois! » disons-nous quelquefois. Eh bien ! oui, pour cela et pour cela seulement, nous voudrions posséder le pouvoir, le pouvoir à Rome. Ah ! comme les princes se laissent aller! Comme leurs jours sont inutiles! Comme leur puissance est vaine ! Qu'est-ce que la fâcheuse politique a jamais produit? Que combinent les cabinets et les chancelleries? Que discutent les assemblées ? Quel résultat l'exécutif et le législatif atteignent-ils? Tout tend à éviter la guerre et à procurer la paix. A force de vouloir cette paix, on en jouit si peu! Mais si on pouvait en jouir, quel plus bel emploi du temps que de favoriser les travaux d'art !

Si nous avions le pouvoir, il nous semble que, dédaignant toute discussion stérile, nous mettrions en campagne des armées de pacifiques travailleurs et que nous ferions jaillir du sol les cités ensevelies et les monuments enterrés; il nous semble que nous créerions de multiples académies, où les savants étudieraient les fouilles et les arts d'autrefois; il nous semble que nous établirions partout des écoles des beaux-arts pour obtenir des architectes, qui n'auraient d'autre souci que de s'inspirer de l'antique.

Alors, alors, quand nous aurions scruté le sol, déterré des merveilles, au lieu de les enfermer dans des musées où quelques rares initiés viennent les admirer et peuvent seuls les comprendre, nous bâtirions, nous reconstruirions sur les anciens plans et nous introduirions dans les nouveaux monuments tout ce qui nous viendrait des vieux maîtres, en y ajoutant du nôtre, mais toujours dans le style voulu. Les palais relèveraient leur front altier; les temples porteraient encore dans les nues leurs frises délicates, supportées par les surprenantes colonnades et les piliers trapus. C'est dans ces édifices que nous placerions les instituts, les grands collèges, les écoles d'art, les académies, les réunions savantes et même les assemblées politiques. Et nous nous trompons fort, si la beauté et la poésie du cadre n'arrivaient pas à calmer les plus farouches et les plus intolérants sectaires.

Hélas! les hommes sont parfois des bêtes cruelles. Nous nous trompons, sans doute, et rien ne serait capable de les calmer.

Est-ce que les Césars n'ont pas vécu dans ce cadre idéal? Est-ce que cet entassement de palais où le vaste se mêlait au précieux, le sévère à la fantaisie, ces terrasses bordées de statues de dieux et de grands hommes s'étageant les unes au-dessus des autres, ces bois sacrés aux ombres épaisses qui les reliaient, ces jardins plantés d'orangers, de cactus, d'aloès, coupés çà et là par des vasques de porphyre ou de larges étangs, ces portiques où se suspendaient des guirlandes de fleurs, est-ce que tout cela n'a pas été élevé pour le plaisir des yeux d'un Tibère, d'un Caligula, d'un Néron?

Caligula sort de sa maison et vient s'accouder sur la balustrade de la terrasse qui se trouve en haut du *clivus Victoriæ,* dominant le Forum. Est-il plus beau spectacle que celui-là?

Un peuple immense remplit l'énorme esplanade. Des voyageurs à pied, à cheval, en litière, qui arrivent de Neapolis et de l'Orient par la *Via sacra;* des cohortes de prétoriens qui montent le long de la *Via nova,* faisant reluire au soleil leurs armures éclatantes et leurs lourdes lances; des patriciens qui passent le pont du Capitole et dont le vent soulève les pans de la toge blanche bordée du *laticlave;* des marchands qui se démènent devant le temple de Castor et Pollux; des vestales dont les processions en théories se déroulent là, tout près, dans le bas. Dans l'azur se dresse un peuple de colonnes, de dômes, de frontons, de statues, d'obélisques.

Tout cela est à Caligula. Il regarde, pensif, le César. Ses yeux sont-ils empreints de bonté? Il pense à quoi? A ceci : il voudrait que le peuple n'eût qu'une tête, afin de pouvoir la trancher d'un seul coup !

Domitien sort de son palais et monte à la loggia qui est en face du cirque Maxime. Deux cent mille spectateurs se pressant sur les degrés de l'immense édifice, entre le Palatin et l'Aventin, le saluent de leurs acclamations répétées. Domitien est-il heureux? Son cœur est-il bon? Il a mis à mort Helvidius, Priscus, Cercalis, Arulinus, Rusticus, et ses cousins Sabinus et Fl. Clemens, en s'emparant de leurs biens. Et il a ordonné la plus terrible persécution contre les chrétiens.

Sévère, le soldat, se rend à son belvédère pour jouir de la vue incomparable de sa capitale et de ses environs. Voici, au nord, l'ellipse colossale du Colysée, puis les pentes boisées du Cælius; à droite, dans le lointain, la *via Appia,* semant sa ligne de tombeaux dans l'*agro romano,* qui est comme une émeraude; au midi, le délicieux massif des montagnes d'Albano; au nord, encore la ligne sévère des monts Sabins, et, tout là-bas à l'horizon, on devine la côte d'Ostie.

Sévère est-il heureux ?

Non. Ce travailleur, qui avait toujours sur les lèvres le fameux *Laboremus!* ce capitaine, qui avait pris Babylone, Séleucie, Ctésiphon et avait porté la gloire des aigles romaines jusqu'en Bretagne, sur les bords de la Clyde; ce vainqueur à qui on avait élevé l'arc de triomphe du Forum, était un prince dur et cruel; il avait poursuivi avec acharnement les partisans de son compétiteur Albinus et avait lancé un édit contre le christianisme.

Tous les mêmes !

Non, ce paganisme heureux ne donnait pas le bonheur. Néron s'ennuyait au milieu des délices de Rome.

> Amis, l'ennui nous tue et le sage l'évite.
> Venez tous admirer la fête où vous invite
> Néron, César, consul pour la troisième fois;
> Néron, maître du monde et dieu de l'harmonie,
>   Qui, sur le mode d'Ionie,
> Chante en s'accompagnant de la lyre à dix voix.
> . . . .
>
> Écoutez ces rumeurs. Voyez ces vapeurs d'ombres;
> Ces hommes dans les feux, errants comme des ombres;
> Ce silence de mort, par degrés renaissant.
> Les colonnes d'airain, les portes d'or s'écroulent;
>   Des fleuves de bronze qui roulent,
> Portant des flots de flamme au Tibre frémissant !
> . . . .
>
> J'ai détruit Rome afin de la fonder plus belle;
> Mais que sa chute au moins brise la croix rebelle !
> Plus de chrétiens ! Allez, exterminez-les tous !
> Que Rome de ses maux punisse en eux les causes.
> Exterminez[1] ! . . . .

Non, le paganisme ne donnait pas le bonheur. Dans un ouvrage récent[2], on nous montre l'antagonisme entre la vieille religion de l'Olympe et la nouvelle, prêchée par des hommes obscurs qui arrivaient de la Judée et de la Galilée. C'est au temps de Julien l'Apostat.

Quel frais tableau que celui de ce temple aux proportions harmonieuses ! Quelle idylle que cet intérieur de prêtre et de sacrificateur vivant dans la compagnie de sa femme et de sa fille ! Et là aussi nous revoyons les marbres rares, les statues grecques au profil noble et pur, les cassolettes, les festons et les guirlandes.

Julien, adolescent, subit le charme de ce paganisme séduisant.

Non loin du bois sacré qui entoure le temple, on rencontre l'église chrétienne en forme de grotte, où tout est froid et sévère. Ce christ nu et pantelant, suspendu à un bois infâme, — une

---

[1] Victor Hugo, *Odes*.
[2] Dmitry de Merejkowsky, *la Mort des dieux*.

croix d'esclave! — Ces murailles décorées parcimonieusement d'emblèmes et de symboles qui rappellent la mort, le sacrifice, la vertu, ah! Le cœur du futur César va au premier temple, bien qu'il soit, lui, chrétien.

Pourtant ceci a tué cela.

Avant Julien, déjà, le paganisme étonné tremblait sur ses bases. Le César avait eu beau prendre et crucifier le premier pape, un homme, qui avait une énergie indomptable et le verbe puissant autant que tout grand orateur du Forum, faisait des néophytes jusque dans le Palatin, et il écrivait ces lignes :

« *Salutant vos omnes, qui mecum sunt fratres ; salutant vos omnes sancti, maxime autem qui de Cesaris domo sunt*[1] ! »

N'avons-nous pas reproduit les graphites du *pædagogium*? Les prétoriens eux-mêmes qui se mêlaient d'être chrétiens !

Que le lecteur se rappelle encore notre description de la grande *Aula regia* du palais des Flaviens. Dans la basilique voisine, on voit le *podium* ou tribunal, dans l'abside, séparé du reste de la nef par une balustrade de marbre, dont un fragment est resté en place. Ce fragment a vu Xyste et Laurent, les deux grands martyrs romains, qui ont comparu ici pour soutenir devant le César la cause de Jésus-Christ et de l'Évangile. Leurs actes disent qu'ils furent jugés *in basilica Jovis*. Or on avait donné ce nom à ce tribunal, en raison du voisinage des deux temples de Jupiter Vainqueur et de Jupiter Stator[2].

De même, les Actes de saint Sébastien disent qu'il subit son supplice *in hippodromo Palatii*. Cet hippodrome du Palatin n'est autre que le Stade, que nous connaissons et qui appartenait à la maison d'Auguste, réparé, embelli par ses successeurs. Remis de ses blessures, le vaillant tribun, une des plus belles et des plus nobles figures de la primitive Église, fut une seconde fois exposé dans le bosquet d'Adonis; c'est là qu'il mourut. Ce bois sacré s'étendait à l'angle est du Palatin[3].

Voilà comment cet endroit, souillé par les orgies des Césars,

---

[1] *Ad Philipp.*, iv, 22.
[2] Marucchi, *Guide du Palatin*.
[3] Jordan, *Forma urbis Romæ*.

été sanctifié; et, à qui leur demanderait des reliques, les papes pourraient venir tout aussi bien ici qu'ailleurs à Rome, pour ramasser une poignée de poussière et la donner en disant : « Voilà des reliques saintes ! » Cette terre, sacrée entre toutes, a bu le sang des saints et connu toutes les grandeurs.

II

PAYSAGES DE SICILE

IMPRESSIONS D'ART ET DE PLEIN AIR

A VOL D'OISEAU

C'est la perle de la Méditerranée.

Et la preuve, c'est que tous les peuples qui se sont disputé la prépondérance de cette mer unique, idéale, ont convoité ce trésor : la Sicile!

Qui trouvons-nous à l'origine de l'histoire ? Les Phéniciens, intrépides marins et habiles commerçants. Ils n'ont garde d'oublier ce petit pays habité par les *Sicani*, de race ibérique ou celtique. Ils y établissent des comptoirs et y agrandissent un port de relâche excellent qu'ils appellent *Panormos*, Palerme.

Pyrrhus, roi d'Épire, y vient.

Les Carthaginois, ces ravageurs de mer, s'en emparent. La Sicile a vu Asdrubal et Annibal, deux des plus grands noms de l'antiquité.

Et naturellement, à leur suite, les Romains, qui en firent le grenier de l'Italie.

Avec les Romains, on voyait l'apôtre Paul prêcher à Syracuse, pendant que Philippe évangélisait Palerme.

Et quand les Barbares font leur apparition foudroyante sur les champs de bataille de l'univers, Genséric, roi des Vandales, et Théodoric, chef des Goths, règnent sur la *Trinacrie*.

Ce n'est pas fini.

Deux autres races imprimeront là leur forte empreinte : les Arabes et les Normands. Le temps de leur conquête fut peut-être la plus belle époque de l'histoire sicilienne. Assad-Ben-el-Forat et Robert Guiscard étaient de rudes hommes, mais c'étaient des hommes.

Puis l'île devient partie intégrante de l'empire d'Allemagne au temps de Frédéric II et du pape Grégoire IX.

Puis elle se soumet aux Français et à Charles d'Anjou, jusqu'aux fameuses *Vêpres siciliennes*.

Puis à la maison d'Aragon, tantôt formant un royaume indépendant, tantôt unie à Naples : on disait alors les Deux-Siciles.

Cela dura, avec des alternatives diverses, jusqu'à la chute du gouvernement des Bourbons, jusqu'à l'arrivée de Garibaldi, en 1860. Le célèbre dictateur donna la Sicile à la maison de Savoie et à l'Italie, à qui elle appartient présentement.

Combien de compétitions, de rivalités, de guerres et de massacres autour de cette proie ! Est-elle donc si précieuse ? Sa possession valait-elle tant d'efforts ?

Oui, sans doute ; jugez-en :

« Des promontoires, presque entièrement isolés, s'avancent dans les flots, au nord des montagnes, dit Élisée Reclus[1], et par la beauté de leur profil, la variété de leurs formes, font de cette côte une des plus remarquables de la Méditerranée. Même après avoir visité le littoral de la Provence, de la Ligurie, du Napolitain, on reste saisi à la vue des caps superbes de la côte sicilienne ; on contemple avec admiration l'énorme bloc quadrangulaire de Cefalù ; la colline plus doucement ondulée de Termini ; les masses verticales de Caltafano, et surtout, près de Palerme, la forteresse naturelle du mont Pellegrino, roche presque inaccessible de vingt kilomètres de tour, où le vieil Amilcar Barca se maintint, durant trois années, contre tous les efforts d'une armée romaine... »

Le célèbre géographe n'a fait que décrire la réalité telle qu'elle apparaît aux yeux du voyageur quand il aborde dans ces parages enchanteurs, et il s'est trouvé que sa description est un tableau superbe, grandiose.

Utile dulci ! Aux beautés naturelles et aux beautés artistiques, — nous le verrons plus loin, — il faut joindre les richesses incalcu-

---

[1] *Nouvelle Géographie universelle.*

lables du sol, arrosé de nombreux cours d'eau, couvert de forêts et de vignobles, recélant de véritables trésors minéraux.

Le climat est délicieux; aussi, dans cet Èden, poussent à foison les orangers, les citronniers, les palmiers, les bambous, les caoutchoutiers, les arums, les aloès, les cactus, les yuccas, les camélias.

« A vol d'oiseau, » avons-nous dit. L'oiseau se pose sur les branches d'un de ces arbres d'Orient, dans un jardin. C'est, si vous le voulez, la villa *Tusca*, à Palerme.

Rosiers à fleurs jaunes, giroflées au violent parfum, pelouses tapissées de violettes de Parme, géraniums géants aux couleurs pourpres, c'est une végétation radieuse de soleil et de lumière, c'est une merveille de grâce et de beauté, c'est la *Conque d'or!*

Et par-dessus plane le grand voile azuré du firmament. Et tout nage dans l'éther subtil, idéal, embaumé. Un vrai paradis!

Cela sur une superficie de 29,241 kilomètres carrés.

L'île a trois millions d'habitants.

Sont-ils heureux vraiment?

Nous le verrons.

PALERME : SUR LE PORT

Et moi aussi, j'ai eu sept ans! Et moi aussi j'ai appris à lire! Et moi aussi, j'ai eu mes étonnements naïfs et mes premières jouissances intellectuelles!

Savez-vous quel était le premier livre qu'on m'a mis entre les mains ou que j'ai déniché plutôt dans je ne sais quel vieux bahut, quand j'étais tout petit? C'était aussi un tout petit bouquin, très vieux, très laid et qui ne me quittait pas. Oh! quand je vois les beaux volumes illustrés qu'on offre maintenant aux enfants, je me dis : « Comme ils sont gâtés! Comme on leur rend facile l'étude de l'histoire! » En profitent-ils? Je ne sais. J'ai idée qu'il en va ici de la science comme des voyages. Ainsi, à Jaffa, on prend maintenant le train pour aller à Jérusalem. Le chemin de fer à Jérusalem! Pitié! Moi, j'y ai été à cheval et je m'en félicite; j'ai peut-être mieux vu, mieux goûté, mieux retenu.

Mon petit bouquin était un cours d'histoire ancienne, à l'usage de la jeunesse (Lyon, chez Pélagaud et Lesne, grande rue Mercière, 1840). Ni les gens, ni les rues n'existent plus, c'est sûr; moi, je conserve toujours précieusement mon petit bouquin.

C'est là que j'ai appris l'histoire de Sicile et les hauts faits de Gélon, d'Hiéron, d'Agathocle et de Denys, tyrans de Syracuse.

Jusqu'à ces dernières années, il m'était resté comme une sensation d'appétit non satisfait; vous savez? quand on a goûté à moitié une bonne chose et qu'on se dit : « Je voudrais bien y retourner. »

Le petit bouquin m'avait donné la nostalgie de la Sicile.

Je n'ai été rassasié que lorsque j'y ai mis les pieds. J'aime l'Italie.

Je n'ai jamais éprouvé de plus pures jouissances qu'en pérégrinant à travers l'Allemagne et l'Italie. Je ne connais rien de beau comme les forêts de la Haute-Bavière ou de la Bohême, et les montagnes du Taunus et du *Schwarzwald,* et je suis amoureux du Rhin et des églises romanes de Cologne la sainte ; mais je *vis* en Italie.

Les Espagnols ont un proverbe qui dit :

> Italia para nacer,
> Francia para vivir.

« Il faut naître en Italie, » parce que ce doux climat convient aux enfants, mais « il vaut mieux vivre en France ». Eh bien! c'est le climat des enfants qui me convient, l'air du lac de Côme, les brises de Naples et de Sorrente, le ciel de Palerme et de Catane.

Lectrices, plaignez mon dilettantisme. Je ne saurais être insensible devant le miséreux qui chante *Santa Lucia,* en s'accompagnant de la guitare, ou devant le lazzarone en guenilles, qui me guide dans les jolis coins, ni surtout devant la *contadina* qui, son *bambino* sur les bras, ressemble à une *Madone* de Raphaël : leurs poses sont si artistiques! Ma sympathie est acquise à leur grâce et à leur *gentilezza.*

Quant à l'art, il est partout chez eux et partout à sa place.

Palerme. — Le port

Voyez-vous un beau fronton et une statue de marbre blanc dans les brumes de Glascow ?

Cela jure ; mais je tombe en admiration en présence d'une balustrade de pierre, derrière laquelle émergent trois pins parasols, dès que j'ai passé les Alpes.

Je les ai passées souvent. Une fois, j'ai été plus loin, bien plus loin ; je suis donc venu en Sicile.

Un ami facétieux m'avait dit :

« Rapporte-moi quatre choses auxquelles je tiens :

« Une pierre détachée des ruines célèbres ; j'aimerais un petit chapiteau.

« Un morceau de lave tirée du cratère de l'Etna.

« Une bouteille de vin de Zucco, ou de Syracuse, ou de Marsala.

« Un peu de corde de pendu ; dans ce pays de brigands, il y en a. »

Muni de ces recommandations, j'arrivai à Palerme.

C'était un dimanche et le jour de la fête nationale : le *Statuto*. Un bon jour pour voir.

Du premier coup, sur le port, je fis deux remarques qui me replongèrent en plein dans le domaine de l'Histoire :

Tandis qu'à Naples j'étais assourdi par l'exubérance et le tapage de la rue, à Palerme je me trouvai au milieu d'une population grave, calme, tranquille.

Quoi d'étonnant à cela ?

La race est un mélange issu des diverses nationalités implantées ici : la grecque, la carthaginoise, l'arabe, la normande, l'espagnole. L'Orient a passé par là.

Chose curieuse ! Le croisement n'a pas donné la beauté. Les femmes sont loin d'offrir la régularité et la pureté des formes qu'on rencontre sur le continent ; le teint est olivâtre, les cheveux sont crépus, la voix est aiguë ; l'œil noir et vif indique pourtant la passion contenue, mais prête à jaillir au dehors, quand on l'excitera.

Les voitures de paysans passent sur le port et attirent forcément les regards. Toutes sont peintes en jaune serin, fileté de rouge et moucheté de vert.

Et sur la caisse, sur les panneaux, on a reproduit l'épopée sicilienne.

Rien d'aussi curieux. Voici les sujets les plus variés :
Le jugement de Salomon.
La passion de Jésus-Christ.
L'arrivée des Sarrasins.
Le roi Roger sur son trône.
La retraite de Russie.
Les adieux de Napoléon à Fontainebleau.
Le débarquement des *Mille* à Marsala.
Le bombardement de Messine.

Comme on le voit, on a un peu empiété aussi sur le domaine de l'Histoire universelle; mais, à coup sûr, voilà un peuple instruit, le plus instruit des peuples, et si les enfants étudient de même l'histoire et la géographie sur la couverture de leurs cahiers de classe, nous aurons affaire ici à une légion de savants.

Eh bien, non, un sixième des habitants seulement sait lire et écrire, et l'industrie des écrivains publics est florissante.

Sous ces peintures naïves, l'artiste n'a pas manqué d'écrire l'invocation et la louange dévote :

Evviva la Divina Providenzia !

« Vive la Divine Providence ! » Que Dieu nous protège!

C'est bien; ils sont tous chrétiens.

Mais la superstition ne perd jamais ses droits dans ces âmes de chrétiens frustes, et ils ne se mettront jamais en route un vendredi ou un mardi, pas plus qu'ils ne se marieront un de ces jours néfastes :

Ne di vennari ne di marti.
Nun si spusa, ne si parti

Toute l'Italie est là, mélangée d'Afrique parfois, surtout quand ils se mettent en colère et quand ils en veulent à quelqu'un. Ne pouvant pas toujours loger un stylet entre les épaules de leur ennemi, ils imiteront les nègres des bords du Tanganika et du Congo, qui tuent en paroles dans des imprécations solennelles :

« Puisses-tu être brûlé !

« Puisses-tu être foudroyé !

« Puisses-tu être tué à coups de couteau !
« Puisses-tu être empoisonné !
« Puisses-tu mourir de mort subite !
« Puisses-tu mourir de la peste noire !
« Puisses-tu être englouti dans les eaux !
« Puisses-tu être trahi par tes enfants ! »

Comme nous abordions au port, mon ami Félix M... et moi, une mégère, ressemblant à une sorcière de Macbeth, anathématisait en ces termes un pauvre diable de portefaix. L'autre, impassible sous l'orage, cria à la fin, par trois fois :

« Eau et sel ! »

Puis il cracha trois fois en l'air et s'en alla rassuré, les mains dans ses poches.

Le danger était désormais écarté.

J'avais vu cela aussi en Chine.

PALERME — MONREALE — L'ART NORMAND

Rien de plus commode pour le touriste que de visiter Palerme. Deux longues rues, formant la croix, partagent la capitale en quatre parties. Le reste n'est que ruelles infectes et tortueuses.

On se porte naturellement de suite au point central, à l'intersection des deux grandes artères : le *corso Vittorio Emmanuele* et la *via Macqueda* ou *corso Garibaldi*. C'est une assez belle place, ornée de statues et de fontaines et appelée *place des Quatre-Cantons*.

Regardez d'un côté ; vous avez au bout un immense horizon bleu : la mer. Retournez-vous et avancez dans la direction contraire, vous allez entre deux rangées de hautes maisons à balcons, peuplés de femmes jouant de l'éventail, jusqu'à la cathédrale et au palais royal.

Croiriez-vous qu'au temps des Fatimites et des Aglabites, la ville comptait jusqu'à deux cents mosquées? Croiriez-vous qu'elle possède actuellement plus de soixante églises? Hélas! ce ne sont pas des monuments, et la plupart du temps elles ressemblent trop à la chapelle de couvent où nous allâmes entendre la messe et où s'étalaient le luxe le plus criard et le plus abominable mauvais goût.

Joli, l'aspect extérieur de la cathédrale précédée d'une place, entourée de balustres et ornée de statues; mais la coupole qui surmonte l'édifice est disgracieuse, et l'édifice lui-même n'a de valeur que comme transition de style. Chaque conquérant apporta le sien, et le Normand les réunit tous, confondant surtout l'ogive et le cintre, faisant planer les voûtes moresques au-dessus des mosaïques byzantines, posant des arcs sur les colonnades grecques des temples.

Cela ne laisse pas que d'étonner à première vue, et on trouve ensuite que ce mélange n'exclut pas l'harmonie.

« *Sta, viator, heroes calcas*. Arrête-toi un moment, voyageur, et ne dédaigne pas ces tombes. »

L'abside mineure, dédiée à sainte Rosalie, contient la châsse précieuse renfermant quelques-uns de ses ossements; elle est en argent ciselé et pèse quatre cent douze kilogrammes.

Dans la première chapelle, à droite de la nef, voici les tombes en porphyre de Roger, roi de Sicile, de l'impératrice Constance, de Henri VI, de Constance II d'Aragon, de Frédéric II, de Pierre II d'Aragon. Cette cathédrale est un véritable Saint-Denis.

Et maintenant au *palazzo reale*, à gauche, au fond de la piazza della Vittoria.

Mais qu'est-ce que cette porte, là au bout de la rue, fermant la ville? Je le demande à un passant.

« La *Porta Nuova*.

— Pourquoi cette porte est-elle couronnée si singulièrement d'une sorte de maisonnette?

— Ah! ah! fait mon interlocuteur, je n'en sais rien; mais ce que je sais, c'est qu'il y a là une chambre où Garibaldi a été se loger, après avoir pris la ville.

— Et le palais royal qui était à deux pas?

— Seigneur étranger, Garibaldi, qui était la splendeur de Dieu, *splendore di Dio*, a laissé le palais aux hommes, comme Dieu l'a fait lui-même. »

... Où sont les deux cents mosquées? Où sont les palais moresques? Où est ce lieu enchanteur de l'*Albehira* dont nous parle le juif Benjamin de Tudela, qui voyageait en 1172, au temps de

Palerme. — La cathédrale.

Guillaume le Bon? Où est la magnificence des émirs héréditaires?
Il ne reste plus à Palerme que deux maisons arabes : la *Cuba*, transformée en caserne et qui n'a rien d'intéressant, et la *Ziza*, qui

n'est guère plus curieuse. Réfugions-nous donc dans l'étude du gothico-normand.

Le plus beau spécimen de ce style est la chapelle Palatine. « C'est un joyau, dit Lauzel (*Italie, Sicile*, 1872), une petite basilique en miniature ; la voûte de la nef est formée de caissons dorés, stalactiformes ; les bas-côtés ont des toits en plan incliné, où les poutres font saillie. Dix colonnes corinthiennes servent d'appui aux parois de la nef, où se déroulent les mosaïques. Toute la partie inférieure est couverte de marbre blanc, où s'incrustent des dessins réguliers, multicolores, de grands fers de lances formés de morceaux de porphyre rouge et vert ; au-dessus de cette mosaïque arabe à fond blanc, sont les mosaïques chrétiennes à fond d'or. Au fond de l'abside, ils ont mis un Christ, tête immense, œil fixe, grands cheveux descendant en ondes noires, un livre à la main ; saint Pierre, saint Paul dominent les bas côtés, comme le Christ emplit la nef de son regard profond. L'or tremblant des mosaïques éclairées de rayons obliques, la bizarrerie des styles, la naïveté des vieilles peintures de pierre ; le désordre des inscriptions grecques, latines ; l'*ambon*, avec son aigle aux ailes étendues, ses piliers sculptés, l'étrange candélabre apporté par Roger, où courent des sculptures gothiques parmi les feuilles d'acanthe d'une pureté grecque ; la coupole qui s'attache à sa base octogone par des arches en encorbellement concentrique, tout amuse et étonne le regard. Il y a une sorte d'insolence dans cet art qui a pillé tous les arts, en même temps qu'une splendeur barbare et naïve. »

Comme au temps des rois normands, on prie dans ce lieu saint. J'y ai vu célébrer un office par le chapitre royal, que préside un doyen mitré ; j'y ai vu un officier supérieur à genoux sur la dalle, sans respect humain.

A une courte distance du palais, on va voir *San Giovanni degli Eremiti*, une église du xive siècle, édifiée par des ouvriers arabes, avec un beau cloître du xive, au milieu duquel fleurissent les roses et les lilas.

Et puis, la visite de Monreale s'impose.

C'est à une lieue de la capitale, dans la montagne. On est tout surpris de trouver là une ville de 16,000 habitants et le siège d'un archevêché. On est bien plus surpris d'y trouver une merveilleuse cathédrale dans le style de la Palatine, et dans laquelle on pénètre par les magnifiques portes de bronze ciselées, — comme le dit une inscription, — en 1186, par Bonnato.

L'impression est grandiose.

« Au-dessus du plan majestueux du parvis, une série de grandes marches de plus en plus élevées, en même temps qu'un resserrement graduel des plans verticaux et des cintres vers le fond de l'abside. Cette ordonnance si simple, si claire, soulage le regard. La légende byzantine se déroule largement. Les Pères, les patriarches, les prophètes, se meuvent en toute liberté. Les reflets d'or se croisent, descendent des poutres ouvragées, jaillissent des guillochures, des mosaïques. Le marbre blanc court en large bande au pied des murailles, et les dorures portent sur ce frais appui, comme un édifice qui s'élève au-dessus d'une eau transparente. Les colonnes antiques de syénite rose soutiennent des murs droits, les arcs puissants n'ont pas une moulure ; il ne se peut rien imaginer de plus original, de plus étrange. » (Laugel.)

A côté du *Duomo*, le cloître bénédictin, qui fait l'admiration des architectes et des artistes, avec ses deux cent seize colonnes dont tous les chapiteaux et les fûts sont différents.

Dans la douceur d'un beau soir, du haut du cloître, nos yeux errent sur le vaste panorama qui se déroule devant nous, avec trois grandes taches vertes, blanches et bleues ; les jardins de la Conque d'or, les maisons et les clochers de Palerme, la Méditerranée.

C'est plus beau encore que Naples.

PALERME — LA PATRONNE

Nous nous en voudrions de quitter la Conque d'or sans avoir fait le pèlerinage traditionnel à la grotte de la célèbre patronne de ces lieux, sainte Rosalie.

Ah ! la douce figure de femme ! Presque dans tous les pays, depuis le commencement de l'ère chrétienne, et depuis que les chrétiens ont appris à vénérer la femme, primitivement déchue dans l'erreur idolâtrique, sous les traits de « celle qui est bénie » entre toutes celles de son sexe, parce qu'elle fut la mère du « plus beau des enfants des hommes », on rencontre une sainte, une femme, une jeune fille qui, tantôt par l'éclat de sa naissance, tantôt par celui de ses vertus, est devenue comme le *palladium* des lieux qui l'ont vu naître ou mourir. A Rome, c'est Agnès ou Cécile ; à Paris, c'est Geneviève ; en Allemagne, c'est Ursule ; à Alexandrie, c'est Catherine ; à Lima, c'est Rose ; à Palerme, c'est Rosalie.

Et leur nom parfois, comme pour ces dernières, est synonyme de beauté et de parfum. Presque toujours aussi, roses elles ont vécu

> ... Ce que vivent les roses,
> L'espace d'un matin.

C'est que le divin Jardinier, les trouvant trop parfaites, les a coupées dans la rosée matinale pour en embaumer le ciel !

Rosalie est une de ces figures. Née à Palerme, elle était fille de Sinibaud ou Sinibalde, seigneur de Roses, et de Quisquina, descendant de la famille impériale de Charlemagne. Dès sa jeunesse elle sut mépriser toutes les vanités du monde et, secouant le joug des grandeurs humaines pour vaquer en toute liberté aux occupations célestes, elle vint fixer sa demeure dans une grotte du mont Pellegrino. Là, livrée tout entière aux pieuses méditations, elle mena une vie angélique, dans les austérités de la pénitence, jointes au travail des mains.

Cela ne dit rien pour les gens du monde absorbés par leurs occupations et leurs plaisirs ; cela dit tout dans le souvenir des peuples.

Rosalie mourut en 1160. Et dans l'île heureuse, échauffée par les feux du brillant soleil, des églises, des monastères furent érigés en son honneur ; et quand vient le jour de sa fête, au 15 juillet, la foule se précipite au mont Pellegrino, les fidèles le gravissent, la nuit, un cierge à la main, et on illumine la ville et les bosquets qui l'entourent.

Au départ, le marin sicilien s'écrie :

> ... Munti Punddirinu,
> Cu sa si' n' autra vota nui videnni !

« Mont Pellegrino, qui sait si nous vous reverrons encore ! »

Et au retour :

Munti Piddirinu, alligrari mi fai !

« Mont Pellegrino, tu me rends heureux ! »

Si donc on contourne la célèbre montagne, et si l'on gravit la large rampe en zigzags qui s'élève sur son flanc méridional, en une heure et quart on peut atteindre la grotte de la sainte et l'autel en marbre où reposent ses restes vénérés.

On l'a représentée là dans l'attitude de l'extase : sa statue est revêtue d'une robe d'or offerte par Charles III. C'est l'œuvre du Florentin Gregorio Tedeschi, vantée par Gœthe.

Montez plus haut ; vous trouverez, sur le bord de la falaise, une autre statue colossale de la sainte patronne. Encore quelques pas, et, du sommet du mont, vous contemplerez toute la Conque d'or, les jardins de la Favorita, la mer, les sommets pointus des îles Lipari et, à l'horizon, la masse neigeuse de l'Etna.

LA RÉGION DES TEMPLES

(SÉGESTE, SÉLINONTE, AGRIGENTE)

Pourquoi faut-il que j'aie cédé à un mouvement de vaine curiosité ? — Tout le monde, me disait-on, va visiter les catacombes du couvent des capucins. C'est là que, jusqu'en 1882, les riches familles de la ville ont toujours déposé leurs morts.

J'avais pourtant déjà été pris, une fois, à Rome, et toujours dans un couvent de capucins. C'était *piazza Barberini,* et je suis revenu de là écœuré, après avoir vu des squelettes de moines revêtus de la robe et du capuchon, grimaçant affreusement et se montrant avec toutes les apparences des damnés, tandis que leurs âmes jouissent de la béatitude céleste, je n'en doute pas.

A Palerme, comme à Rome, la terre a la propriété de dessécher rapidement les corps et de conserver la peau sur les os. Ici, ce ne sont plus des moines qu'on nous exhibe, mais des femmes parées de robes élégantes ; coiffées de rubans et de dentelles, des jeunes filles de vingt ans, hélas ! des enfants, de tout petits enfants.

Et il s'est trouvé un poète, Ippolito Pindemonte, pour chanter ces horreurs :

> Ma cosa forse piu amiranda e forte
> Colà m'apparve.   (*I Sepolcri*.)

« Là, quelque chose de plus admirable et de plus terrible m'apparut. »

Fuyons, et vraiment nous allons voir paraître devant nous des choses admirables et fortes, mais dans l'éther radieux, sous le grand soleil de Dieu.

Nous nous rendons aux ruines célèbres des temples grecs.

Pour cela, l'itinéraire est invariable. Nous devrons voir Ségeste d'abord, situé à l'ouest, puis descendre dans le sud, vers Sélinonte et Girgenti (Agrigente).

S'il ne faisait pas si chaud, ce serait un délicieux voyage que celui de Ségeste. La *ferrovia Sicula occidentale* est admirablement entretenue. Elle court au milieu des jardins fleuris ; le coup d'œil sur la *Concha* est divin. Les wagons-salons sont confortables, les employés irréprochables.

Nous déchantons, quand nous quittons le train pour faire connaissance avec la campagne et les paysans.

On descend à la station d'Alcamo. La première chose que l'on voit dans la cour, en sortant, c'est un campement de carabiniers royaux, — lisez : gendarmes...

Je prends des renseignements près d'un étudiant à qui la fête du Statut donne des vacances.

« Des gendarmes ! donc, il y a des brigands ?

— N'en croyez rien, *signore*. »

Nous montons dans une diligence qui me fait songer au *Courrier de Lyon*. Le cocher a une figure peu rassurante, et je pense encore :

« Toi, tu as dû faire autrefois quelque mauvais coup ! »

L'étudiant me devine et dit :

« Il a, en effet, une drôle de figure ; mais vous voyez qu'il ne détrousse pas les voyageurs et ne pille pas les voitures : il les conduit. »

La route monte en lacet, monte toujours. C'est un pays perdu. A chaque instant, passent à côté de nous des fermiers à cheval, le fusil posé en travers de la selle, à portée de la main.

Je pousse du coude Félix M..., et lui demande :

Temple de Ségeste.

« Eh bien! mais, ces fusils, pourquoi?
— Pure habitude locale, » répond l'étudiant optimiste.

La route est bordée d'une haie de cactus et d'aloès poussiéreux sous lesquels s'abritent tantôt des pâtres aux yeux farouches, tantôt des escouades de soldats.

« Mais, ces soldats?
— Ils sont en promenade militaire.

— Vraiment? Comme ceux alors que nous avons rencontrés, dans les mêmes conditions, sur la route de Palerme à Monreale?

— Parfaitement. Voyons, *signore*, n'étiez-vous pas à Palerme dimanche dernier?

— Oui, j'y étais.

— Eh bien, vous n'avez pas manqué d'assister à la revue de quatre heures sur le quai de la *Marina*. Celui qui l'a passée n'est autre que le général Pallavicini, le vainqueur de Catane et le destructeur du brigandage. »

Plus de brigands! mais alors, plus de potences, plus de cordes, plus de pendus! Le premier vœu de mon ami de Paris ne sera pas réalisé.

Et pourtant...

Pourtant je me rappelais maintes histoires. On n'a pas besoin d'avoir lu Edmond About, d'avoir été en Grèce et d'avoir fréquenté le *Roi des Montagnes;* la Sicile est bien la terre classique du brigandage, malgré tout ce qu'on dira, et cela pour trois raisons : à cause de la *vendetta,* qui est à l'ordre du jour, parce que les habitants sont misérables, et parce qu'ils sont enrôlés dans les sociétés secrètes, — la *Maffia,* entre autres, — et qu'ils tuent les hommes comme des moineaux. Le Sicilien est paresseux et aime mieux tenir le maquis que la charrue. Aussi qu'arrive-t-il? Le littoral, presque seul, est habité; les terres ne sont affermées que pour une durée de trois ans; dans l'intérieur, les gens se serrent les uns contre les autres pour trouver un peu de sécurité, et il n'est pas de petite localité qui ne compte quinze à vingt mille âmes.

Plus de brigands en Sicile! Allons donc! Il y en a tellement que la police en voit partout, à tort et à travers, témoin l'amusante histoire contée par Guy de Maupassant[1].

Un savant étranger désire posséder un coléoptère qu'on ne trouve qu'en Sicile. Il écrit à un savant sicilien, qui s'adresse à un confrère, lequel répond en ces termes :

« Mon cher Giuseppe, le *Polyphylla Olivieri*, ayant eu connaissance de tes intentions meurtrières, a pris une autre route, et il est allé se réfugier sur la côte de Trapani, où mon ami Lombardo en a capturé plus de cinquante individus. »

[1] *La Vie errante.*

Or la lettre fut égarée. Un paysan trouva dans la rue un papier déchiré à moitié et le mit dans sa poche. Quelque temps après, notre homme a une affaire avec la justice, et il vient devant le tribunal ; il tire son mouchoir, sans doute, et laisse tomber le papier. On s'en saisit. C'était la lettre. On lit, mais on ne peut déchiffrer que les mots : « intentions meurtrières, pris une autre route, réfugier, capturé, Lombardo. »

Qu'est-ce que tout cela, grand Dieu! se dit-on. Voilà qui est compromettant, d'autant plus qu'un brigand nommé Lombardo ravage la contrée. On interroge le malheureux paysan, qui ne sait que répondre. On le garda trois mois en prison.

Quant à la *Maffia*, elle s'occupe de tout et se mêle à tout : commerce, élections, armée, affaires de cœur.

Un monsieur demande la main d'une jeune fille. Il est trop pauvre, la famille refuse, il insiste ; on l'attire dans un guet-apens, et on le tue.

L'histoire est récente.

Cependant la diligence nous a amenés à *Calatafimi*, pays de brigands, et l'étudiant nous montre la seule maison où de nobles étrangers peuvent passer la nuit. Vous me croirez si vous voulez, chères lectrices, j'ai été en Chine, j'ai couché dans des paillotes abominables : c'était mieux que l'*Hôtel Garibaldi,* l'aubergiste plus propre et la cuisine meilleure. Ici, la chambre n'était qu'un bouge, le lit n'existait pas, le patron et la patronne ne s'étaient jamais lavés, et le macaroni, — le seul plat offert, — fut immangeable.

En face de notre chambre, il y avait une salle commune où *contadini* et soldats faisaient grand tapage d'amitié. Heureusement il y avait des soldats ; sans cela on nous eût probablement assassinés, soit que nous fussions restés à l'intérieur, soit que nous nous fussions *réfugiés* au dehors.

Ne disons pas trop de mal de Calatafimi. Le matin, au soleil levant, c'est une consolation d'enfourcher un mulet et d'aller du côté de la hauteur calcaire sur laquelle se dresse l'antique Ségeste.

On s'en approche à travers des prés épais, au milieu des herbes dures, des belles de nuit, des chardons, des soucis et des asphodèles. L'asphodèle ! c'est bien la fleur qui convient aux ruines, aux pays rocheux, la fleur de Palestine et de Judée. Et puis l'acanthe, qui a fait le chapiteau de Corinthe.

Au sommet, voici le temple solitaire, avec, dans le fond, des entablements de rochers gigantesques. Nulle part, peut-être, on ne peut trouver un site aussi solennel et aussi austère.

Est-ce une ruine proprement dite ? Non. Vraisemblablement, l'édifice est tel qu'il a toujours été autrefois, non terminé. La *cella* (sanctuaire) n'existe pas ; les murs n'existent pas. Des colonnes non cannelées, d'une hauteur de sept pieds, forment le temple de Ségeste, en face des montagnes dénudées. Par une échancrure, on aperçoit la mer, le golfe de Castellamare.

Sélinonte fut la rivale de Ségeste, qui implora tantôt le secours d'Athènes, tantôt celui de Carthage. Thucydide raconte l'histoire de ces luttes. Sélinonte fut détruite par les armées puniques, Ségeste par Agathocle de Syracuse. Elle se releva un peu et fut protégée par les Romains, quoique le proconsul Verrès, de néfaste mémoire, lui eût volé sa célèbre statue de Diane. Les Sarrasins la démolirent complètement au IVe siècle.

Ségeste est située dans le nord-ouest ; Sélinonte sur les rivages de la mer méridionale, en face de Tunis et de Carthage. Pour s'y rendre, il faut donc traverser toute la province de Trapani, jusqu'à Castelvetrano ; puis le chemin de fer remonte vers le nord, en traversant Marsala, pays de vignobles, et lieu du débarquement de Garibaldi et des fameux *Mille*.

A Castelvetrano, on se trouve à mille lieues de l'Europe. C'est a pure nature africaine ; des cubes blancs, noyés dans une forêt de cactus qui s'élèvent à une hauteur inusitée. On se rend en voiture aux ruines.

C'est le contraire de Ségeste. Ici, tout a été détruit par les tremblements de terre et par les hommes. Ce n'est qu'un entassement confus de chapiteaux, de fûts dont le diamètre est énorme parfois, et de blocs de pierre arrachés à un escalier ou à un fronton.

Mais quel site, avec la mer qui murmure doucement à vos pieds, et, derrière les ruines, la courbe immense des monts noyés dans une teinte vaporeuse et violacée ! Les bas-reliefs, ou *métopes,* ont été transportés au musée de Palerme. Il y en a dix provenant de trois temples.

Peu de touristes poussent jusqu'ici. Pourtant, quand nous inscrivîmes nos noms sur le registre des voyageurs, nous vîmes, juste au-dessus de la place qu'on nous réservait :

Henri d'Orléans, duc d'Aumale.

... Il faut voir Agrigente seulement après.

Toujours la rive méridionale, toujours la même mer, toujours le même ciel africain.

Oh! cet escalier de géants qui va s'abaissant de degrés en degrés vers la côte azurée! Oh! cette route bordée d'oliviers, d'orangers, d'amandiers! Oh! cette paix profonde de la campagne, et puis là-

Taormine. — Jeunes filles à la ontaine.

bas, au fond, à l'avant-dernier plan, les lignes roses des colonnes doriques, éclairées par les rayons du soleil levant! Je me rappellerai ce divin spectacle longtemps, longtemps!

Ceux qui ont conçu le projet d'élever les autels à la Divinité, dans ce décor unique, étaient des esthètes, ou bien il n'en existe pas. Je voudrais qu'ils eussent connu la vérité religieuse, et je me demande comment la beauté artistique a été compatible avec l'erreur. Serait-ce une leçon de la Providence? A-t-elle voulu récompenser des vertus naturelles par des jouissances exquises et des visions idéales? Qui pourra le dire?

L'endroit où nous sommes est inconnu de l'Olympe païen, et les païens l'avaient compris. Dans cette lumière, dans ce cadre, sous ce ciel, ils devaient bâtir des temples.

Quatre colonnes seulement restent de celui de Castor et de Pollux; de celui de Jupiter, le plus grand de toute la Sicile, plus un vestige; une colonne de celui d'Hercule, qui possédait la fameuse statue du dieu convoitée aussi par Verrès. Enfin, deux sont entiers : celui de la Concorde, avec trente-quatre colonnes et deux frontons, et celui de Junon, moins complet, où Zeuxis avait placé son chef-d'œuvre, la statue de la déesse.

Et maintenant peuplez la solitude, mettez-y des marbres, des meubles précieux, des vases d'or et des parfums. Amenez-y les longues théories des hiérophantes au front ceint de bandelettes, des prêtresses en voile blanc et des enfants couronnés de fleurs, un thyrse à la main. Évoquez les grandes figures de Phalaris, de Hiéron et d'Empédocle. Pardonnez au premier ses cruautés; oubliez le *taureau d'airain,* car il fut l'ami de Zénon. Oubliez aussi que le second a versé le sang, car il connut Eschyle et Pindare. Ayez pitié de la folie du dernier : il fut le bienfaiteur de son peuple.

Quels hommes! quelles œuvres!

LE PAYS DU FEU

Je ne rapporterai point de chapiteau à mon ami de Paris. A Ségeste, il n'y a pas de ruines. A Sélinonte, les morceaux sont trop gros; de même à Agrigente, témoin cette énorme cariatide, cet Atlas en quatre morceaux, gisant sur le sol, haute comme la moitié d'une cathédrale.

Nous sommes maintenant en route pour Catane, et nous allons traverser toute l'île, de l'ouest à l'est.

A Lercara commence le pays du feu, avec les mines de soufre et les grands tas coniques qu'on aperçoit partout; les *calcarone*, le monopole de la Sicile; les solfatares, qui produisent plus des deux tiers du stock nécessaire à l'Europe entière, deux cent soixante mille tonnes par an, valant trente quatre millions de francs. Les filons ne seront pas épuisés avant deux siècles, et nos descendants auront encore des allumettes.

Les quais des stations sont encombrés de cubes jaunes cristallisés. N'allons pas dans les mines; c'est l'enfer, et les émanations nauséabondes empêchent de respirer. Pourquoi faut-il que ce soient des enfants, de pauvres êtres de douze ans, qui fassent là le métier de porteurs, aiguillonnés sans cesse par le surveillant, armé d'un bâton ferré?

Tout le pays, entre Castrogiovanni, Cammarata et Girgenti (Agrigente) regorge de soufre. Le sol est en ignition; certains petits lacs renferment des cratères qui lancent des vapeurs blanches et de la boue argileuse. Les poissons sont foudroyés. Pauvres petits poissons!

A Castrogiovanni, nous apercevons distinctement l'Etna, neige et feu. Nous arrivons à Catane, la ville la plus régulière de toute la Sicile, et où il fait le moins cher vivre. La course en voiture de place coûte *trente centimes!*

Nous visitons la cathédrale, sans pouvoir contempler le fameux voile de sainte Agathe, la douce vierge sicilienne; on ne le sort qu'aux jours du danger, et l'évêque de Catane, le plaçant devant le fleuve de feu descendant de la montagne, lui dit : « Tu n'iras pas plus loin! »

Le feu! le feu! Est-il donc vrai que nous le touchons du bout du doigt? Oui, la *via Stercicoro Etnea*, la plus belle de la ville, la traverse en entier, et brusquement, à l'extrémité du faubourg, elle se raidit et montre, derrière une couronne d'oliviers et d'orangers, le monstre menaçant.

C'est curieux! Il a ruiné et mangé ses voisins tant de fois! Les années suivantes furent fatales, entre autres 1169, 1323, 1669, 1819, 1886, 1893. Le tremblement de terre de 1893 détruisit quarante villes ou villages, et engloutit soixante mille personnes. Eh bien, on dirait qu'ils l'aiment, le monstre!

Irons-nous le contempler de plus près? Écoutez :

Un jour, je suis monté à grand'peine, à travers des cendres glissantes, au sommet d'une montagne creusée à son sommet en forme de cuvette. J'ai décidé mes guides, à prix d'or, à descendre dans le trou, l'horrible trou!

Les pieds nous brûlaient, la température était infernale. Nous entendions des détonations formidables sortir de six cônes groupés autour d'un cône central, et tous lançaient d'innombrables projectiles, des flammes d'un rouge sang, des pierres ignées, de la boue brûlante. Je suis passé à côté de crevasses où j'ai entrevu des torrents de feu, et enfin sur un pont de lave durcie qui enjambait une coulée ardente large de cinq mètres! Oh! Dieu! si pourtant cet abri fragile s'était rompu! Je tombais là et je flambais comme les torches vivantes des jardins de Néron!

Qu'ai-je fait ce jour-là? Un acte téméraire, une folie... J'ai juré que je ne recommencerais jamais. C'était en 1879, au Vésuve.

Et, du reste, l'Etna est la moitié du temps inaccessible.

Le sort en est jeté, je ne rapporterai même pas à mon ami un morceau de lave.

Et, comme le temps ne me permet pas de pousser jusqu'à Syracuse, il n'aura pas sa bouteille. Je n'ai pas été à Marsala. J'ai voulu voir l'intendant de la villa d'Orléans et du cru de Zucco à Palerme. Il m'a répondu :

« Vous trouverez du zucco à Paris, boulevard Poissonnière, dans de meilleures conditions. »

Je ne rapporte donc rien, rien que le souvenir charmant de cette excursion et des sensations exquises éprouvées en face des merveilles de la nature et de l'art.

III

EN PROVENCE

LES SAINTES-MARIES DE LA MER

C'était dernièrement, à Nice, sur la promenade des Anglais, à l'entrée du palais de la Jetée. Je causais avec le professeur M..., un homme aussi aimable qu'érudit.
« Et vous quittez la côte d'Azur?...
— Fin mars, pour rentrer à Paris.
— Directement?
— Non, je m'arrêterai à Arles; j'irai aux *Saintes-Maries*. »
Saintes-Maries? Saintes-Maries? Je quittai Nice avant le professeur, et quand je fus à Marseille, j'étais moi aussi tourmenté du désir de voir ce coin-là. Et un soir, à neuf heures, je faisais les cent pas, solitairement, à Arles, sur une petite place bordée d'un côté par une vieille église et un grand palais appelé l'Archevêché; de l'autre, par un monument d'assez bel aspect, l'hôtel de ville, avec, au centre, un obélisque, un vrai, au milieu d'une fontaine. Un morceau de la Rome moderne. Quant à la Rome antique, en faisant quelques pas, on tombe sur les Arènes et on croit rencontrer le Colisée.

La préparation était bonne. Le lendemain une voiture me conduisait de l'autre côté du Rhône, à la gare de Trinquetaille, et je prenais le train de la Camargue.

Le paysage n'est pas séduisant. La plaine morne, des touffes de tamaris, des sables, des lagunes, des flaques d'eau et, au bout d'une heure et demie, la mer. Sur le rivage, quelques bicoques; au milieu, une église qui ressemble à une forteresse.

Naturellement, je cours à cet édifice et entre en coup de vent par une porte de derrière. Je franchis quelques marches et pénètre dans la place. Tout ce que je vois est étrange et me laisse un peu ahuri.

Je suis dans le chœur de l'église, presque au pied de l'autel; mais cet autel est illuminé, et le saint Sacrement est exposé. La face de l'autel, comme dans les grandes basiliques romaines, regarde les fidèles; un prêtre qui porte le costume de chanoine est agenouillé, tenant l'ostensoir entre les mains. Une sorte de maître d'école chante à un banc du chœur, entouré de jeunes garçons et de petites filles. Deux escaliers à révolution conduisent à la nef, remplie de femmes coiffées à l'arlésienne. Je plie le genou et reçois la bénédiction. Puis le célébrant campe à ses côtés deux gamines avec un plateau, et offre à baiser aux fidèles un reliquaire en forme de bras d'argent.

Le chantre crie :

« *Vivent les saintes Marie!* »

La foule crie :

« *Vivent les saintes Marie !* »

Et le prêtre vient à moi en disant :

« C'est le reliquaire des saintes. Nous faisons aujourd'hui une cérémonie de réparation pour un sacrilège commis en 1794 ici même. Je suis à vous, dans l'instant, pour vous guider. »

En dix minutes, j'étais presque initié.

*
* *

Ah! quelle étrange excursion! Quel extraordinaire pays! Quelle mirifique histoire!

Le vieux curé parle :

« Vous savez ce qu'il advint des amis de Jésus après la Passion... L'Évangile nous montre sur le calvaire, au pied de la croix, à côté de la sainte Vierge, mère de Dieu, et de Marie Madeleine, deux autres saintes femmes : Marie Jacobé et Marie Salomé. Toutes deux de la famille royale de David ; Marie Jacobé était femme de Cléophas, frère de saint Joseph, l'époux de la Vierge. Jacobé fut la mère de saint Jacques le Mineur, premier évêque de Jérusalem, de saint Jude et de saint Siméon. Salomé était l'épouse de Zébédée et la mère de saint Jean l'Évangéliste, le disciple aimé de Jésus, et aussi du fameux saint Jacques, dont les reliques sont l'objet de l'illustre pèlerinage de Compostelle, en Espagne.

« Jacobé et Salomé étaient au saint sépulcre, avec des aromates entre les mains ; elles assistaient à l'ascension et furent au cénacle avec les apôtres.

« Cela posé, on se demande quelle fut l'attitude des Juifs et des princes des prêtres à l'égard de ces amis de Jésus.

« Ils ne pouvaient les souffrir. A ces deux Marie, ils joignent bientôt Lazare de Béthanie le ressuscité, ses deux sœurs Marthe et Madeleine ; Maximin, ami de Lazare ; Sidoine, l'aveugle de Jéricho ; Marcelle et Sara, les deux servantes de Jacobé et de Salomé. Par un raffinement de barbarie, les Juifs imaginent ce supplice. C'était sans doute à Joppé ou Jaffa, le port de Jérusalem ; ils jettent tous ces amis du Christ dans une barque sans rames, sans voiles, sans gouvernail, sans provisions, et les poussent au large. Sans doute les malheureux périront par le naufrage ou la faim.

« Mais non : sous le coup d'une brise légère, le bateau, guidé par une main mystérieuse, vogue vers la pleine mer et, suivant probablement l'itinéraire des paquebots d'aujourd'hui, passe entre l'Italie et la Sicile ou la Corse et s'en vient atterrir dans les Gaules, près de l'embouchure du Rhône, dans l'île de Camargue.

« Pourquoi Dieu a-t-il choisi notre pays pour lui octroyer semblable faveur ? Mystère encore. Le fait est que ces saints primitifs, ceux qui avaient vu et touché de leurs mains, *quod vidimus et manus nostræ contrectaverunt,* sont maintenant chez nous. Saint Maximin dresse un autel en terre sur la plage, et y célèbre les saints mystères ; Dieu fait jaillir pour l'usage des Palestiniens une source d'eau douce là où l'on ne trouvait que de l'eau salée ; on élève un modeste oratoire en l'honneur de la Vierge Marie.

« Et puis, les étrangers se dispersent. Il faut annoncer la bonne nouvelle. Lazare va à Marseille ; Maximin à Aix, avec Sidoine ; Madeleine se retire à la Sainte-Baume, où elle vivra trente ans dans la pénitence et dans les larmes ; Marthe part pour Avignon et Tarascon, où elle vaincra le démon sous la figure de la *tarasque* ou du crocodile. O Provence bénie! comme Dieu la regardait avec complaisance! Pourtant les deux Marie Jacobé et Salomé demeuraient avec Sara la servante sur le rivage où elles avaient abordé, visitées parfois par saint Trophime, évêque d'Arles, et y mouraient l'une après l'autre, après y avoir vécu quelques années.

« Les premiers chrétiens entrés en relation avec les saintes vinrent prier autour de leurs dépouilles et y élevèrent une église appelée *Notre-Dame-de-la-Barque, Sainte-Marie-de-Ratis.*

« En 552, des religieuses s'y établirent.

« Au VIIIe siècle, les Sarrasins d'Afrique ravagent la Provence; on cache les reliques des saintes Marie.

« Les Danois apparaissent en 972; la petite ville de Saintes-Maries disparaît, seul l'oratoire subsiste avec un ermite pour le garder.

« Au Xe siècle, un roi d'Arles, qui rencontre l'ermite dans une partie de chasse, veut construire une église et lui donne la forme d'une forteresse. C'est Guillaume Ier, fils de Boson Ier. Et une petite ville s'élève dans l'enceinte des fossés militaires creusés contre les maudits Sarrasins, toujours prêts à l'invasion. C'est la ville des Saintes. Elle a des armoiries : une barque et deux saintes dans la barque; une devise : *Navis in pelago.*

« En 1006, les bénédictins de Montmajour établissent ici un prieuré et un hospice. Le pèlerinage refleurit.

« En 1448, René d'Anjou, comte de Provence, vient aux Saintes, et, avec la permission du pape Nicolas V, fait opérer des fouilles dans l'église. On retrouve l'autel, la pierre de marbre sur laquelle les disciples de Jésus ont célébré le sacrifice; on trouve du côté de l'évangile une tête et des ossements, on en trouve autant du côté de l'épître : ce sont les restes des deux saintes Marie. On met encore la main sur ceux de sainte Sara. Un commissaire du pape, Robert d'Amiens, fait les informations canoniques; la translation des reliques a lieu en grande pompe, en présence du roi; elles sont enfermées dans une châsse double en cyprès; une châsse de noyer recueille d'autres ossements, entre autres la tête de Jacques le Mineur, apportée de Jérusalem par Marie Jacobé, sa mère.

« Ainsi vont les choses, jusqu'en 1794, où les sectaires apparurent dans le pays et brûlèrent les châsses; mais le curé, M. Avril, et un de ses paroissiens, M. Molinier, en avaient enlevé les ossements et les avaient cachés dans un hangar près du cimetière.

Sous le Directoire, en 1797, M. Molinier restituait les reliques dont

Les Saintes-Maries de la mer. — Intérieur de l'église.
1. — Endroit où reposent les châsses des saintes Marie.
2. — Entrée de la crypte de sainte Sara, la servante négresse patronne des Bohémiens.

l'archevêque d'Aix reconnaissait l'authenticité, et de nouvelles châsses les recueillaient.

« En 1899, deux cardinaux et six évêques proclament encore l'authenticité des traditions provençales. C'est le 24 mai, à quatre heures du soir, qu'a lieu la cérémonie de la descente des châsses. L'ascension a lieu le 25, à quatre heures. L'archevêque d'Aix passe tous les ans quelques jours au presbytère des Saintes.

* * *

« Maintenant, dit le pasteur, voyons l'église. »

Elle se compose de trois parties. La première comprend le chœur aux colonnes et aux chapiteaux de marbre corinthiens.

Dans ces colonnes, derrière l'autel, tout est-il chrétien? Non. Nous remarquons dans les chapiteaux des motifs païens. Puis l'avant-chœur et la nef comprise entre cinq travées presque ogivales. Au centre de la nef, le petit puits qui abreuve les Saintes-Maries.

« Cette eau a-t-elle des propriétés particulières?

— Oui, répond le curé. Il n'est pas rare de voir des guérisons miraculeuses. L'eau a guéri de la rage bien des paysans. »

Vous êtes au milieu de la nef; levez les yeux, au-dessus du chœur. Voilà une voûte romane dont l'arc, à cinq mètres au-dessus de la nef ogivale, supporte une ouverture, flanquée de deux colonnettes, fermée de deux volets. Là, derrière les volets, sont les saintes châsses, attachées à un cabestan autour duquel s'enroulent des cordes qui pendent dans la nef.

Il y a donc une autre église, une chapelle aérienne, située au-dessus du chœur, et à laquelle on arrive par un escalier étroit, situé sur la gauche de l'édifice.

Ce n'est pas tout. On monte au chœur exhaussé par deux escaliers, entre lesquels se trouve une porte grillée par où on descend dans la troisième église, la crypte. C'est là qu'on a retrouvé l'autel primitif et les reliques des saintes. C'est là que les Bohémiens, au 24 mai, rendent à sainte Sara un culte d'un caractère tout spécial. Oh! nous sommes bien dans une caverne de tziganes; ils y ont laissé leur empreinte, leur crasse. Là, dans un coin, sur un piédestal, il y a la châsse réservée à Sara, la négresse d'Égypte; mais combien poussiéreuse et presque malpropre! Allez donc chercher à débarbouiller un tzigane! Je comprends cela et ne fais aucune observation. Mais le vénérable guide, qui lit dans mes yeux :

« J'honore celle-ci tout comme Jacobé et Salomé. Seulement, elle n'est pas canonisée, voilà tout! »

Nous montons à la chapelle aérienne et voyons de près les châsses, qui ont la forme de deux cercueils juxtaposés et soudés l'un à l'autre. Un autel; aux murs, de nombreux ex-voto, tableaux, béquilles, petits bateaux, humbles offrandes des marins échappés à la tempête. Un placard.

« Là sont des centaines de manuscrits, dit le curé, qui tous affirment la vérité des faits passés ici. »

Puis on m'amène sur le toit, et à travers les créneaux de l'église-forteresse je regarde.

La mer, toujours si impressionnante sous l'ardente lumière. C'est par là qu'elles sont venues, les saintes! De si loin! de si loin! L'âme et le cœur en feu sous la rafale glacée! Et des femmes, de faibles femmes!

En me retournant,... le désert, la Camargue. La voilà donc, cette Camargue bizarre, la région des vastes étangs, de ce *Vaccarès* où le piéton étranger et ignorant vient s'enliser tout comme dans les grèves du Mont-Saint-Michel, le pays de la fièvre, le pays des grands troupeaux de taureaux. Est-ce que je n'aperçois pas à travers les mâchicoulis, sur la place, en bas, les attaches des barrières qu'on élèvera tantôt pour la *corrida* ? Nous ne sommes pas si loin de l'Espagne; c'est même tout près. C'est le pays des *gardians* montés à cheval, le trident en main; c'est le pays de *Mireille*, de Jean Aicard, qui nous a conté le passionné roman de *Renaud*, de *Livette* et de la *Gitana*. On pense à ces choses, et on fredonnerait volontiers :

O Magali...

Mais non, soyons moins profanes... Il y a d'autres souvenirs ici.

* *

Nous sommes au 24 mai. De tous les points du Languedoc et de la Provence, ils sont arrivés aux Saintes. Combien? Dix mille. Vingt francs pour avoir un lit, une paillasse; mais la plupart couchent dans des charrettes et des carrioles. Et que de miséreux! quelle cour des miracles! Des loqueteux, des béquilleux, des bossus, des manchots, des lépreux, comme au temps des saintes, là-bas. La plus belle collection des misérables est toujours celle de Bohême. Nous nous rappelons un campement de tziganes, aux environs d'Agram, en Croatie. Il y avait là une reine superbe, avec un diadème en cuivre; elle fumait la pipe et accepta de nous dix *kreutzers*. Ses sujets étaient mangés de vermine...

Les revoilà aux Saintes, dans la crypte, suant, soufflant, criant, en cheveux noirs plats ou tirebouchonnants, roulant des yeux horribles, répandant une odeur infecte, « pouilleux, rouilleux, écailleux, guenilleux et grenipilleux, » comme dit Jean Richepin (*Romanichels*); tous tenant à la main un petit cierge, tous se précipitant pour baiser la châsse de sainte Sara.

Mais dans la nef ogivale, plus haut, un peuple plus décent se presse aussi, les habitants des *mas*, les bergers, les citadins, les pêcheurs, les Arlésiennes aux larges rubans qui flottent. Et tout à coup une voix de femme s'élève, et on se tait pour l'écouter :

> *O Grandi Santo !*
> *Toutis en tranto*
> *Cridan secous,*
> *Venès ! adjuda nous !*
>
> . . . .
>
> *Vosti Mantèu fan la velo*
> *Que siàs bello !*
> *Drecho sus voste radèu*
> *Lou vent d'en bas vous descargo*
> *En Camargo*
> *Ben liuen de vosti bourrèu...*

« Saintes Marie! Saintes Marie! » rugit le peuple.

Cette fois, ce n'est plus en provençal ; mais c'est pour exprimer les mêmes idées :

> Sous le soleil, sous les étoiles,
> De vos robes faisant des voiles,
> (Vogue, bateau !)
>
> Sept jours, sept nuits vous naviguâtes,
> Sans voir ni trois-ponts, ni frégates ;
> Rien que la peur et la grande eau...

« Saintes Marie! Saintes Marie! »

Le treuil tourne là-haut dans la chapelle aérienne; la corde se tend, les châsses montent, montent... La foule se rue autour pour encore les toucher, les baiser... C'est fini... La procession sort et va bénir la mer. Le chanoine-curé tient entre ses mains le reliquaire en forme de *bras d'argent*. Derrière le prêtre, six hommes portent sur leurs épaules une barque avec les statues des deux saintes ; on se bouscule autour d'eux, et la barque roule et tangue. Les Bohémiens suivent, portant fièrement la statue de Sara. Le curé arrive sur le rivage, il étend le *bras d'argent*... On a vu la mer reculer...

« Saintes Marie ! Saintes Marie ! »

PAYSAGES GRIS ET BLEUS

I

LES VILLES D'EAUX

ROYAT

Dédaigneux, comme tous mes compatriotes, de nos richesses nationales, j'ai souvent franchi la frontière pour aller demander à l'étranger ce... qu'il n'a pas.

Amoureux des montagnes, j'ai souvent couru très loin, en Suisse ou sur le Rhin, pour respirer un air salubre et me perdre dans les longues promenades alpestres.

Et j'ai cherché les stations thermales où l'on vit chèrement et où les eaux sont, la plupart du temps, inoffensives, mais inefficaces.

En France, nous avons tout ce qu'il nous faut.

Pauvre France ignorée du Français!

Ainsi Royat et Châtel-Guyon.

Pourtant il y a encore cinq mille personnes par an qui viennent à Royat, du 15 mai au 15 octobre; mais les autres, où vont-elles porter leur goutte et leurs rhumatismes? Où vont-elles chercher la guérison de leur anémie et de leurs maladies des voies respiratoires?

La route est celle de Paris à Clermont.

Royat est à six kilomètres de Clermont, par le chemin de fer.

L'établissement thermal se trouve sur le bord de la rivière Tirtaine. Quatre sources d'eaux alcalines, chlorurées, sodiques, ferrugineuses et arsenicales.

Vues magnifiques sur le puy de Dôme et la riche vallée de la Limagne.

Quant à Châtel-Guyon, c'est le *Kissingen* ou le *Marienbad* français. Eaux chlorurées, sodiques, magnésiennes, bicarbonatées, ferrugineuses et gazeuses. On y traite la dyspepsie, la constipation, l'obésité, le rhumatisme articulaire.

Voilà pour les malades.

Les malades ne s'en vont jamais seuls aux eaux; leur famille les accompagne. Pour un papa ou une maman qui désire se traiter sérieusement, il y a deux ou trois jeunes garçons, au sang bouillant et généreux, et deux ou trois jeunes filles, à l'humeur voyageuse, qui ne se sont pas déplacés pour demeurer enfermés entre les étroites limites d'un parc.

O bienheureux temps des vacances! O heureuse jeunesse qui, mille fois plus favorisée que nous, vos aînés, pouvez apprendre la géographie sur place !

Désormais, qu'est-ce qu'un baccalauréat ou un examen supérieur pour le candidat qui a vu de ses yeux ou touché de ses mains ?

Et puis le bon air, mes enfants, le bon air, le soleil et la santé!

Or, vous voici dans le vieux pays d'Auvergne, cœur de la France, image de la patrie et du caractère national, chaud, généreux, violent même comme ses volcans.

L'Auvergne est le pays des volcans; ils sont éteints, peut-être, ne vous y fiez pas. Goûtez à ces vins qu'on récolte sur le sol encore brûlant. C'est du feu liquide.

Et quant aux habitants de ce pays, on a pu les ridiculiser quelquefois au théâtre, dans les romans, dans la conversation. Sottise! C'est une forte race, une race active, travailleuse, économe, intelligente, brave.

Souvenez-vous de Vercingétorix. César estimait à sa juste valeur cet Auvergnat. Il le fallait bien.

Le pays est très pittoresque. Plusieurs de nos romanciers célèbres l'ont pris comme cadre de leurs récits.

Je conseille les excursions suivantes aux baigneurs :

Première excursion : la montagne de Manzat et celle des gorges profondes de Châteauneuf. Une journée.

Deuxième excursion : le lac de Tazanat, situé sur l'emplacement d'un ancien volcan.

Troisième excursion : le château de Chazeron, au milieu des bois.

Royat.

Quatrième excursion : les gorges d'Enval et le pittoresque *Bout du Monde,* avec le célèbre château de Tournoël, du XIIe siècle, qui avait trois enceintes, fut ruiné par Richelieu, et dont le donjon atteint encore trente-deux mètres de hauteur.

Visite à la statue de Notre-Dame de la Garde, dominant la ville de Volvic, et aux carrières de lave. Vue unique sur la Limagne.

Cinquième excursion : Riom et Clermont.

A Riom, voir le Palais de Justice.

A Clermont, les deux fontaines pétrifiantes de Saint-Allyre, la cathédrale de Notre-Dame-du-Port, la place de Jaude.

LA BOURBOULE ET LE MONT-DORE

C'est encore la route de Paris à Clermont.

On ira de Clermont à Laqueuille par Volvic.

Même route de voiture ou d'omnibus pour les deux localités pendant un trajet de quatre kilomètres, on laisse alors à gauche la route qui va au Mont-Dore.

Nous descendons dans la vallée de Saint-Sauves, où coule la Dordogne dans un bois. Toutes les fois que vous entendez parler de la Dordogne, soyez sûrs que l'endroit est délicieux. Je parie que les étrangers le savent mieux que nous.

Amateurs de bicyclettes, vous êtes prévenus que les quatre kilomètres de Laqueuille à Saint-Sauves sont en plaine, et aussi les trois kilomètres de trajet jusqu'à la Bourboule.

Autrefois ce bain n'était qu'un village, et en 1886 il avait à peine le rang de petite ville. Sept mille personnes y viennent actuellement chercher de la santé, y laissant en retour leur anémie, leur lymphatisme, leurs maladies de peau et des voies respiratoires, leur diabète et leurs rhumatismes.

Les eaux sont ici bicarbonatées et chloratées sodiques, avec vingt-huit milligrammes d'arséniate de soude par litre; ce qui est, dit-on, trois fois la dose à laquelle on administre l'arsenic en thérapeutique.

Deux parcs : le parc *Chardou* et le parc *Fenestre,* taillés dans la montagne.

Excursions à la *Roche Vendeix* et au château de Murat.

De la Bourboule au Mont-Dore, sept kilomètres en montée douce.

Mêmes remarques ici que pour la Bourboule, au point de vue des eaux, des maladies traitées.

Au Mont-Dore, on prend surtout des bains, et des bains très chauds (40 à 50°), et très courts par conséquent, des douches et des inhalations de vapeur. On rencontre dans les rues un grand nombre de baigneurs qui se font porter en litière.

Nombreuses excursions, dont la principale est celle du *puy de Sancy*.

C'est la plus haute montagne du centre de la France (1886 mètres), avec une aiguille au sommet.

Il faut deux heures et demie pour en faire l'ascension. On vous proposera de monter au Capucin par le funiculaire, refusez avec horreur.

Le funiculaire! Ce n'est pas la peine alors de venir en Auvergne; autant aller au Righi, au Vésuve ou à Belleville. Pour nous, nous avons toujours fait les excursions à pied et à cheval, et nous nous en sommes parfaitement trouvés, même au Vésuve, alors que nous cheminions dans des flots de poussière de lave noire s'abattant sur nos blancs vêtements. Nous ne voudrions pas, à l'heure qu'il est, avoir manqué cela.

Revenons à Clermont, en bicyclette, par la Tour-d'Auvergne, en passant par Notre-Dame-de-Vassivières (Vierge noire), chapelle érigée sur un plateau de treize cents mètres de haut.

A quatre kilomètres de la chapelle, en descendant à Besse, voir le lac Pavin, ancien cratère, de huit cent cinquante mètres de long sur sept cent cinquante de large et cent soixante mètres de profondeur. Il communique avec le lac Montcinere par des canaux souterrains.

De Vassivières on aperçoit la chaîne du Mont du Cartel (le Plomb du Cartel).

On couchera à Besse, et le lendemain matin on descendra à Murols, dont le vaste château se présente de loin, comme une énorme masse, aux yeux du touriste, non loin du lac Chambon.

Nous descendons toujours et arrivons à Saint-Nectaire. Nous voyons les ruines des châteaux de Montaigut et de Champeix. Il y a des voitures de Champeix à Coudes, et à Coudes on prend le train pour Clermont.

VICHY

« J'ai donc pris les eaux, ma très chère; ah! qu'elles sont mauvaises! On va à six heures à la fontaine; tout le monde s'y trouve; on boit et l'on fait une fort vilaine mine, car imaginez-vous qu'elles sont bouillantes et d'un goût de salpêtre fort désagréable. On tourne, on va, on se promène, on entend la messe. Enfin on dîne... Je me suis assez bien trouvée de mes eaux; j'en ai bu douze verres; elles m'ont un peu purgée; c'est tout ce que je désire. Je prendrai la douche dans quelques jours. »

Qui a écrit cela?

C'est un peu bien archaïque, mais si charmant!

Allons! vous l'avez deviné, lectrices, puisque c'est charmant; ce ne peut être que la « charmante marquise », l'épithète lui est réservée.

Eh bien! oui, Mme de Sévigné est venue ici, à Vichy, en 1676.

Amusante tout plein, quand elle raconte la douche : « C'est une assez bonne répétition du purgatoire...

« Représentez-vous un jet d'eau contre quelqu'une de vos pauvres parties, toute la plus bouillante que vous puissiez imaginer. On met d'abord l'alarme partout pour mettre en mouvement tous les esprits, et puis on s'attache aux jointures qui ont été affligées; mais quand on vient à la nuque du cou, c'est une sorte de feu et de surprise qui ne se peut comprendre; c'est là cependant le nerf de l'affaire. Il faut tout souffrir et l'on souffre tout, et l'on n'est point brûlée. Voilà ce qui guérit. »

Sa fille et ses amies, c'est-à-dire la cour du Grand-Roi, s'intéressaient fort à ces descriptions et à Vichy.

Plus tard, d'autres nobles dames s'y intéressaient pareillement. Mesdames Adélaïde et Victoire, tantes du roi, vinrent à Vichy en 1785.

En 1814, la duchesse d'Angoulême posa la première pierre de l'établissement thermal.

Maintenant, plus de soixante mille personnes y séjournent en l'espace de cinq mois.

C'est un Éden.

Marquise! marquise! n'avez-vous pas dit encore que si les bergers de l'Astrée devenaient de ce monde, vous ne pourriez pas les voir vivre ailleurs que dans ce paysage de l'Allier?

O folle enthousiaste! Et pourtant, vous avez vécu dans les jardins taillés par Le Nôtre et sous les admirables frondaisons de Versailles et du Trianon!

Vichy. — Une buvette.

L'établissement thermal est ouvert toute l'année; mais la saison officielle commence le 15 mai et finit le 30 septembre.

Quelles sont les affections traitées à Vichy?

Maladies chroniques de l'estomac, dyspepsie, maladies de foie, coliques hépatiques, calculs biliaires, diabète, albuminurie, gravelle, calculs urinaires, coliques néphrétiques, rhumatisme, goutte.

Les eaux se boivent en deux fois, une ou deux heures avant les principaux repas. Quand on boit plusieurs verres, on laisse un petit intervalle entre chacun d'eux et on fait une promenade pour faciliter leur digestion.

Mais doit-on boire douze verres, comme la marquise? Cela semble exagéré; aussi on devra voir le médecin, comme. pour la question du bain. Nous ne sommes plus au temps des médecins de Molière!

Principales sources : la Grande-Grille, l'Hôpital, le Puits-Chomel, les Célestins, le Parc, Mesdames.

Promenades : le Vieux Parc, créé par Napoléon Ier, et le Nouveau Parc, par Napoléon III, qui vint souvent à Vichy. Ce Parc s'étend le long de l'Allier.

Vichy possède deux églises et deux chapelles catholiques, un temple protestant et un oratoire israélite.

Les amateurs du *turf* seront à l'aise dans le vaste champ de courses situé sur la rive gauche de l'Allier, au milieu des premiers éleveurs, des plus illustres *sportsmen* et des favoris de leurs invités.

Dès six heures du matin, les baigneurs commencent à se diriger vers les sources et les bains. A neuf heures on va entendre la musique. Puis le déjeuner : on mange admirablement à Vichy. L'après-midi est réservée aux excursions à pied, en voiture, à âne. Les localités les plus fréquemment visitées sont : Bourbon-Busset, Randan, l'Ardoisière, les Malivaux, la Montagne-Verte, sites charmants ou demeures historiques et féodales.

AIX — ANNECY

Aix, ville de cinq mille cinq cent quatre-vingts habitants. Eaux thermales sulfureuses, soixante-douze mille baigneurs par an. Ligne de Lyon et de Culoz.

Ceux qui sont en proie aux rhumatismes et souffrent d'une maladie de la peau y viennent. Mais Aix-les-Bains est encore une station très aristocratique et fréquentée par le monde cosmopolite. Tout doit se ressentir de cette clientèle, qui dépense sans trop compter.

L'établissement thermal est alimenté par deux sources et ouvert toute l'année. L'usage des eaux est gratuit, en boisson. O comble de la générosité! des robinets publics les déversent sur la grande place, et boit qui veut.

Nous arrêterons-nous devant l'arc romain, qui a neuf mètres de haut et contient les urnes cinéraires de Pompeius Campanus et de sa famille? Non! nous courons au lac.

C'est à quarante-cinq minutes de la ville, à l'ouest, qu'on rencontre ce joli lac du Bourget.

Quand Lamartine l'eut vu une fois, il y revint souvent, profitant de l'hospitalité d'une famille amie, et c'est là qu'il a composé son *Raphaël*.

C'est là aussi, avons-nous besoin de le dire? qu'il scande les strophes inimitables :

> Un soir, t'en souviens-tu? nous voguions en silence,
> On entendait au loin, sur terre et sous les cieux,
> Que le bruit des rameurs qui frappaient en cadence
> Les flots harmonieux,
>
> . . . .
> O lac, rochers, grotte, forêt obscure,
> . . . .
> Gardez de cette nuit, gardez, belle nature,
> Le touchant souvenir !

M. Niedermayer est venu et a mis les vers en musique, et voilà une romance immortelle.

C'est que le site est unique, dominé par la *Dent du Chat*, montagne de quatorze cents mètres de haut, appelée ainsi à cause de sa configuration, et puis unique à cause de cette pittoresque abbaye de Hautecombe, surgissant au milieu des eaux comme un féerique décor.

C'est un couvent de cisterciens chargés de garder les sépultures des princes de la maison de Savoie, ensevelis là du XIIe au XVIIIe siècle. Hautecombe est le Saint-Denis italien, c'est une terre italienne, et les droits de la France expirent là.

Allez heurter à l'huis des moines, visitez le monastère, assistez à leur office de nuit; ils suivent la règle de saint Bernard, leur fondateur. Respirez les odeurs enivrantes de leurs jardins fruitiers, ou le parfum du vignoble qu'ils exploitent si bien, depuis quelques années, et puis, si vous le pouvez, enfermez-vous, au moins pour une journée, dans une de ces cellules dont les fenêtres donnent sur le lac. Le soir, à dix heures, les harmonies qui s'échappent de la villa des Fleurs, portées sur les eaux, arrivent jusqu'à vous et sont comme un écho du paradis. Mondanités là-bas, joies pures ici. Quelques kilomètres changent la face des choses.

Aux environs, visitez le *col de Gessens*, les *tours de César*, le

Aix-les-Bains et le lac du Bourget.

pont de l'Abîme (par Cuzy), pont suspendu de quatre-vingt-quatorze mètres de haut, sur le Chéran, site sauvage et grandiose.

Et puis, vous avez toute la Savoie, et il faudra voir au moins Annecy. Il faut que ce coin de terre soit bien séduisant, pour avoir séduit un homme comme André Theuriet, le chantre des campagnes et des bois. Pendant longtemps nos paysages lorrains lui avaient suffi ; depuis qu'il avait mis le pied sur les bords du lac d'Annecy, nous ne le reconnaissions plus ; il semblait qu'il en eût fait sa seconde patrie.

Donc, vous verrez Annecy, après vous être arrêtés à Lovagny, pour visiter les gorges du Fier, où le torrent s'est creusé, dans des rochers de quatre-vingt-dix mètres de haut, et sur une longueur de deux cent cinquante mètres, un lit de quatre à dix mètres de largeur, présentant l'aspect le plus sauvage.

Le lac d'Annecy est long de quatorze kilomètres, large de trois kilomètres et demi, profond de quatre-vingts mètres. Plusieurs services, par jour, de bateaux à vapeur avec restaurant à bord.

On s'arrête à Veyrier (maisons de Jean-Jacques Rousseau et d'Eugène Duc); à Menton (château où naquit saint Bernard); au Roc de Chère (tombeau du grand historien Taine); à Talloires (patrie du célèbre chimiste Berthollet); à Dunigt, qui possède un vieux château.

N'est-ce pas là un sol fertile en grands hommes?

Gorges du Fier.

A Annecy même, rue Royale, au couvent de la Visitation, on vous montrera les châsses de saint François de Sales, évêque et prince de Genève, et de sainte Jeanne de Chantal.

Les œuvres de saint François de Sales sont, comme on le sait, un des monuments de la langue française. Il était lettré, mais il était vertueux, doux et bon. Écoutez, pour finir, ce qu'il dit de vous, mesdames :

Quelqu'un le taquinait en ces termes :

« Je ne sais pourquoi les femmes s'amusent ainsi autour de vous, car je ne m'aperçois pas que vous leur teniez pied à causer, ni que vous leur disiez grand'chose. »

Il répondit :

« Et n'appelez-vous rien de leur laisser tout dire? Certes, elles ont plus besoin d'oreilles pour les entendre que de langue qui leur réplique. Elles en disent assez pour elles et pour moi; c'est possible cette facilité à les écouter qui les empresse autour de moi; car à grand parleur rien n'agrée tant qu'un auditeur patient et paisible. »

Et comme cette répartie nous convient, à vous et à moi! J'en ai tant dit, et vous m'avez si bien écouté !

STATIONS PYRENEENNES

Celles-ci prouvent, une fois de plus, l'admirable richesse de la France.

Pour les gagner de Paris, on prendra la ligne de Bordeaux-Bayonne, par Orléans, ou celle de Toulouse par Limoges.

De Bayonne à Toulouse, sur la ligne du Midi, je compte quatre endroits de bifurcation qui nous amèneront aux villes d'eaux :

1º Montrejau, d'où une ligne spéciale conduit à *Bagnères-de-Luchon;*

2º Tarbes, d'où l'on gagne par la voie ferrée *Bagnères-de-Bigorre;*

3º Lourdes, avec une ligne jusqu'à Pierrefitte, et une autre de Pierrefitte à *Cauterets ;*

4º Buzy, avec une ligne jusqu'à Laruns. Route de voiture de Laruns aux *Eaux-Bonnes* et aux *Eaux-Chaudes.*

Dégageons la caractéristique de chacune des stations :

Luchon est une villégiature de riches, qui y ont même bâti une ville à côté des maisons chétives de la vieille bourgade. Trente mille personnes y viennent du 1er juin au 30 septembre et y dépensent royalement leur argent.

Le Casino est un splendide bâtiment, dont la façade a une longueur de cent mètres, et qui est enfermé dans un parc orné de massifs de fleurs, de pelouses et de pièces d'eau. Du reste, si, au milieu des ardeurs estivales, la fraîcheur s'est réfugiée quelque part, c'est à Luchon. Quand, il y a dix-sept ou dix-huit ans, la sécheresse avait tout dévoré dans le Midi, et qu'on cassait les branches des jeunes arbres pour nourrir les bestiaux, Luchon était, comme toujours, un Éden.

Les eaux sont sulfurées, sodiques et ferrugineuses-bicarbonatées.

Soixante-quinze sources apportent la guérison aux maladies de peau et aux affections scrofuleuses rhumatismales.

Mais où sont les malades à Luchon?

Promenades : la Chaumière Saint-Mamet, la grotte du Chat, le mail de Porclan, la fontaine d'Amour, l'allée des Soupirs, la cascade de Sidonie, Montauban.

Excursions et ascensions : la vallée du Lys, la cascade d'Enfer, la cascade du Cœur, celles du Parisien et des Demoiselles, le

Bagnères-de-Bigorre. — Les Thermes.

port de Venesque, les Cinq Lacs, le Postillon, le pic Quairat (3059 mètres).

« L'aspect de Bagnères-de-Bigorre est charmant, dit M. Taine dans son *Voyage aux Pyrénées*. De grandes allées de vieux arbres la traversent en tous sens. Des jardinets fleurissent sur les terrasses. Des ruisseaux d'eau limpide accourent de toutes les places et de toutes les rues; ils se croisent, s'enfoncent sous terre, reparaissent, et la ville est remplie de leurs murmures, de leur fraîcheur et de leur gaieté. Cinquante fontaines fournissent à Bagnères une eau pure comme du cristal. »

D'une façon générale, cette description convient à toutes les localités des Pyrénées. On conçoit ce qu'elle peut avoir d'alléchant pour un Parisien, par exemple, qui est condamné toute l'année à boire de l'eau de Seine, ou qui est obligé de pleurer pour obtenir de l'eau de la Vanne et de la Dhuys. Nous n'avons jamais compris comment, six mille ans après l'époque des patriarches, au lieu d'avoir amélioré leur manière de vivre, nous vivons plus mal qu'eux.

Quoi qu'il en soit, vingt mille baigneurs ou touristes y viennent annuellement boire les eaux et celles que leur déversent généreusement les établissements thermaux pour tous les genres de maladies. Les eaux elles-mêmes sont très variées dans leur nature.

Bigorre est moins cher que Luchon, peut-être, et son climat est plus doux.

Promenades : les Coustous, les Vigneaux, les allées Maintenon, l'avenue de Salut, les allées de la Fontaine-Ferrugineuse, le Métaor, les grottes du Bédat.

Ceux qui se rendent à Cauterets pour prendre les eaux sulfureuses et guérir leurs maux de gorge passent, forcément, à Lourdes.

Plusieurs, après s'être arrêtés ici, n'ont plus été à Cauterets que pour y admirer les beautés de la nature; d'autres ne cherchent à Lourdes que le site et regardent d'un œil curieux le spectacle offert par les milliers de pèlerins qui viennent vénérer la Vierge.

La route qui mène à Cauterets suit un défilé sauvage et domine un précipice au fond duquel bouillonne le torrent ; puis la vallée s'élargit.

Le Parc à l'entrée de la ville, le Mamelon vert, le Pugueres, la Grange de la Reine, sont de jolies promenades.

Avec cela, on ne risque pas de s'ennuyer.

Excursions : Mahouret et la cascade de Cerisay, de Cabaliros, Monné (2724 mètres), les lacs de Gaube et d'Escos, le pont d'Espagne, les cirques de Vignemale et de Gavarnie.

Restent les Eaux-Bonnes. La vie n'y est pas dure ; l'endroit est très coquet ; l'établissement thermal offre toutes les commodités désirables. Le jardin Darralde, la promenade horizontale, Gramont, Jacqueminot, sont délicieuses ; mais, hélas! ce sont des cadavres ambulants qui s'y traînent, la phtisie les tient et la mort les guette.

Si vous prenez par la montagne de Gourzy, dans la direction du sud, vous suivez une route des plus pittoresques. A chaque instant de grandes collines se croisent et se décroisent, laissant l'illusion d'un rideau de théâtre.

Le rideau s'ouvre et voilà, au fond d'une gorge sauvage et splendide, où roule le gave impétueux, une petite ville environnée de hauteurs.

Encore un pas, le rideau se ferme : il semble que vous soyez séparés du monde entier, et vous êtes aux Eaux-Chaudes, où l'on suit, surtout, un traitement externe et spécial pour les maladies des dames.

II

BAINS DE MER

ROYAN

(PLAGE DES CHARENTES)

C'est une nécessité. On se croirait déchu si on n'allait pas du côté de l'eau, pendant les mois de juillet et d'août. Seulement il faut choisir. Où aller?

On va là où tout le monde va.

Mais où?

Les petites bourses et les gens qui ne veulent pas trop s'éloigner de Paris choisiront Boulogne ou la Normandie.

Ceux qui aiment le pittoresque opteront pour la Bretagne.

Ceux qui ne redoutent pas le soleil pousseront jusqu'aux Charentes.

Les grands mondains qui ont épuisé Trouville et Dieppe voudront voir Biarritz.

Les voyageurs et les touristes qui ne craignent pas de s'aventurer un peu, de franchir le cap redoutable de la douane et de la frontière, de n'entendre plus parler leur belle langue, iront jusqu'à Ostende et Scheveningen.

Nous dirons un mot de chacun de ces endroits, en choisissant comme type de plage : Dieppe, Dinard, Royan, Biarritz et Ostende.

D'abord Royan.

C'est la reine de l'Océan. Et puis, à vrai dire, elle n'est pas trop éloignée. Douze heures passées dans un de ces jolis wagons des chemins de fer de l'État pour un prix très modique, c'est un rêve.

Les plages, ici, s'appellent des *conches*. Il n'y a rien de nouveau sous le soleil, et c'est dans les Charentes comme en Italie. A Palerme, on trouve la *Concha d'oro,* probablement ainsi nommée parce que le rivage est comme une conque marine dans laquelle il y a de l'or en fusion; le soleil est dans l'eau; mais quel soleil!

A Royan, la *Grande Conche* mesure quatre bons kilomètres, et, devant, c'est un spectacle merveilleux.

La mer libre, libre jusqu'à l'Amérique. En face, droit plantée au milieu, une haute colonne blanche, le phare de Cordouan; à gauche, la pointe de Graves, célèbre par ses crus; à droite, la jetée et le petit port, dominé par la ville, ses boulevards, ses hôtels, son superbe casino; à gauche encore, plus près de vous, les falaises et les rochers de Vallières; derrière le bois de pins, le nouveau casino, le bois de chênes, le Parc.

Vous connaissez tous, mes chers lecteurs, cet amour de chemin de fer, — un bijou, — que l'ingénieur Decauville avait établi tout le long de la dernière grande exposition de Paris. Eh bien! tout le long de la conche de Royan circule un chemin de fer tout pareil, mignon, charmant, coquet, rapide, qui va, va, va, sans cesse, aussi loin que vous pouvez voir et dépasse Vallières, à gauche, pour aller à Saint-Georges-de-Didonne et à Meschers; et le grand casino, à droite, pour desservir Pontaillac et la Grande Côte.

Pontaillac; la petite station chère aux diplomates et aux millionnaires, le Deauville de l'Océan, où il est de bon ton de se retrouver pour prendre son bain entre cinq et sept.!

Que si vous désirez excursionner, vous avez d'abord les environs immédiats et déjà nommés, et puis Bordeaux, où un petit vapeur vous conduit par la Gironde, en quelques heures; puis l'île d'Oléron, puis Soulac.

Avant d'arriver à la pointe du Chapus, on passe à La Tremblade, on traverse la Seudre et les parcs à huîtres de Marennes, puis cette ville elle-même. A la pointe, on s'embarque sur un bateau qui vous amène en vingt minutes au château d'Oléron, petite ville de trois mille habitants qui donne l'idée parfaite des cités de province aux vii° siècle. Quant à l'île elle-même, elle semble attendre Paul et Virginie; ce sont des paysages à la Bernardin de Saint-Pierre, et, si on y plaçait quelques bananiers et quelques cocotiers, l'illusion serait complète, surtout du côté de Saint-Trojan.

L'excursion de Soulac ne demande que la traversée de l'embouchure de la Gironde et celle d'une admirable forêt de pins, exécutée, celle-ci, en wagonnets tirés par de vigoureux chevaux. Du bateau on passe en wagonnet, du wagonnet dans de véritables wagons qui amènent au bourg. Ne venez jamais à Soulac par un temps incertain; dans ces parages, le temps incertain se change facilement en tempête. C'est captivant de voir, du rivage, les vagues énormes déferler avec bruit sur la rive et les flots moutonner; mais, quand il faut prendre la mer pour revenir, l'admiration cesse vite et fait place à une terreur réelle.

Beaucoup de baigneurs se contentent du séjour à Royan. Outre le bain, les cent pas sur la plage et les interminables causeries sous les tentes de coutil rayé, les attractions sont innombrables. Il y a le parc avec son théâtre, le Kursaal de Pontaillac avec son orchestre hongrois, le champ de foire avec ses baraques, l'ancien casino, dont la salle de spectacle peut contenir mille personnes, rendez-vous de la clientèle aristocratique. On y joue tantôt l'opéra, tantôt la comédie, et on y entend les meilleurs artistes de Paris.

Aux amateurs de la nature, aux excursionnistes qui fuient les plaisirs mondains, il reste la cueillette des huîtres sur les rocs que la mer découvre, la pêche aux crevettes et aux crabes; et, pour les poètes, la moisson abondante des œillets odorants, des immortelles sauvages qui abondent sur les dunes sablonneuses. En voilà plus qu'il n'en faut pour passer un mois agréable, même avec une température de trente degrés.

DIEPPE — TROUVILLE

(PLAGES NORMANDES)

Je ne connais rien de plus attrayant que le trajet entre Paris et Dieppe. A lui seul, il mériterait qu'on choisît Dieppe pour un séjour d'été. C'est aussi le trajet le plus court.

Il semble qu'on traverse un jardin enchanteur, le beau jardin de France, qui n'est pas seulement en Touraine, mais un peu partout. Ah! comme je comprends la naïve et vieille chanson qui redit les gloires et les grâces de la Normandie et la nostalgie des Normands :

> J'irai revoir ma Normandie.

Et puis ces bords de la Seine :

> Dans ces prés fleuris
> Qu'arrose la Seine.

Je me souviens d'avoir parcouru à pied ces rives embaumées. A chaque pas je m'exclamais d'admiration. Non, ce n'est plus la rivière fangeuse que tous connaissent trop; c'était un dédale charmant, un labyrinthe délicieux, un fouillis de roseaux et d'arbustes où les artistes eux-mêmes venaient brosser leurs toiles pour le prochain salon.

Tout de suite on trouve Mantes, surnommée la *Jolie*. Comment donner une autre épithète aux petites villes qu'on rencontre par là? Après, Vernon, puis Gaillon. Enfin, l'admirable panorama de la capitale normande : Rouen. Mais ne nous attardons pas à décrire ses monuments du moyen âge et ses magnifiques églises, pas plus qu'à rappeler ses souvenirs, surtout celui de l'héroïque Jeanne. Nous arrivons à Dieppe.

Je ne dirai pas que c'est la plage de mes rêves; non, j'en connais de meilleures et de plus belles; mais c'est une plage à la mode, fréquentée par les Parisiens et les Anglais. Les Parisiens y viennent en trois heures et demie; les Anglais, avec le paquebot de Newhaven, en six heures environ. Et voilà pourquoi Dieppe a la vogue qu'il a.

Maintenant, le *Casino* est un bâtiment construit dans le genre du *Palais de Cristal* de Londres, avec théâtres, salles de bal, de lecture et de jeux et restaurant-café, etc., le dernier mot du genre. On comprend que les Parisiens aiment Dieppe.

Comme promenades et excursions, c'est plus restreint. On peut toujours aller à Rouen, heureusement; autrement, on se contentera de voir le *Pollet,* ce faubourg exclusivement habité par des matelots descendant d'une colonie vénitienne, et le bourg d'Arques, avec son château et sa forêt. C'est là que le bon roi Henri IV remporta en 1589, avec quatre mille hommes, une importante victoire sur les trente mille ligueurs de Mayenne. La dernière fois que j'ai été à Dieppe, j'ai reçu l'hospitalité chez des amis qui habitaient une jolie villa, derrière le château, du côté du chemin de Pourville.

Ils me conduisirent sur les falaises, vers Varangeville, vers Puys, la cité de Limes et Berneval. J'ai encore dans les yeux le tableau de la grande bleue vue du haut de ces falaises, où courent des routes blanches et propres, où des escadrons de cyclistes s'en donnaient à cœur joie.

Trouville fut, disent les uns, tirée de son obscurité par le peintre de marine Charles Mozin, qui y fit de délicieux paysages. Elle fut, disent les autres, découverte par Alexandre Dumas, qui, au milieu de ses voyages, trouva chez la mère Auzeraie, un cordon bleu inconnu jusqu'alors, une plantureuse hospitalité. Il y a du vrai dans ces deux versions. Elle doit une partie de sa vogue non seulement à ces deux artistes, mais encore à Alphonse Karr, qui ne s'est jamais arrêté nulle part sans fonder une ville, à Isabey, etc. etc. Grâce au pinceau des peintres, à la plume des romanciers, est-il une meilleure cause de prospérité? Trouville est devenue célèbre en peu d'années. Elle possède d'ailleurs la plage la plus belle de France, avec un sable serré et sans galets et des villas grandioses. Deauville, à côté, a eu un instant la prétention d'accaparer les Parisiens; elle n'a gardé que le monopole des courses.

Citons encore Villers-sur-Mer, avec des alentours boisés; Houlgâte aux curieuses falaises éboulées; Dives et son hôtel rempli d'antiquités; Cabourg et son casino monumental.

Du côté de Caen, on trouve Luc-sur-Mer, Langrune, Saint-Aubin, Bernière, Courseulles, moins prétentieux que les bains de la côte de Trouville. A recommander aux petites bourses.

De Dieppe au Havre, au dehors d'Étretat et de Fécamp, il y a

Château de Dieppe (face à la mer).

bien aussi vingt petites plages. Je citerai comme exemple celle des *Petites-Dalles* : un fichu de mer bleue encadrée de hautes falaises tapissées d'herbes grisâtres; une coquette chapelle plantée dans les bois; de jolis chalets disséminés çà et là; un semblant de casino, un vaste hôtel.

DINARD

(PLAGE BRETONNE)

> La lune sous la nue errait en mornes flammes,
> Et la tour de Komor, du Jarle de Kemper,
> Droite et ferme, montait dans l'écume des lames.
> . . . .
> Sous le fouet redoublé des rafales d'hiver,
> La tour du vieux Komor dressait sa masse haute,
> Telle qu'un cormoran qui regarde la mer.
> Un grondement immense enveloppait la côte.
> . . . .
> Et la mer, soulevant ses lames furibondes,
> Ébranlait l'escalier crevassé de ses bords.
>
> LECONTE DE LISLE (*Jugement de Komor*).

Je nomme Dinard, parce que c'est la plage à la mode; jolie bourgade moderne, pittoresque, avec deux bains, des hauteurs couvertes de villas et de verdure et de promenades ombragées; mais je pourrais tout aussi bien citer : Saint-Malo, Paramé, Cancale.

Au fond, ce qui fait le charme de Dinard, c'est le voisinage de toutes ces localités. Malheureusement, elles sont un peu éloignées de la capitale; il faut toute une journée pour se rendre à Saint-Malo. Si ce n'était cet éloignement, n'en doutez pas, la plantureuse Normandie verrait baisser ses recettes en été, et la France émigrerait en Bretagne.

D'abord, dans l'Ille-et-Vilaine, où se trouvent les bains que j'ai cités, on reste saisi d'étonnement en arrivant à Saint-Malo. Ce n'est plus la France contemporaine, c'est celle de deux siècles en retard.

La promenade des remparts est recommandée pour la vue du golfe semé d'îlots, dont l'un est surmonté du tombeau de Chateaubriand. Nulle part le doux poète d'*Attala* et des *Natchez* ne pouvait mieux reposer que là où la brise lui apporte encore les échos d'Amérique, le pays qu'il chante avec tant d'amour.

PAYSAGES GRIS ET BLEUS 269

Pour visiter la ville voisine de Saint-Servan, on prendra le *pont roulant* et, pour aller à Dinan, on montera à bord du vapeur qui

Procession du pardon en Bretagne. (Tableau de J.-P. Dagnan.)

parcourt la jolie rivière de la Rance. Si Saint-Malo est la patrie des fameux marins qui ont nom : Jacques Cartier, Duguay-Trouin et Surcouf, Dinan est la patrie de Duguesclin; et, en parcourant aussi le chemin de ronde des remparts de cette ville, on a l'illusion du moyen âge.

Enfin, Paramé est à deux pas de Cancale, dans un site magnifique, à quatorze kilomètres seulement. Comment aller à Cancale, sans faire un tour au Mont-Saint-Michel, qu'on aperçoit dans la baie de ce nom? Comment venir à Saint-Malo, sans visiter Jersey, célèbre par ses promenades et ses points de vue?

Les Nantais vont naturellement à Pornichet, au Croisic et au Pouliguen, sans omettre de voir Guérande, la curieuse petite ville du XVe siècle, et le bourg de Batz; d'autres iront à Saint-Brieuc, à Portrieux et à Saint-Quay. Je conseillerai à mes lecteurs ce que j'ai fait, moi.

De Saint-Brieuc, je me suis rendu à Auray, dans le Morbihan; j'ai été au fameux pèlerinage de Sainte-Anne, la grande patronne de la Bretagne, par le champ des Martyrs, où la Convention, en août 1795, fit fusiller quatre mille prisonniers royalistes; puis à la presqu'île de Quiberon. Et, si vous m'imitez un jour, choisissez un jour de pardon.

Un pardon breton est bien la chose la plus intéressante que vous rencontrerez dans votre vie. Le spectacle de la piété est beau à voir; et vous n'imaginez pas ce que votre pays contient encore de costumes originaux.

Les hommes, grands, bien faits, aux traits énergiques, à la figure rasée, aux longs cheveux, portent des chapeaux ronds à larges bords et à rubans de velours tombant dans le dos; des gilets ou vestes superposées, gris, bleus, agrémentés et lisérés de laine et ornés souvent d'un ostensoir au milieu du dos; avec cela une large ceinture de cuir ou d'étoffe voyante, des guêtres noires ou des bas de laine, des souliers à boucles et des culottes bouffantes au-dessus du genou.

Pour les femmes, autant de villages, autant de coiffes diverses. C'est la coiffe de mousseline blanche empesée ou de dentelle, courte ou longue, avec des barbes ou des ailes raides ou tombantes, ou bien encore en forme de cornet s'élevant un peu derrière la tête. La robe Louis XIII se passe sur des jupes d'inégales longueurs, mais de couleurs vives; le tablier de soie vient ensuite s'épingler sur le corsage, ou bien la taille est prise dans un châle de couleur sombre, et le pied est chaussé dans un tout petit soulier à boucle. Fraises tuyautées, collerettes plissées, bijoux d'argent et croix d'or au cou, les Bretonnes ne se refusent rien.

Comme moi, vous irez à Auray, par la rivière, à Belle-Isle-en-Mer, voir le château de Fouquet, dont parle Alexandre Dumas dans ses *Mousquetaires*. Comme moi aussi, vous pourrez visiter Carnac, où les vieux *menhirs* et les antiques *dolmens* vous jetteront dans la stupéfaction, où vous goûterez la sauvage poésie de la lande aux genêts d'or, où vous trouverez une plage plus belle que toutes et ignorée. Le chemin de fer est venu quelque peu troubler les *lutins* et les *korrigans* de ce coin superstitieux ; mais, en cherchant bien, on en trouve encore.

Je vous recommande Locmariaquer et son menhir de vingt et un mètres de long, et l'île de Gavrinnis et ses hiéroglyphes, et Quiberon et ses fritureries de sardines.

Il reste encore à citer Douarnenez et Audierne. N'allons pas plus loin ; nous voilà à l'extrémité du Finistère, le bout du monde, par conséquent.

BIARRITZ

(PLAGE DU MIDI)

> Vois ! cette mer si calme a, comme un lourd bélier,
> Effondré, tout un jour, le flanc des promontoires,
> Escaladé par bonds leur fumant escalier,
> Et versé sur les rocs, qui hurlent sans plier,
> Le frisson écumeux des longues houles noires.
>
> LECONTE DE LISLE (*Les Rêves des Morts*).

C'est une petite ville de huit mille habitants, bâtie sur une falaise du golfe de Gascogne, et un des bains de mer les plus célèbres et les plus fréquentés.

Fréquenté par les Français, — les Parisiens et les Bordelais surtout, — par les Russes et par les Espagnols. Mais ne nous fions pas trop à la constance de ces derniers : depuis que le *rey* vient passer ses étés à Saint-Sébastien, cette station tend à devenir à la mode. C'est une réflexion qu'une de mes amies faisait devant moi ces jours-ci ; et je crois qu'elle avait raison, quoiqu'elle soit propriétaire d'une villa au pied du *Monte Orgullo,* non loin du *Palacio Real.*

C'est encore un souverain qui a fait la vogue de Biarritz, l'empereur Napoléon III. Sur la *grande plage,* à l'extrémité d'un petit promontoire, on voit une lourde construction en briques et en pierres : la *villa Eugénie.* C'est là qu'habitait la cour.

Tout autour, d'autres demeures élégantes et confortables.

La grande plage a environ un kilomètre de longueur. Le principal établissement des bains, construit en style mauresque, a une terrasse de six cents mètres. C'est là qu'est l'animation de Biarritz ; c'est là qu'est le rendez-vous des élégances et de la fashion, surtout à l'heure des concerts, qui se donnent à l'étage le plus élevé.

Pourquoi?

Sans doute parce qu'autrement on ne les entendrait pas.

C'est qu'à Biarritz, le concert est donné le plus souvent par l'Océan.

Qu'on se figure une mer sans cesse agitée, sans cesse à l'assaut des îlots du large ; une mer où les fortes lames, les énormes vagues viennent se briser contre les rochers avec le fracas de l'artillerie et de sourdes détonations suivies bientôt de l'intense fumée formée par le jaillissement de milliers de gouttelettes étincelantes.

Qu'on aille vers la côte de l'Impératrice, vers celle du Fou, vers celle des Basques : le flot a la même violence. Malheur aux navires qui s'y aventureraient! Fussent-ils des cuirassés de haut bord, ils seraient contraints de fuir, après un très court séjour. Ce golfe de Gascogne est un enfer liquide...

On conçoit que le spectacle soit attrayant pour le spectateur qui le contemple tranquillement du rivage.

Le charme à Arcachon, la station voisine, est dans la verdure, la forêt, le parc. A Biarritz, rien de tout cela ; mais il y a une vue de mer incomparable. Vue de mer seulement? Non pas.

On sent l'approche des Pyrénées, on les touche, on les voit, et l'œil ravi va se perdre, à gauche, sur la chaîne des monts Cantabres et, plus près, sur la Rhune, la Haya et la Jaizquival, qui domine la pittoresque Fontarabie, à l'embouchure de la Bidassoa.

Et maintenant que le soleil se couche sur tout cela, du côté de Bilbao de célèbre mémoire, c'est une magie, une féerie rouge

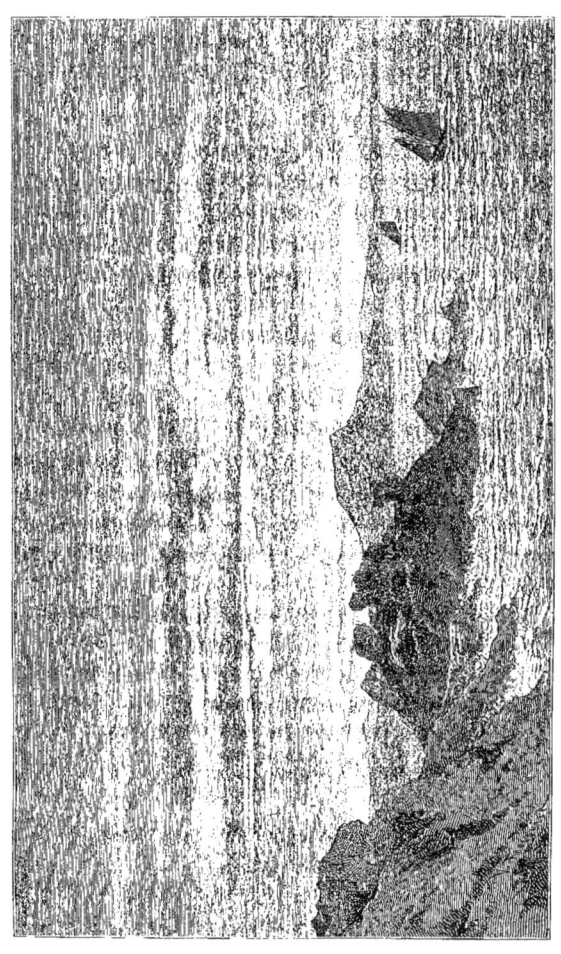

Biarritz. — La côte des Basques.

et sombre avec des clartés subites d'apothéoses. Les nuages mouvants amoncelés se groupent en formes inconnues, et le soleil, comme un globe de feu, tombe dans les flots que sa chute désunit.

Les excursions à faire autour de Biarritz sont nombreuses. Sans compter le classique voyage des Pyrénées, les baigneurs ont à deux pas Bayonne, Saint-Jean-de-Luz, Hendaye, Fontarabie au caractère si espagnol et si artistique, Pasages et Saint-Sébastien avec l'attrait de son paysage et des courses de taureaux.

Il n'y a qu'un inconvénient à Biarritz : c'est trop loin du centre, et c'est un peu coûteux.

OSTENDE — SCHEVENINGEN

(PLAGES ÉTRANGÈRES)

Dig, dig, dig! dig, dig, don!

On arrive à Ostende en chantant, ou du moins avec l'harmonie dans les oreilles, parce qu'on arrive à Ostende en venant de Bruges, et qu'à Bruges il y a un beffroi, et dans le beffroi un carillon qui chante éternellement, et, comme les jets d'eau de Chantilly, « ne se tait ni jour ni nuit. »

Oh! le carillon des vieilles Flandres! un chant de séraphins, égrenant sur vos têtes ses notes cristallines.

> J'aime le carillon de tes cités antiques,
> O vieux pays, gardien de tes mœurs domestiques,
> . . . . . Où le Nord se réchauffe engourdi
> Au soleil de Castille et s'accouple au Midi.

Donc, vous avez visité cette ville d'artistes, *Bruges la Morte*. Vous vous êtes extasié devant ces pignons aigus, ces façades dentelées, ces logettes, ces gouttières, ces gargouilles, ces cheminées et ces portes. Vous avez vu le Saint Sang et l'œuvre de Hans Memling à l'hôpital Saint-Jean, et vous arrivez brusquement à Ostende en fredonnant un air de carillon.

Brusquement votre joie tombe, et vous êtes saisi d'une impression étrange. La mer à Ostende est immense. Vue de la jetée, elle est froide, solennelle et grise. Elle semble fermée et mystérieuse, plus mystérieuse, plus imposante que nos mers françaises.

Où est le bleu de Royan et de Biarritz? Où est le vert de Bretagne?

Ostende. — La digue de mer.

Et pourtant Ostende est appréciée des Français, qui n'ont pas besoin d'interprète pour s'y faire comprendre. C'est une ville où se coudoie un public cosmopolite de Belges, d'Allemands, de Russes, d'Anglais, de Parisiens, et où tout le monde sait parler la langue de Corneille ou à peu près.

« Il semble, dit Camille Lemonnier, que son vieux renom historique et, peut-être aussi, la présence royale aient consacré pour

Ostende le privilège d'une villégiature aristocratique. Le haut monde, le *high life*, la fashion s'y donnent annuellement rendez-vous et y jettent sur le courant de la vie le prestige d'une sorte d'existence à grand orchestre et à grandes guides. C'est la continuation du tourbillon qui entraîne au plaisir, dans les capitales, ceux qu'on appelle les favorisés du sort. »

Les bals, les concerts, le théâtre, les courses, les toilettes, les réceptions, le jeu, occupent ici les journées. Les femmes y changent de robe le matin, le midi et le soir, avec des rivalités dans le luxe et l'originalité. On y voit des princes avec leurs chambellans, des duchesses avec leur cour, des chevaliers du turf avec leurs écuries au complet; et la banque, l'industrie, la diplomatie y mènent un train de seigneurs, prodiguant la dépense et multipliant l'apparat

La ville, d'ailleurs, a accommodé son cadre à ce passage des grandes fortunes. Aucune station balnéaire du continent n'a peut-être la somptuosité de sa digue; les architectures les plus fastueuses s'y entassent dans un emmêlement de tous les styles, avec des balcons à cariatides, des moucharabiés vitrés, des pignons en flèche, des rez-de-chaussée ajourés, des colonnades, une abondance de rinceaux, de pilastres, de sculptures en or, en stuc, en faïence, en pierres bleues et en pierres blanches. Naturellement, le mauvais goût n'est pas absent de cette profusion; mais un tel décor s'accorde bien à la vanité, aux étalages de toilette et aux élégances bigarrées de cette foule cosmopolite et superficielle, qui n'a d'yeux que pour elle-même et assiste inattentive aux grands spectacles de la nature.

Plus loin cet auteur, qui a le mieux décrit la Belgique, dit que cette ville d'eaux pratique, à sa façon, le métier d'écumeur de mer, en rançonnant les baigneurs échoués sur sa plage, et qu'elle est comme un vaste garni où la table est toujours mise devant l'Océan. Les maisons privées se transforment en succursales de ses hôtels, et elle pratique l'art de retenir une clientèle naturellement blasée. A Ostende, comme partout ailleurs, le succès justifie tout.

A côté, Blankenberghe et Heyss sont plus bourgeoises et plus ennemies des foules. Toujours des dunes et de la mer grise, des paysages qui bercent les mélancolies.

Si vous allez à Ostende, poussez jusqu'à Scheveningen (prononcez Squeveningen). Vous verrez la Hollande, ses canaux, ses canards, ses moulins à vent, ses plantureuses prairies. Peut-être irez-vous jusqu'à l'incomparable Amsterdam, *cette Venise du Nord,* pour visiter le musée, qui est le paradis de la peinture; mais, en tous cas, si vous n'avez pas vu la *Ronde de nuit,* vous vous arrêterez devant le *Taureau* de Potter et la *Leçon d'anatomie* de Rembrandt à La Haye, puisque vous traversez cette ville.

Et, pour aller à Scheveningen, prenez au *Plein* le tramway, l'ancien chemin construit au xviie siècle et qui a une bonne odeur de vieilles choses et de senteurs des bois, tout bordé d'arbres et de promenades.

C'est pour la route qu'il faut aller à ce bain de mer, et un peu pour les habitants, non pour les habitants de passage; mais pour ceux qui sont à demeure, fidèles à leur vieux costume et à leurs habitudes patriarcales de pêcheurs. Maintenant vous trouverez là aussi deux grands casinos où l'on danse, où l'on banquète, où l'on joue et où... l'on se regarde...

WIESBADEN

(STATION ALLEMANDE)

Un malade, sérieusement atteint de rhumatismes, de goutte ou d'une affection nerveuse quelconque, cherche à se guérir; et quand le beau temps revient, il tourne des yeux mourants, mais pourtant pleins d'espoir, vers les fontaines de vie.

Généralement deux obstacles surgissent :

La longueur du trajet à parcourir pour arriver à la station balnéaire convoitée ;

Le manque de confort présumé. On a été si souvent et si désagréablement surpris dans tel village où tout faisait défaut, qu'on se souvient et qu'on est tenté de reculer.

De plus, on ne partira pas seul; on emmène sa famille : sa femme, ses enfants. Il y a peut-être un grand jeune homme, une jeune fille qui est une femme.

Et ceux-ci que deviendront-ils?

Vraisemblablement, ils s'ennuieront à mourir.

C'est donc un véritable service à rendre aux malades et aux familles que de leur indiquer les stations où ces inconvénients n'existent pas.

Pour les affections désignées plus haut, Wiesbaden s'impose.

Wiesbaden est, pour ainsi dire, à la frontière.

Wiesbaden est une ville digne de ce nom, une grande cité même.

De Paris à Wiesbaden, par la voie ferrée, il y a six cent soixante et un kilomètres.

En partant de Paris, par exemple, à huit heures trente du matin par le rapide qui passe par Metz, Sarrebruck et Mayence, on arrive à Wiesbaden à dix heures et demie du soir.

Si on prenait l'express de huit heures vingt-cinq du soir, on arriverait à onze heures trois quarts le lendemain matin.

Donc, les soucis d'une longue route sont écartés.

Et en arrivant on trouve une véritable ville.

On en jugera quand on saura qu'elle possède une population de soixante-quinze mille habitants.

Rien ne saurait faire défaut au milieu d'une pareille agglomération.

En descendant du train, le malade est déjà satisfait; il respire, il entrevoit le terme de ses maux, au bout d'une cure sérieuse accompagnée de distractions nombreuses, variées, intéressantes et d'ordre souvent élevé.

*
* *

Wiesbaden ou Wiesbade est, en effet, l'ancienne capitale du duché de Nassau. Aujourd'hui elle est le chef-lieu de la province prussienne du même nom.

Située à cent dix mètres au-dessus du niveau de la mer du Nord, à trois quarts d'heure du Rhin, elle se trouve, à l'extrémité du prolongement méridional du Taunus, dans une plaine arrosée par le Sazbach et est entourée de villas et de jardins.

Au nord, le rempart montagneux la protège contre les morsures de la bise, et son climat est tempéré.

Les Romains connaissaient parfaitement les propriétés des eaux de Wiesbaden, et Pline les cite dans son *Histoire naturelle*.

Aujourd'hui, plus de cent mille étrangers y viennent annuellement.

Trois gares y donnent accès :

La gare du Rhin (*Rhein Bahnhof*), pour les trains venant de Coblenz.

La gare du Taunus (*Taunus Bahnhof*), pour les trains de Francfort.

La gare de Hesse (*Hessischer Bahnhof*), pour les trains de Limbourg.

Les bateaux à vapeur du Rhin abordent à Biebrich, d'où un tramway à vapeur part pour Wiesbaden.

Un coup d'œil sur les monuments et curiosités de la ville :

En sortant des gares, on se trouve dans la *Wilhemstrasse*, belle avenue, bordée à droite par les nouvelles promenades (*Neue Anlagen*) et par l'église anglicane.

A l'extrémité de cette avenue, on rencontre l'ancienne place du Théâtre et, un peu à droite, le théâtre Royal, un des plus célèbres en Allemagne, puis la place du Kursaal, ornée de parterres, de fontaines et de colonnades.

Puis le Kursaal.

Il possède une grande salle de quarante mètres de long sur dix-neuf de haut et quinze de large, avec une trentaine de colonnes en marbre de Nassau, un cabinet de lecture riche et renommé, des salles de conversation, de jeu et un restaurant.

Derrière le Kursaal, le parc et un grand étang.

La *Trinkhalle*, longue galerie en fer, communique avec le *Kochbrunnen*, la plus importante des sources de la localité.

A citer encore les deux églises catholiques, les trois églises évangéliques, la chapelle russe, la synagogue mauresque, le palais Royal, les statues des empereurs Guillaume Ier et Frédéric, le musée, etc.

On conçoit que, pour circuler à travers une pareille ville et visiter ses environs, il faut souvent prendre des voitures.

On trouve ici des tramways et des fiacres nombreux et commodes.

※

Deux questions préoccupent toujours les baigneurs, dans les villes d'eaux : celle du logement et du restaurant et celle du Kursaal.

A Wiesbaden, il y a plus de soixante-dix hôtels, dans lesquels on trouve des établissements de bains. En outre, il y a de nombreuses pensions et des restaurants à chaque pas.

Dans les hôtels de premier ordre, la vie est chère sans doute ; mais on peut dire qu'une bourse moyenne ne dépassera guère plus de quatre à huit *marks* par jour. (Le mark vaut un franc vingt-cinq centimes.)

Abonnement du Kursaal ou *Kurtaxe* :

Cartes annuelles valables douze mois : trente marks ; une carte supplémentaire, dix marks.

Cartes de saison valables six semaines ; pour une personne : quinze marks. Pour chaque membre d'une même famille : cinq marks.

La Kurtaxe n'est pas obligatoire ; on peut aussi avoir des cartes du jour à un mark.

Ces cartes donnent le droit d'entrée dans tous les établissements municipaux : Kursaal, Kochbrunnen, Trinkhalle, jardins, et dans les salles de conversation, de lecture et de jeu, ainsi qu'aux concerts dans les salles et en plein air.

Les concerts ont lieu le matin, au Kochbrunnen, de six heures et demie à huit heures ; l'après-midi, de quatre heures à cinq heures et demie, et le soir, de huit heures à neuf heures et demie dans la grande salle et dans les jardins.

※

Mais on conçoit que la grande préoccupation soit surtout celle du traitement. Wiesbaden possède trente sources à base de chlorure de sodium. On suit le traitement externe et interne.

Les bains sont pris à la température de 27° à 28°.

Quant au traitement interne, on ne dépasse jamais un litre d'eau pris en trois fois, le matin, à midi et le soir ; pris lentement, en se promenant.

Dans la *Trinkhalle,* on trouve les salles d'inhalation et de gargarisation.

Les médecins recommandent souvent une cure de marche ou de raisin.

Naturellement, on ne fera rien sans avoir consulté les médecins. Qu'on se rassure : il est peu de villes où on compte un aussi grand nombre de docteurs. La liste de 1898 en énumère cent trente-trois.

* *

Cure d'air par-dessus tout, *Luftkur,* comme disent les Allemands.

Nombreuses aussi sont les excursions à faire dans les environs, à cheval ou en voiture. Voici les principales :

Beausite et la caverne du brigand, Leichtweiss; Neroberg; Dietenmühle, Sonnenberg, Rambach, Kellevkopf; beffroi de Bierstadt; Schützenhallen, Waldhaüschen, Fischzuchtanslat; Clarenthal, Fasanerie; Biebrich; La Platte, ancien château de chasse du duc de Nassau; Chausséehaus; Taunusblick; Schlangenbad; Langen, Schwalbach; le petit pays bleu (blaues Landchen); Idstein.

Dans toutes ces stations, une attraction, un restaurant, un moulin, un point de vue, un coin de forêt.

Et quand on peut prendre son essor et mieux déployer ses ailes, on ira visiter Mayence et Francfort-sur-le-Mein. C'est tout près.

Surtout on descendra vers le Rhin, le père Rhin, *Vater Rhein,* magnifique, grandiose, si poétique de légendes et de souvenirs! On voudra monter au Niederwald et visiter la colossale *Germania;* on voudra tremper ses lèvres dans une coupe de vin blanc de Rüdesheim ou de vin rouge d'Assmanhausen.

Et puis voilà que le Taunus aux sommets élevés et aux bois touffus nous sollicite. En route donc pour Eppstein ou Soden! De là à Kœnigstein, Falkenstein et Hombourg, il n'y a qu'un pas.

Qui peut dire que Wiesbaden est mal situé et manque d'attraits?

III

LE PETIT GUIDE DES VACANCES ET DES VOYAGES

AUX HOMMES

Donc, messieurs, vous avez lu les « paysages gris » et aussi « les bleus ». Il est évident, n'est-ce pas? qu'il n'y a que l'Allemagne et l'Italie; le gris et le bleu. Pour les grands *dilettanti*, évidemment ils pousseront jusqu'aux fiords norvégiens ou au sud, pour voir l'*Alhambra* et la *Mosquita* (Grenade et Cordoue). C'est bien loin; j'y ai été, c'est fort loin. Restons en Suisse et en Italie; c'est si joli, si près, si facile d'accès !

Et puis il y a la France. Qui ne va pas aux eaux, aux bains de mer? J'ai décrit rapidement quelques localités. On voyage donc beaucoup; seulement il y a la manière.

Les favorisés du sort emploient beaucoup l'automobile et ne veulent guère s'en séparer. Je ne parlerai pas de ce sport, parce qu'il n'a pas été rendu pratique pour tout le monde. Je m'adresse aux gens de la classe moyenne.

Messieurs, pourquoi voyagez-vous?

Il y a le voyageur naïf. Celui-là voyage sans savoir pourquoi, ne s'habille pas comme il convient, ou s'encombre comme « Tartarin sur les Alpes » et paye fort cher dans les hôtels.

Il y a le voyageur grincheux, qui ne trouve rien de bien, parce que « autres pays, autres mœurs ». Qu'il reste chez lui !

Il y a le voyageur inconstant, qui passe d'un endroit à l'autre à la recherche du bonheur, qui n'existe pas sur cette terre.

Il y a le voyageur malade, qui ne doit pas voyager beaucoup et a besoin de se fixer.

Il y a le voyageur fanfaron, qui se vante toujours et fait hausser les épaules aux étrangers.

Il y a, il y a ... Il y a beaucoup de sortes de voyageurs. Écoutez.

Partez donc respirer du bon air, vous reposer et vous instruire. Habillez-vous simplement : un veston. Ayez une simple valise, avec un smoking pour le soir, si vous allez dans un hôtel de premier ordre, quatre chemises, six paires de chaussettes, douze mouchoirs, douze faux-cols, une paire de bottines de rechange.

Le sac de toilette.

Prenez des secondes. J'ai pris des premières toute ma vie. Les secondes, à cette heure, sont très confortables.

Retenez votre hôtel à l'avance. Pour cela, consultez le Bædeker (le plus nouveau) : ne dépensez pas plus de douze francs par jour à l'hôtel.

AUX DAMES

On voyage en été comme on danse en hiver ; c'est une coutume, presque une obligation. Les uns s'en vont pour goûter le repos et détendre leurs nerfs au milieu de la verdure ; à eux la solitude et les coins champêtres. Les autres se déplacent pour varier le théâtre de leurs plaisirs ; ils cherchent à se rencontrer sur la plage comme sur les boulevards, et s'habillent à la campagne avec le même soin qu'à la ville.

Et vous aussi, mes chères lectrices, vous êtes gagnées par la fièvre du voyage. Depuis un mois vous faites mille projets, et vous avez déjà fixé votre choix sur un site pittoresque, une ville d'eaux élégante ou une plage courue. Les diligences, majestueuses et lourdes, favorisaient les goûts sédentaires ; mais, aujourd'hui, la vapeur rapide, qui nous transporte allègrement vers le coin rêvé, encourage notre besoin de déplacement. Et maintenant, dès qu'une femme a combiné toutes ses toilettes de piqué et de foulard, ses chapeaux de tulle et ses ombrelles claires, elle sent s'éveiller en elle l'âme d'une voyageuse.

Il y a la voyageuse artiste, qui n'admire dans les curiosités nouvelles que les paysages à dessiner. Son album toujours à la main, elle s'arrête alors que sa bande voudrait avancer, elle s'installe pour « croquer un coin délicieux ». Ses fusains, ses crayons, son fixatif, voilà son seul intérêt.

Il y a la touriste en quête de nouveautés. Chaussée de souliers ferrés, armée d'une jumelle et d'un alpenstock, elle veut tout visiter, tout escalader. Pas une roche, pas un gouffre, pas un étang ne lui doivent rester inconnus ; elle passe sans avoir le temps de jouir de la beauté d'un site ; elle l'a entrevu, cela lui suffit.

On trouve encore la variété sentimentale. Pour celle-ci, tout est matière à rêverie ; elle est mélancolique au coucher du soleil ; le clair de lune est pour elle une extase, et la corolle d'une marguerite, l'odeur des foins coupés, rappellent en son âme de longues strophes contemplatives.

Enfin, parlons de la voyageuse active, celle qui emporte constamment sa « broderie ». Vous l'avez vue en face des panoramas les plus merveilleux ; son visage impassible n'exprime aucune émotion, elle continue son ouvrage, et, entre ses lèvres mi-closes, elle compte méthodiquement les mailles de sa dentelle au crochet ou les points de sa bande de tapisserie.

On trouve encore, quoique plus rarement, la voyageuse modèle, — et c'est le portrait de mes lectrices, j'en suis assuré, — qui sait être tour à tour chacun de ces types et toujours à propos. Elle dessine des ruines pittoresques, ne recule point devant une excursion, écoute avec poésie le murmure du ruisselet, et brode... les jours de pluie. Celle-là aussi a bon caractère ; elle porte les petits paquets encombrants, elle rit des mésaventures imprévues et ne se plaint ni du soleil ni de la poussière.

C'est pour cette aimable voyageuse que j'écris. C'est à elle que je veux donner quelques conseils pratiques qui faciliteront son rôle gracieux. C'est pour la guider dans son choix que j'ai décrit plusieurs villégiatures.

Que celles de mes lectrices retenues à la maison par des occupations absorbantes me pardonnent; j'écris aussi pour elles, et je m'efforcerai de les faire voyager par la pensée.

* * *

Il n'est en aucun cas de bon ton d'afficher une élégance prétentieuse, de porter des couleurs criardes, des robes surchargées de garnitures et d'ornements. Mais en voyage, plus que partout ailleurs, cette simplicité s'impose et distingue la vraie femme du monde. Le costume tailleur, jupe et jaquette garnies de piqûres ou de galons, le chapeau canotier en toile cirée ou en paille piqué à gauche d'une aile ou d'un nœud étroit très enlevé, telle est la toilette d'une voyageuse. L'étoffe doit être grise, beige, marron, etc., en tissu mélangé. Les draps satins unis se tachent facilement, et les marques de poussière y laissent une trace désagréable à l'œil.

Dans l'intérieur de la jaquette, on met une jolie chemisette en batiste blanche, rose ou bleue, à col rabattu avec cravate de satin noir. C'est la note gaie de la toilette; son inconvénient est de se faner vite. Aussi, lorsque le voyage doit être long et qu'il est difficile d'emporter beaucoup de bagages, on remplace la chemisette claire par une blouse sans manches en soie écossaise. La longue redingote qui recouvre toute la toilette a un grand cachet d'élégance; mais, quoique ce soit par excellence le manteau de voyage, elle est moins pratique que la jaquette courte.

La longue mante en tissu souple des Pyrénées, le cache-poussière en tussor ou en alpaga, le collet à capuchon, sont aussi très commodes. Les bottines, les gants, la ceinture en cuir jaune, la voilette de tulle beurre à grands ramages fleuris, sont les compléments indispensables de la vraie toilette de voyage.

Les petits paquets encombrants que l'on porte à la main, et que l'on a tant de peine à caser dans les filets des compartiments, gâtent pour moi toute la tranquillité du trajet. Je ne puis assez vous conseiller, mes chères lectrices, de simplifier le plus possible vos bagages, d'écarter soigneusement tous les objets dont vous n'êtes pas assurées d'avoir à vous servir, et pour cela n'attendez point au dernier moment pour garnir votre malle. Disposez, quelques jours avant le départ, sur une table ou un meuble, tous les objets que vous désirez emporter. Un premier conseil : mettez dans une caisse en bois, à part, les chapeaux, les chemisettes de mousseline, les voilettes. On peut, s'il est nécessaire, détacher une partie de la garniture du chapeau, qui gênerait pour fermer la caisse, en ayant soin d'indiquer par des épingles l'endroit exact où il faut la recoudre.

Le linge doit être mis au fond de la malle, les souliers placés dans des sacs oblongs en toile grise, glissés dans les interstices laissés entre les piles de linges ; les flacons, les objets fragiles sont roulés dans le bas. De vieux rideaux de mousseline passés au bleu envelopperont vos jupes et vos corsages. Arrivés à destination, ils serviront à préserver de la poussière les toilettes suspendues.

L'INSTALLATION

Emportez aussi quelques-uns des menus objets dont vous vous servez habituellement. Si vous avez loué un chalet meublé au bord de la mer, ils donneront à cette maison banale un peu de la douceur du home confortable que vous regrettez. Quelques photographies accrochées de ci de là, votre ouvrage dans un coin, votre encrier, votre buvard, vos livres favoris, tous ces objets que vous aimez, qui font presque partie de vous-même, donneront à cette maison, qui vous semblait triste et inhospitalière au premier abord, l'aspect chaud et enveloppant qui séduit et retient.

D'autres plus fortunés pourront meubler à leur fantaisie la maison qu'ils louent au bord de la mer. Il est évident que cette installation diffère totalement de l'installation d'un appartement parisien.

L'antichambre, pièce que l'on traverse par tous les temps, doit être, si elle n'est pas dallée, recouverte d'un linoléum au carrelage gai et éclatant. Aux murs, des pendoirs pour accrocher les bérets, les mantes, les filets de pêche. N'oublions pas que ces mois de vacances sont des mois de repos, de libre expansion, que les mesquineries nécessitées souvent par l'exiguïté de nos appartements ne sont plus de mise ici, et n'exigeons pas de ceux qui nous entourent l'ordre et le soin dans les détails qui les fatiguent pendant tout le reste de l'année. C'est aussi dans l'antichambre que l'on range les jeux divers, croquet, lawn-tennis, la tente, etc. Les fauteuils en osier, les pliants peuvent servir de sièges pour le salon, surtout si nous savons les draper artistement, au moyen d'un tissu bon marché. Quelques tables en bambou ; à terre, des nattes aux couleurs variées ; les murs tendus d'une cretonne claire et gaie, drapant également les fenêtres et les portes. Sur la cheminée, des fleurs dans des vases en faïence naïvement peinturlurés, quelques vues de la plage suspendues au mur à l'aide de rubans de couleurs gaies et harmonieuses, des poupées habillées en Cauchoises, en Boulonnaises, en Bretons et Bretonnes, gentiment disposées sur des tables volantes, et voilà, à peu de frais, notre salon meublé.

La cretonne, les meubles en pitchpin joueront un grand rôle dans la décoration du reste de l'appartement.

Il serait oiseux d'entrer ici dans le détail de toutes les pièces. A la campagne, moins encore qu'à la ville, n'encombrons pas nos chambres de tentures et de meubles inutiles. Que le soleil y pénètre à flots et les inonde de sa joyeuse gaieté.

ENCORE LE BAGAGE FÉMININ

Une grande et importante question quand on voyage, c'est de savoir ce que l'on doit emporter. Retenez bien les conseils que cet excellent Bædeker met à la première page de tous ses guides :

> Qui songe à voyager
> Doit soucis oublier,
> Dès l'aube se lever,
> *Ne pas trop se charger*,
> D'un pas égal marcher
> Et savoir écouter.

Donc, vous le voyez, vous devez laisser les soucis; c'est un bagage fort encombrant. Le poète a encore dit, un autre :

> Le chagrin monte en croupe et galope avec lui.

Oh! le fâcheux et pesant compagnon que le chagrin ! Et pourtant, plus d'une fois, en voyage, on l'a déposé quelque part, celui-là, et c'est tant mieux. Le grand air parvient à faire oublier bien des choses.

Mais parlons de l'autre bagage :

A entendre certains conseillers, — nous avons lu d'eux toute une page de conseils, une page qui en vaut quatre, — il faudrait mettre dans sa malle toute une maison.

Pour madame, je veux bien que l'on divise le fardeau en trois parties : *objets de toilette, objets divers et linge, chaussures, vêtements*.

Première rubrique :

Évidemment, il faut emporter des brosses, des peignes, des flacons d'eaux diverses, des épingles, des savons et des éponges. Mais restreignez-vous, parce que vous vous arrêterez difficilement. Le mieux, c'est d'avoir un petit nécessaire à fermoir qui contient l'indispensable, où tout a sa place assignée et qu'on trouve commodément, en l'ouvrant sur sa table, quand le besoin s'en fait sentir. On peut même se contenter d'une petite gaine en toile cirée. Je préfère le nécessaire où l'on a encore de la place pour la chemise de nuit, les pantoufles et le livre préféré, et même le papier à lettres, le porte-plume et l'encrier.

Deuxième rubrique :

Des épingles, des aiguilles, un dé, des ciseaux, du fil, des boutons, des agrafes, des lacets. Laissez, de grâce, la lampe à esprit de vin, la timbale, le couteau, la fourchette et le tire-bouchon, cela n'en finirait plus. Si vous vous munissez d'un porte-montre, alors autant déménager.

Troisième catégorie :

Quant aux vêtements, il faut une malle anglaise, c'est évident, pas trop grosse, et surtout une seule malle, avec une bonne serrure, des courroies de cuir et une étiquette portant votre nom. Mais cela ne suffit pas : vos initiales bien en évidence sur la malle. Vous n'avez pas d'idée combien un colis de ce genre a besoin parfois d'un bon et exact signalement.

Et dedans?

Dedans : dix paires de bas, une paire de bottines de rechange, six pantalons, deux cache-corsets, six chemises, deux chemises de nuit, trois jupons, un jupon de flanelle, une robe de chambre, deux corsages fantaisie, trois robes au plus, une jaquette ou un collet, trois chapeaux au plus, six paires de gants, douze mouchoirs, deux fichus, cols et cravates.

Mais c'est insuffisant! vous écriez-vous.

Du tout. Vous donnerez votre linge une fois ou deux, dans le mois, à la blanchisseuse, et vous voilà sauvées.

Savez-vous aussi ce qu'il ne faut pas oublier?

Une petite pharmacie de poche.

Pour les homéopathes, c'est joliment commode. Tout tient dans la main, avec les petits globules dans les tubes microscopiques. Mais tout le monde n'a pas confiance; alors commandez ceci :

Du taffetas gommé, du collodion, de la ouate hydrophile, paquets de bismuth à 4 grammes, paquets de quinine à 0 gr. 50, paquets d'aspyrine à 1 gramme ou 0 gr. 50, acide borique (20 grammes), bande de toile et chiffons de toile, le tout roulé; eau de mélisse.

Pour la camomille et le tilleul, on trouve cela partout; mais il y a des gens nerveux et qui, avec le changement d'habitudes, ne peuvent, dans le principe, retrouver le sommeil. A ceux-là je conseille d'emporter un flacon de sirop de Henri Mure, duquel on prend une cuillerée à bouche avant de se coucher.

Voilà toutes mes drogues.

Arrivez vingt-cinq minutes avant le départ, pour faire enregistrer.

Ne vous pressez pas pour avoir un coin ; la place du milieu est plus sûre.

Pas de courant d'air dans le wagon, même s'il fait chaud.

Achetez des journaux et... roulez...

OU ALLER?

Il est bien entendu que nous ne parlons pas pour les gens qui vont *villégiaturer* dans leurs châteaux et dans leurs terres.

Nous parlons des touristes, même pour ceux qui ne *circulent* pas et vont s'établir quelque part, par exemple, pour un mois ou deux.

« L'éternel duel entre la mer et les montagnes. » On ne discute pas des goûts et des couleurs. Les uns aiment le bleu; les autres préfèrent le vert.

Pour la mer, inutile d'aller bien loin. La Normandie est à proximité. Il y a les plages mondaines, il y a les plages tranquilles.

Sur les unes comme sur les autres, on voudra respirer la bonne brise et s'en emplir les poumons. Dans les premiers endroits, on a les distractions du casino : les concerts, le théâtre, les bals.

Il est évident, encore, qu'il y a des gens qui ne peuvent se passer de cela, et même on y ajoute les courses, enfin toute la vie parisienne, qui comporte beaucoup de parade, et la parade comporte beaucoup de toilette.

Comment réagir contre cela? La femme aimera toujours à être belle et admirée. Voir et être vue surtout, c'est tout le bonheur de tant de femmes! Au moins, que leur villégiature leur serve, à celles-là! et qu'elles fassent tout de même une bonne provision de santé, en changeant d'air! Et que si leur esprit ne change pas, que leur corps se renouvelle!

Dans la montagne, c'est encore la même chose.

On ira en Auvergne, en Savoie ou dans les Pyrénées; mais on voudra aller dans une station où on retrouvera un casino. Il y en a partout maintenant : à Vichy, à Royat, au Mont-Dore, à Aix, à Luchon, à Bagnères-de-Bigorre, à Cauterets.

Dans les Vosges, il y en a à Vittel, à Contrexéville, à Luxeuil, à Gérardmer.

Reste l'étranger.

Dirigerez-vous vos pas vers l'Allemagne?

Autrefois, avant la guerre, par exemple, on allait beaucoup à Baden-Baden. C'était un faubourg de Paris. Maintenant, non! Mais quel joli séjour pourtant! Et c'est là qu'on rencontre un casino digne de cette appellation, dans la maison de *Conversation!*

A Ems, à Wiesbaden, à Kreuznacht, à Badenweiler, musique trois fois par jour, bal deux fois la semaine, attractions de toutes sortes.

Oh! votre goût raffiné de Française sera bien un peu choqué, je vous le prédis, et vous trouverez dans ce qui défilera sous vos yeux ample matière à la critique; mais quelle est la femme qui se priverait de ce plaisir divin : la critique, surtout quand, faisant un juste retour sur elle-même, elle se reconnaît supérieure à celles qui l'environnent ?

Notez que vos rivales étrangères copient la mode de Paris, c'est connu; mais avec une maladresse! Que si, par hasard, vous vous heurtez à une toilette convenable ou jolie, vous vous informez : c'est une compatriote.

Voilà les plaisirs qui vous attendent à l'étranger.

Poussez plus loin, allez dans les bains de Bohême : à Carlsbad, à Marienbad, à Spa, à Lucerne, à Zurich, à Genève et à Lausanne, cela changera un peu. C'est plein de jolies Françaises, ces endroits-là.

J'ai connu des femmes qui voyageaient, à l'anglaise, avec une robe de lainage et un sac de voyage, et qui fuyaient les casinos et les endroits où l'on se montre. Je vais vous dire où elles allaient :

Dans le grand-duché de Luxembourg. Connaissez-vous ça? Dans la Prusse rhénane, au milieu des Ardennes belges.

Il y a, dans le grand-duché, une localité ou deux où l'on vivra pour rien et où on sera au vert tout le temps : des bois et des bois, des prairies, des rochers, de l'eau. C'est exquis!

Dans les Ardennes ou le long de la Meuse, il en va de même. A Bollendorff, province de Trèves, vous serez encore mieux.

Le matin, excursion dans la forêt; l'après-midi, repos. A quatre heures, seconde excursion, et le soir, causerie ou musique dans le petit salon de l'hôtel. C'est plein de Belges et de Hollandais. Quelques Anglais apparaissent de temps à autre ; point de Français.

Quand on revient de là, on est *retapé* à neuf pour un an. Essayez-en. Mais vous n'y trouverez pas de plaisirs bruyants. Le seul exercice violent qu'on puisse se permettre, c'est la bicyclette, et encore le pays est trop accidenté pour ne pas avoir à escalader cinq ou six montées dans l'espace de dix kilomètres.

Je vous conseille d'apprendre les langues. On parle français partout; mais quel plaisir de baragouiner un peu l'allemand et l'anglais avec les gens qu'on rencontre !

Encore un conseil : dans les *douanes*, obéissez en tout aux douaniers, soyez aimables, ne passez pas de contrebande; tout ira bien.

LES VOYAGEURS D'AUTREFOIS

Il n'y a pas à dire, maintenant tout le monde voyage.

Voyage-t-on davantage que dans les temps passés? Je ne le jurerais pas. C'est incroyable comme, en lisant l'histoire, on apprend beaucoup de choses : par exemple, que nos ancêtres se déplaçaient avec une grande facilité, sinon de confort, au moins d'humeur.

Voyez les Arabes et les Bédouins d'aujourd'hui : ils sont nomades, et rien ne donne mieux l'idée de la vie patriarcale et primitive que leur vie à eux. Eh bien, les nomades et les patriarches étaient des voyageurs.

Tobie a voyagé, avec un ange, s'il vous plaît, pour compagnon. Le général très illustre qui s'appelait Judas Machabée envoyait des ambassadeurs juifs à Rome. Je lisais cela, l'autre jour, dans la Bible, que les Français négligent tant et où il se trouve tant de choses intéressantes.

Les Romains ! Oh ! les Romains, en voilà des voyageurs. Leurs légions et leurs proconsuls étaient partout.

Mais il y a encore quelque chose dans la Bible que je veux citer : je ne parle pas des voyages de Jésus-Christ, mais je veux parler des voyages de ses apôtres. Ouvrez les livres des *Actes,* ouvrez les *Épîtres;* vous êtes confondus par l'énumération des noms propres de pays.

Saint Paul a bien employé sa vie, lui, et ce qu'il en a vu de pays! Mais la palme est à saint Thomas.

La tradition orientale raconte qu'il a été aux Indes et même en Chine. En Chine, vous entendez bien, et sans paquebot, naturellement.

Je me trompe, il y a été en paquebot.

Les Chinois, comme tous les païens, divinisent leurs grands hommes et leur élèvent des statues. Cela ne vaut pas l'œuvre des Phidias et des Praxitèle, mais enfin ce sont des statues.

Ils les placent dans leurs temples, appelés pagodes.

A Canton, vous visiteriez la Pagode des *cinq cents diables,* lisez *bons dieux.*

Et c'est avec le plus grand étonnement que vous verriez là un matelot en chapeau de toile cirée et la pipe à la bouche, et, un peu plus loin, un jésuite.

C'est que les prouesses de ce pauvre mathurin, échoué en Chine, Dieu sait comme! et les œuvres grandioses du missionnaire ont tellement émerveillé nos Célestes, qu'ils ont donné à l'un et à l'autre, pour des motifs différents sans doute, place dans leur Olympe.

Dans des milliers de pagodes vous trouvez une idole, représentation d'un saint ou philosophe antique, dans l'attitude de la méditation.

Signe particulier : il tient son soulier à la main.

« Comment appelez-vous ce *pous-sha?* » demandez-vous.

On vous répond :

« Il se nomme *To-mé.*

— Pourquoi cette chaussure?

— Parce que *To-mé* était un saint homme venu des Indes pour nous apporter la vérité.

— Avec un soulier?

— Parfaitement. Il ne trouvait point de bateau. Il a retiré sa chaussure, l'a placée sur les flots. La chaussure s'est élargie miraculeusement, et *To-mé* a pu y prendre place et aborder ainsi, poussé par les vents favorables et avec l'aide de Dieu, aux rivages du Céleste-Empire. »

Jolie la légende ; mais quel voyageur !

A son tour, le célèbre philosophe Lao-tseu prenait un jour le bâton de pèlerin et traversait toute l'Asie pour venir en Palestine. C'était dans le Ier ou IIe siècle, et ce qu'il a de plus pur dans sa morale et son enseignement doit provenir de là.

Au Ve siècle, un prêtre syrien-chrétien, nommé Olopen, venait prêcher Jésus-Christ, dans le nord de la Chine, à Sin-gan-fou. Ici nous sommes dans le domaine de l'histoire pure et même de la critique historique ; une inscription très détaillée relate ce fait mémorable, et nous en possédons le fac-similé à la Bibliothèque nationale.

Deux moines tartares apparaissent à la cour de France, en plein moyen âge.

Un savant a démontré que les Phéniciens et les Carthaginois étaient venus s'établir à Haïti, à Cuba, au Mexique, et il le prouve par les langues populaires, qui ont conservé de nombreux mots analogues à l'idiome des envahisseurs.

Nous arrivons à la période des invasions des Barbares et aux mirifiques croisades. Voyageurs ! voyageurs !

Et les infantes d'Espagne, qui s'en venaient à Paris, à l'âge de trois ans ! Et les princesses italiennes, qui passaient à chaque instant les Alpes ! Et les chevauchées d'Henri IV ! et les voyages de M. de Montaigne et de tous les Français qui s'en allaient, avec Bonaparte, au mont Thabor, aux Pyramides, à Moscou et à Saragosse !

Ah ! quels voyages ! quelles aventures !

LES VOYAGEURS D'AUJOURD'HUI

Ami, vous revenez d'un de ces longs voyages
Qui nous font vieillir vite et nous changent en sages
    Au sortir du berceau.
De tous les Océans votre course a vu l'onde,
Hélas ! et vous feriez une ceinture au monde
    Du sillon du vaisseau.

. . . .

Pareil au laboureur qui récolte et qui sème,
Vous avez pris des lieux et laissé de vous-même
    Quelque chose en passant.

. . . .

            (Victor Hugo, *Feuilles d'automne.*)

Ce n'était pas à un vulgaire voyageur que ces strophes s'adressaient.

Il s'agit ici de voyages sérieux, de voyages au long cours.

Pour les hommes, rien de plus naturel que de voyager.

Qui sont les grands voyageurs d'aujourd'hui ?

Un peu tout le monde; mais voici des noms : Livingstone, Stanley, Cameron, Serpa Pinto, Tivrier, colonel Marchand, prince Henri d'Orléans, Bonvalot, duc de Beauvoir, Claudius Madrolle, Nansen, etc.

Mais quelle est la femme qui entreprend ces pérégrinations?

Certes, il y en a.

Mme de Bourboulon a accompagné son mari à travers la Sibérie et la Mongolie, et nous a laissé un beau récit de cette excursion.

Mme Ida Pfeiffer a publié aussi ses deux voyages autour du monde.

Mme Dieulafoy a chevauché avec son mari à travers la Perse et le Turkestan.

Nous connaissons une femme de soixante-dix ans qui, tous les deux ans, s'en va en Chine ou dans les Indes, et une autre qui, nouvelle lady Stanhope, courait sur toutes les routes de l'Orient.

Ce sont des exceptions, dira-t-on.

N'allons pas si vite !

Des milliers de femmes se sont expatriées et s'expatrient tous les jours, s'envolent aux extrémités du monde.

La femme est aussi courageuse que l'homme ; son cœur est aussi brûlant, son âme aussi généreuse.

Et quand elle part, on peut aussi chanter pour elle :

> Partez, hérauts de la bonne nouvelle,
> Voici le jour appelé par vos vœux !
> Rien désormais n'enchaîne votre zèle.
> Partez, amis, que vous êtes heureux !
> Oh ! qu'ils sont beaux, vos pieds, missionnaires !
> Nous les baisons avec un saint transport.
> Oh ! qu'ils sont beaux sur ces lointaines terres
>   Où règnent l'erreur et la mort !

Oui, il y a des femmes héroïques, des femmes missionnaires.

Tout le monde connaît les Sœurs de Charité.

Les Sœurs de Charité sont partout en Europe, mais aussi dans les deux Amériques, en Turquie, en Algérie, en Égypte, dans les Indes, en Chine. Elles ont été massacrées à Tien-Tsin, on s'en souvient. Sur tous les paquebots on trouve une sœur grise de Saint-Vincent-de-Paul.

Presque dans toutes les missions où vont les Pères du Saint-Esprit, on trouvera aussi les Sœurs de Saint-Joseph de Cluny. Celles-ci s'occupent des noirs principalement, c'est-à-dire de la classe la plus déshéritée, celle qui se rapproche le plus de l'animal. Passe encore de faire l'école à des sauvagesses blanches, jaunes ou cuivrées, mais à des négresses ! et donner à celles-ci les soins les plus répugnants ! Voilà, pourtant, le rôle de ces femmes missionnaires !

Mais encore elles exercent leur ministère ordinairement dans les ports et sur le littoral. Nous trouvons mieux.

Vous avez entendu parler des Pères Blancs, qui sont installés, dans l'Afrique équatoriale, sur les bords du Tanganika. Pour aller là-bas, il faut un an. Une année de voyage, et dans quelles conditions ! Lisez les récits des explorateurs : Stanley, Cameron, Livingstone.

On va par Zanzibar et de Zanzibar aux Grands Lacs : c'est le *pori,* le désert des hautes herbes, l'ardent soleil, les maladies épidémiques, les bêtes fauves, l'homme, plus terrible encore !

Les Pères Blancs traversent tout cela, c'est bien ; mais ce qui se conçoit moins, c'est qu'ils aient fondé un ordre de femmes pour leur venir en aide : les Sœurs Blanches vont aussi au Tanganika.

Nous avons trouvé des religieuses de Saint-Joseph de l'Apparition dans les hôpitaux du Levant. Heureux ceux qui sont soignés par ces infirmières modèles !

Nous avons admiré les Petites Sœurs des Pauvres en Amérique. Nous avons vu les splendides pensionnats des Dames de Sion en Palestine, et ceux des Dames Saint-Maur dans les Indes anglaises.

Et pour confondre ceux qui ne comprennent pas les ordres purement contemplatifs, nous avons eu la stupéfaction de voyager sur terre et sur mer avec de simples Carmélites. Une Carmélite de cinquante ans, qui n'avait jamais quitté son cloître et qui montait à cheval, tel est le spectacle qui s'offrait à nos yeux en Orient. Il faut que la prière ait du bon pour nécessiter de tels dérangements ; il faut que le motif soit puissant pour vaincre toutes les répugnances de race et d'habitude.

Qu'on ne dise plus que les Français ne voyagent pas. Nous avons prouvé le contraire par les Françaises.

FIN

TABLE

I

PAYSAGES GRIS

I

Strasbourg — Cologne — Munich. 7

II

Voyage au pays de Luther. 24
    Eisenach — Wittenberg — La Hesse. 24

III

Vers Berlin 50
    Le Taunus. 50
    La capitale 52
    Hambourg. 62

IV

Vers l'Autriche 67
    Le « Passionspiel » d'Oberammergau. 67
    Marienbad. 85
    Prague 94
    Le Vorarlberg. 106
    Salzbourg (le paradis des couvents) 116

V

En Suisse. 134
   Grindelwald et les glaciers. 134
   L'Engadine et le pays romanche. 152

II

PAYSAGES BLEUS

I

Silhouettes romaines. 161
   Le logis à Rome. 161
   Premières promenades 162
   Palais romains. 163
   Cardinaux. 164
   L'ancienne ambassade française. 171
   Les charges palatines. 174
   Vieux souvenirs. 177
   Une première visite 179
   Rome pontificale. 180
   Chez le pape. 183
   Le Palatin des Césars 190

II

Paysages de Sicile (impressions d'art et de plein air). 213
   A vol d'oiseau. 213
   Palerme : sur le port. 215
   Palerme. — Monréale. — L'art normand. 221
   Palerme. — La Patronne. 225
   La région des temples (Ségeste, Sélinonte, Agrigente). 227
   Le pays du feu. 234

III

En Provence. 237
   Les Saintes-Maries de la Mer 237

TABLE

III

PAYSAGES GRIS ET BLEUS

I

Les villes d'eaux. 247
    Royat. 247
    La Bourboule et le Mont-Dore. 250
    Vichy. 252
    Aix. — Annecy 254
    Stations pyrénéennes. 258

II

Bains de mer. 262
    Royan (plage des Charentes). 262
    Dieppe. — Trouville (plages normandes). 265
    Dinard (plage bretonne). 268
    Biarritz (plage du Midi). 271
    Ostende. — Scheveningen. 274
    Wiesbaden (station allemande). 277

III

Le petit guide des vacances et des voyages. 282
    Aux hommes. 282
    Aux dames. 283
    L'installation. 286
    Encore le bagage féminin. 287
    Où aller ?. 290
    Les voyageurs d'autrefois. 292
    Les voyageurs d'aujourd'hui. 295

34191. — TOURS, IMPRIMERIE MAME

FORMAT GRAND IN-8° CARRÉ

1ʳᵉ série

A travers le Globe, par Charles de Vitis; 32 gravures.

Au Pays flamand, par Antony Valabrègue; 34 gravures.

Dix ans de Haut-Tonkin, par L. Girod; 80 gravures.

Fidéline, par Julie Lavergne; 20 gravures.

Industries bizarres (les), par Paul Bory; 57 gravures.

Lucie, par Mᵐᵉ Gabrielle d'Arvor; ouvrage couronné par l'Académie française.

Mes aventures et mes voyages dans l'Asie centrale, par Arminius Vambéry; 20 gravures.

Oncle Tim (l'), par F. Battanchon; 20 gravures.

Premiers siècles du christianisme (les), par Ferdinand Grimont; 40 gravures.

Promenades en Angleterre, par l'abbé Hermeline; 36 gravures.

Sainte Geneviève et son temps; 30 gravures et une carte.

Tante Bertine, par Mᵐᵉ Chéron de la Bruyère; 20 gravures.

Treizième, par Marguerite Levray; 20 gravures.

Trois disparus du " Sirius " (les), par Georges Price; 32 gravures.

Vagabonde (la), par Mébier de Mathuisieulx; 23 gravures.

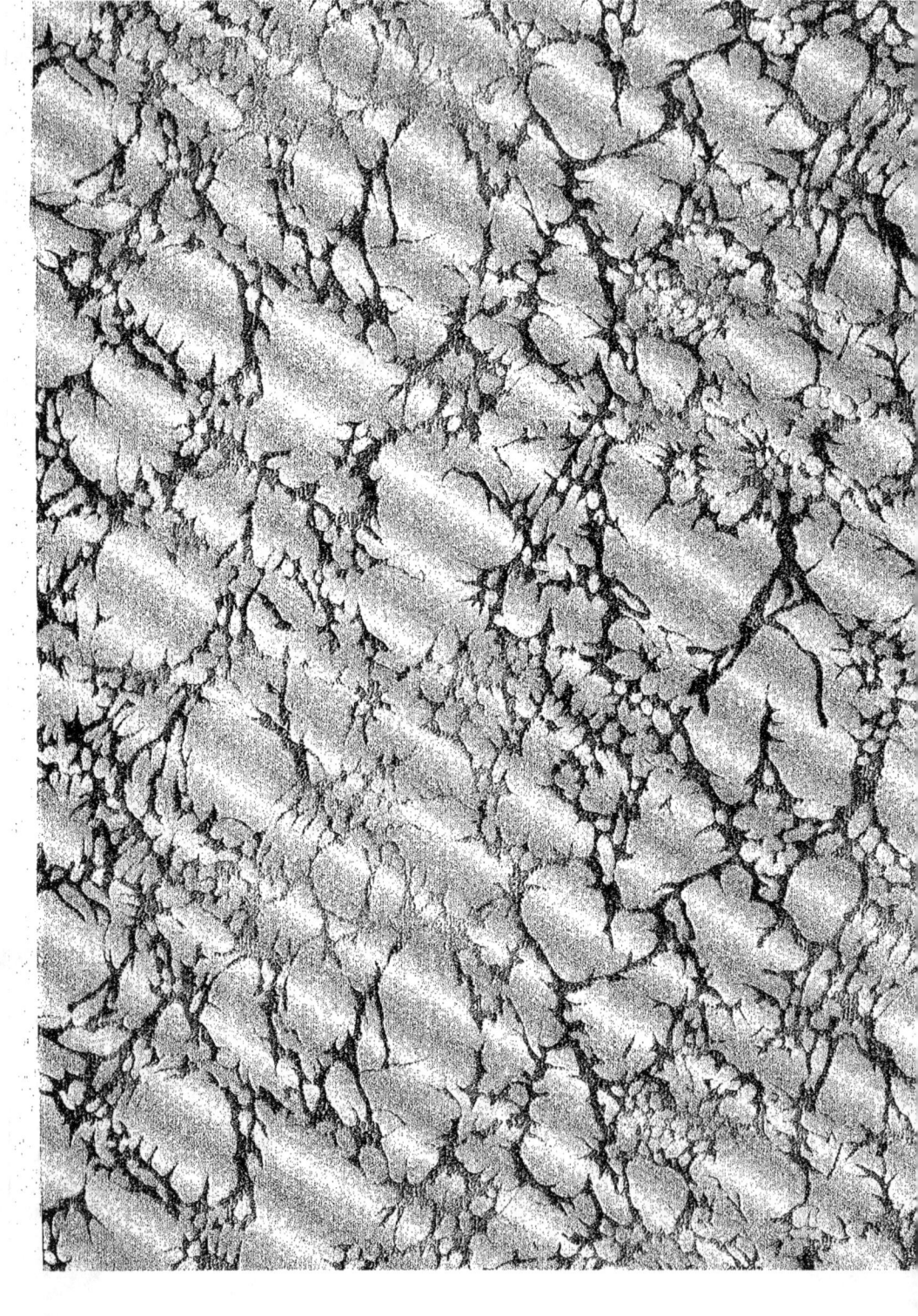

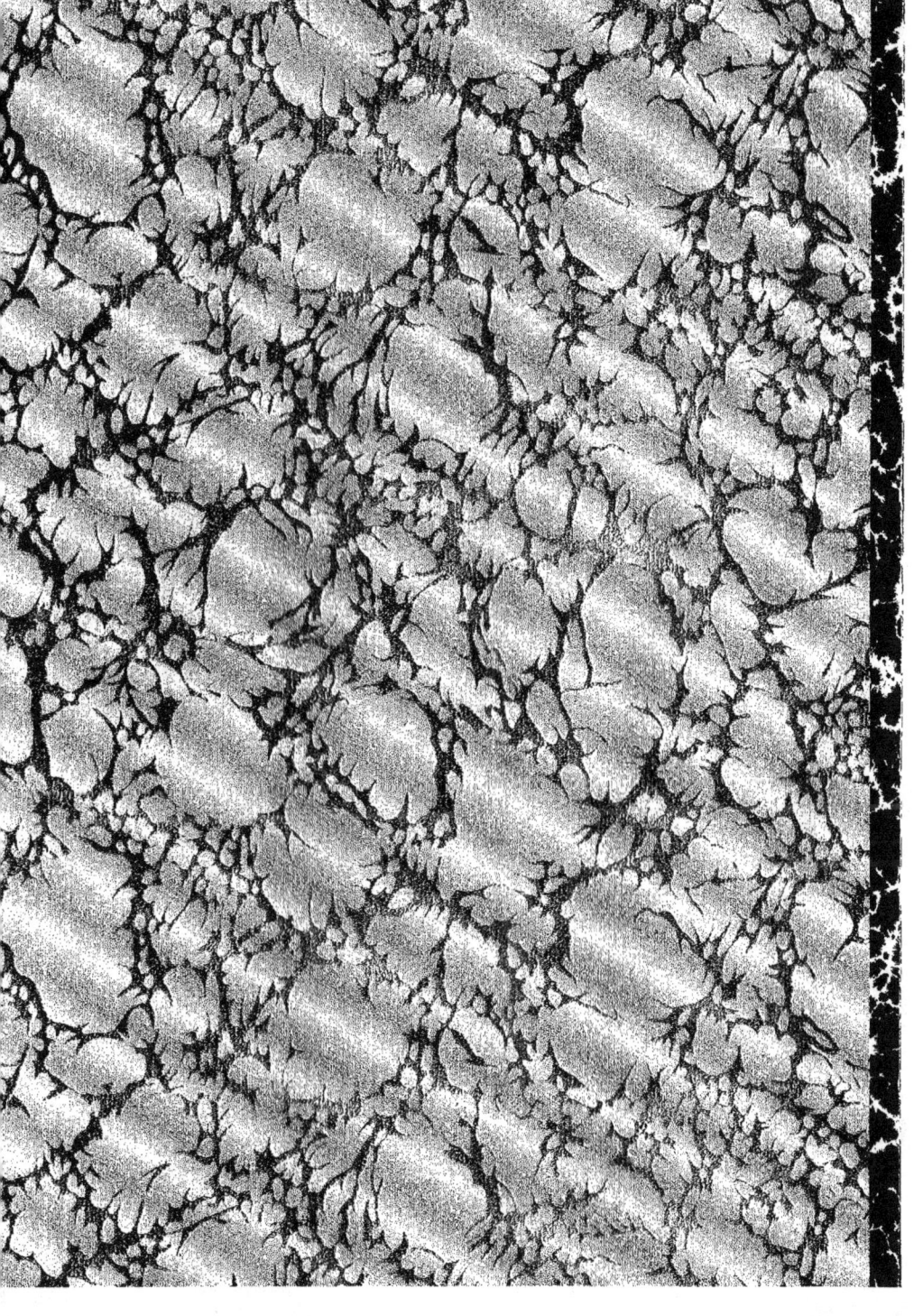

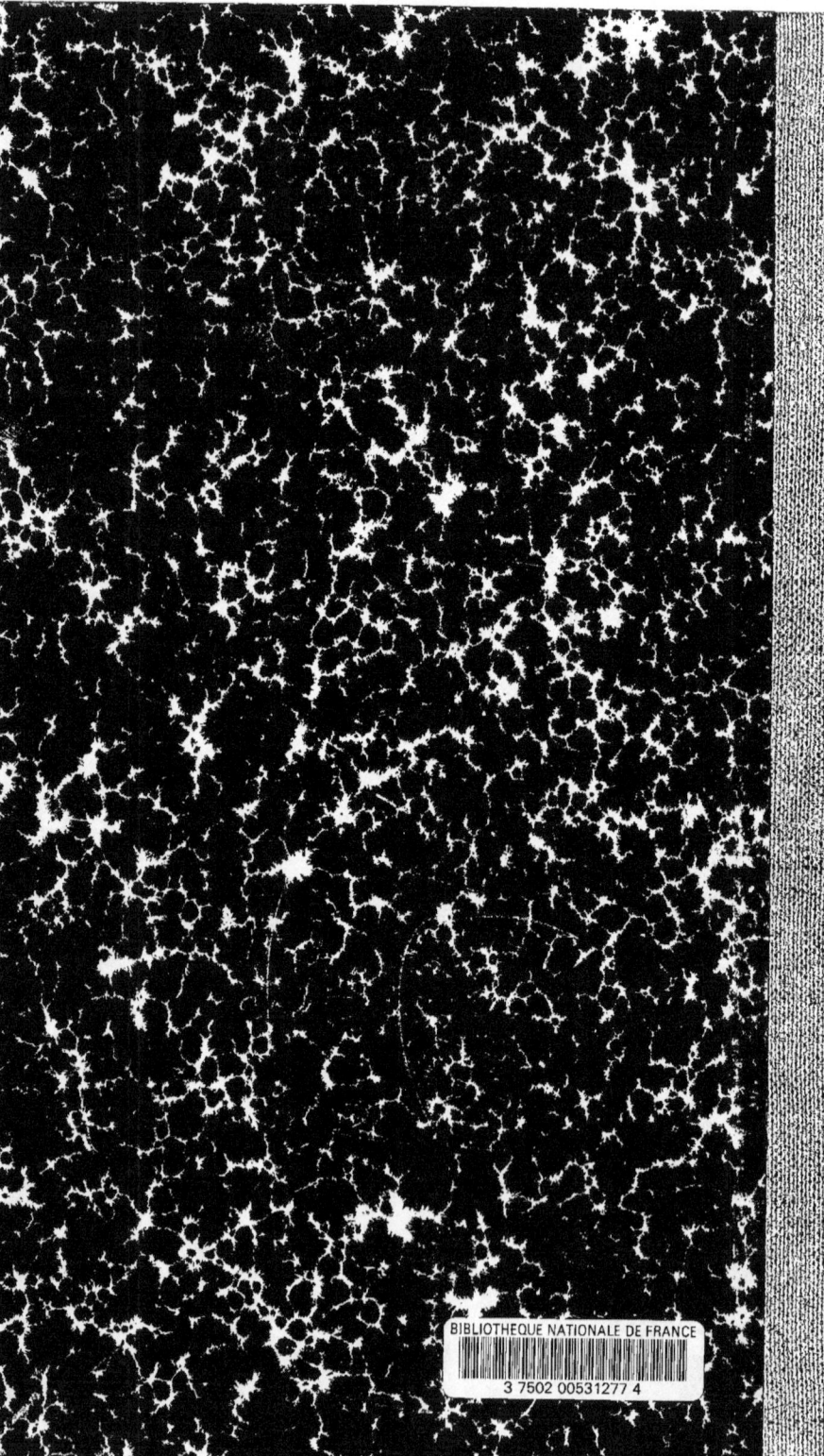

www.ingramcontent.com/pod-product-compliance
Lightning Source LLC
Chambersburg PA
CBHW071335150426
43191CB00007B/733